目 录

考　点	试题	法条
法理学	1	69
专题一　法的本体	1	
考点1　法的概念的争议	1	
考点2　法的特征	1	
考点3　法的本质的马克思主义观点	2	
考点4　法的作用	2	
考点5　法的价值	3	
考点6　法的要素：法律规则和法律原则	4	
考点7　法的要素：法律概念	7	
考点8　法的要素：权利与义务	7	
考点9　法的渊源	9	
考点10　法的效力	11	
考点11　法律部门与法律体系	12	
考点12　法律关系	12	
考点13　法律责任与法律制裁	14	
专题二　法的运行	14	69
考点14　立法	14	69
考点15　法的实施	16	
考点16　法适用的一般原理	16	
考点17　法的发现与法的证成	18	
考点18　法律推理	19	
考点19　法律解释	20	
考点20　法律漏洞的填补	23	
专题三　法的演进	24	
考点21　法的产生及一般规律	24	
考点22　法的继承与移植	24	
考点23　法律意识	24	
考点24　法系	24	
考点25　法的现代化	24	
考点26　法治理论	25	
专题四　法与社会	25	
考点27　法和社会的一般理论	25	
考点28　法与经济、政治、科学技术的关系	25	
考点29　法与道德	26	

· 1 ·

考点30　法与其他规范的联系与区别	27	

中国法律史 28

专题五　先秦时期的法律思想与制度 28
考点31　先秦时期的法律思想与制度 28

专题六　秦汉至魏晋南北朝时期的法律思想与制度 29
考点32　秦汉至魏晋南北朝时期的法律思想与制度 29

专题七　隋唐宋元时期的法律思想与制度 31
考点33　隋唐宋元时期的法律思想与制度 31

专题八　明清时期的法律思想与制度 32
考点34　明清时期的法律思想与制度 32

专题九　中华民国时期的法律思想与制度 35
考点35　中华民国时期的法律思想与制度 35

宪法 ...... 36　71

专题十　宪法基本理论 ...... 36　71
考点36　宪法的词源、特征、本质与分类 36
考点37　宪法的基本原则 ...... 36　71
考点38　宪法的历史发展 37
考点39　宪法的制定与修改 ...... 37　71
考点40　宪法的效力与基本功能 38
考点41　宪法规范、渊源与宪法的结构 39

专题十一　国家的基本制度（上） ...... 39　72
考点42　我国的政治、经济、文化、社会基本制度 ...... 39　72

专题十二　国家的基本制度（下） ...... 41　73
考点43　选举制度 ...... 41　73
考点44　国家结构形式 42
考点45　国家标志 43
考点46　民族区域自治制度 ...... 43　76
考点47　特别行政区制度 ...... 44　77
考点48　基层群众自治制度 ...... 45　79

专题十三　公民的基本权利和义务 ...... 47　81
考点49　公民的基本权利 ...... 47　81
考点50　公民的基本义务 48

专题十四　国家机构 ...... 49　81
考点51　我国国家机构的组织和活动原则 49
考点52　全国人大及其常委会 ...... 49　81
考点53　国家主席 ...... 51　85
考点54　中央军委 51
考点55　国务院 ...... 51　85

  考点56 地方各级人大与政府 …………………………………… 51 86

  考点57 监察委员会 ……………………………………………… 53 90

  考点58 司法机关 ………………………………………………… 53

专题十五 宪法的实施与监督 …………………………………………… 53 90

  考点59 宪法实施、宪法解释与宪法监督 …………………… 53 90

  考点60 宪法宣誓 ………………………………………………… 54

司法制度和法律职业道德 ……………………………………………………… 55 92

专题十六 中国特色社会主义司法制度 ………………………………… 55 92

  考点61 中国特色社会主义司法制度概述 …………………… 55

  考点62 法律职业道德 …………………………………………… 57

  考点63 审判制度 ………………………………………………… 58 92

  考点64 检察制度 ………………………………………………… 59 93

  考点65 律师制度 ………………………………………………… 60 94

  考点66 法律援助制度 …………………………………………… 61 97

  考点67 公证制度 ………………………………………………… 62 98

专题十七 法官职业道德 ………………………………………………… 63 100

  考点68 法官职业道德 …………………………………………… 63 100

专题十八 检察官职业道德 ……………………………………………… 65 101

  考点69 检察官职业道德 ………………………………………… 65 101

专题十九 律师职业道德 ………………………………………………… 66 102

  考点70 律师职业道德 …………………………………………… 66 102

专题二十 公证员职业道德 ……………………………………………… 67

  考点71 公证员职业道德 ………………………………………… 67

专题二十一 其他法律职业人员职业道德 ……………………………… 68

  考点72 其他法律职业人员职业道德 ………………………… 68

答案速查 ……………………………………………………………………… 105

法 理 学 ［试题］

扫一扫，"码"上做题

微信扫码，即可在线上做题、看解析。
多种做题模式：章节自测、单科集训、随机演练等。

专题一 法的本体

考点1 法的概念的争议

1． 2022 回忆/单

关于法的概念与本质，下列哪一说法是正确的？
A. 是否承认法律是最低限度的道德，是区分实证主义与非实证主义的主要标准
B. 是否承认社会实效是法的构成要素，是区分分析法学派与社会法学派的主要标准
C. 每一条法律的存在和内容完全是由社会渊源决定的，是排他性法律实证主义的观点
D. 按照马克思主义法学的观点，法律是社会共同体意志的体现

2． 2017/1/88/任①

在小说《悲惨世界》中，心地善良的冉阿让因偷一块面包被判刑，他认为法律不公并屡次越狱，最终被加刑至19年。他出狱后逃离指定居住地，虽隐姓埋名却仍遭警探沙威穷追不舍。沙威冷酷无情，笃信法律就是法律，对冉阿让舍己救人、扶危济困的善举视而不见，直到冉阿让冒死相救，才因法律信仰崩溃而投河自尽。对此，下列说法正确的是：
A. 如果认为不公正的法律不是法律，则可能得出冉阿让并未犯罪的结论
B. 沙威"笃信法律就是法律"表达了非实证主义的法律观
C. 冉阿让强调法律的正义价值，沙威强调法律的秩序价值
D. 法律的权威源自人们的拥护和信仰，缺乏道德支撑的法律无法得到人们自觉的遵守

3． 2015/1/90/任

"法学作为科学无力回答正义的标准问题，因而是不是法与是不是正义的法是两个必须分离的问题，道德上的善或正义不是法律存在并有效力的标准，法律规则不会因违反道德而丧失法的性质和效力，即使那些同道德严重对抗的法也依然是法。"关于这段话，下列说法正确的是：

A. 这段话既反映了实证主义法学派的观点，也反映了自然法学派的基本立场
B. 根据社会法学派的看法，法的实施可以不考虑法律的社会实效
C. 根据分析实证主义法学派的观点，内容正确性并非法的概念的定义要素
D. 所有的法学学派均认为，法律与道德、正义等在内容上没有任何联系

4． 2013/1/88/任

关于实证主义法学和非实证主义法学，下列说法不正确的是：
A. 实证主义法学认为，在"实际上是怎样的法"与"应该是怎样的法"之间不存在概念上的必然联系
B. 非实证主义法学在定义法的概念时并不必然排除社会实效性要素和权威性制定要素
C. 所有的非实证主义法学都可以被看作是古典自然法学
D. 仅根据社会实效性要素，并不能将实证主义法学派、非实证主义法学派和其他法学派（比如社会法学派）在法定义上的观点区别开来

考点2 法的特征

5． 2020 回忆/单

法谚有云："习惯依靠自觉遵守，法律则被强制服从。"下列说法哪一项是正确的？
A. 习惯不设定义务
B. 习惯不具有强制力
C. 法律不被强制，则不被遵守
D. 法律不被实施，则不生实效

6． 2014/1/9/单

法律格言说："法律不能使人人平等，但在法律面前人人是平等的。"关于该法律格言，下列哪一说法是正确的？
A. 每个人在法律面前事实上是平等的
B. 在任何时代和社会，法律面前人人平等都是

---

① 指2017年/试卷一/第88题/不定项——编者注。

一项基本法律原则
C. 法律可以解决现实中的一切不平等问题
D. 法律面前人人平等原则并不禁止在立法上作出合理区别的规定

7． 2013/1/55/多

法是以国家强制力为后盾，通过法律程序保证实现的社会规范。关于法的这一特征，下列哪些说法是正确的？
A. 法律具有保证自己得以实现的力量
B. 法律具有程序性，这是区别于其他社会规范的重要特征
C. 按照马克思主义法学的观点，法律主要依靠国家暴力作为外在强制的力量
D. 自然力本质上属于法的强制力之组成部分

8． 2009/1/8/单

《摩奴法典》是古印度的法典，《法典》第五卷第一百五十八条规定："妇女要终生耐心、忍让、热心善业、贞操、淡泊如学生，遵守关于妇女从一而终的卓越规定。"第一百六十四条规定："不忠于丈夫的妇女生前遭诟厉，死后投生在豺狼腹内，或为象皮病和肺痨所苦。"第八卷第四百一十七条规定："婆罗门贫困时，可完全问心无愧地将其奴隶首陀罗的财产据为己有，而国王不应加以处罚。"第十一卷第八十一条规定："坚持苦行，纯洁如学生，凝神静思，凡十二年，可以偿赎杀害一个婆罗门的罪恶。"结合材料，判断下列哪一说法是错误的？
A.《摩奴法典》的规定表明，人类早期的法律和道德、宗教等其他规范是浑然一体的
B.《摩奴法典》规定苦修可以免于处罚，说明《法典》缺乏强制性
C.《摩奴法典》公开维护人和人之间的不平等
D.《摩奴法典》带有浓厚的神秘色彩，与现代法律精神不相符合

9． 2008/1/1/单

西方法律格言说："法律不强人所难。"关于这句格言含义的阐释，下列哪一选项是正确的？
A. 凡是人能够做到的，都是法律所要求的
B. 对人所不知晓的事项，法律不得规定为义务
C. 根据法律规定，人对不能预见的事项，不承担过错责任
D. 天灾是人所不能控制的，也不是法律加以调整的事项

考点3 法的本质的马克思主义观点

10． 2012/1/54/多

下列有关"国法"的理解，哪些是不正确的？

A."国法"是国家法的另一种说法
B."国法"仅指国家立法机关创制的法律
C. 只有"国法"才有强制性
D. 无论自然法学派，还是实证主义法学派，都可能把"国法"看作实在法

考点4 法的作用

11． 2022回忆/单

任某应聘甲公司的法务部门职位，被该公司人力部门以其户籍地为H省为由拒绝。任某认为受到甲公司的就业歧视，起诉到法院。法院认为，根据《就业促进法》第3条规定，劳动者就业，不因民族、种族、性别、宗教信仰等不同而受歧视。甲公司以户籍地为由拒绝任某，是以与"工作内在要求"无必然联系的因素对劳动者进行无正当理由的差别对待。因此，法院判决甲公司向任某赔礼道歉。关于该案，下列哪一说法是正确的？
A.《民法典》和《就业促进法》是同一种法律部门
B. 劳动者不受歧视的权利属于相对权
C. 法官判决甲公司赔礼道歉，体现的是法的强制作用
D.《就业促进法》第3条所规定的原则属于政策性原则

12． 2014/1/10/单

关于法的规范作用，下列哪一说法是正确的？
A. 陈法官依据诉讼法规定主动申请回避，体现了法的教育作用
B. 法院判决王某行为构成盗窃罪，体现了法的指引作用
C. 林某参加法律培训后开始重视所经营企业的法律风险防控，反映了法的保护自由价值的作用
D. 王某因散布谣言被罚款300元，体现了法的强制作用

13． 2011/1/89/任

2011年7月5日，某公司高经理与员工在饭店喝酒聚餐后表示:别开车了，"酒驾"已入刑，咱把车推回去。随后，高经理在车内掌控方向盘，其他人推车缓行。记者从交警部门了解到，如机动车未发动，只操纵方向盘，由人力或其他车辆牵引，不属于酒后驾车。但交警部门指出，路上推车既会造成后方车辆行驶障碍，也会构成对推车人的安全威胁，建议酒后将车置于安全地点，或找人代驾。鉴于我国对"酒后代驾"缺乏明确规定，高经理起草了一份《酒后代驾服务规则》，包括总则、代驾人、被代驾人、权利与义务、代为驾驶服务合同、法律责任等共六章二十一

条邮寄给国家立法机关。

关于高经理和公司员工拒绝"酒驾"所体现的法的作用，下列说法正确的是？
A. 法的指引作用
B. 法的评价作用
C. 法的预测作用
D. 法的强制作用

14． 2009/1/6/单

法律格言说："紧急时无法律。"关于这句格言含义的阐释，下列哪一选项是正确的？
A. 在紧急状态下是不存在法律的
B. 人们在紧急状态下采取紧急避险行为可以不受法律处罚
C. 有法律，就不会有紧急状态
D. 任何时候，法律都以紧急状态作为产生和发展的根本条件

考点5 法的价值

15． 2019 回忆/单

出租车司机甲送孕妇乙去医院，途中乙临产，情形危急。为争取时间，甲将车开至非机动车道掉头，被交警拦截并告知罚款。经甲解释后，交警对甲未予处罚且为其开警车引道，将乙及时送至医院。但该孕妇送至医院后，医生以病人家属未签字为由，未对孕妇施救，出租车司机欲签字，该医生以出租车司机非病人家属为由拒绝。最终，孕妇不幸身亡。对此事件，下列哪一项表述是正确的？
A. 本案中交警既进行了事实判断，也进行了价值判断
B. 交警采取了个案中的比例原则解决了本案中的价值冲突
C. 该医生根据相关法律规定，拒绝给孕妇做手术，体现了非实证主义的基本观点
D. 如果病人家属及时赶到并签字，医生对孕妇进行剖腹产，则体现了法限制人们自由的伤害原则

16． 2017/1/8/单

秦某以虚构言论、合成图片的手段在网上传播多条"警察打人"的信息，造成恶劣影响，县公安局对其处以行政拘留8日的处罚。秦某认为自己是在行使言论自由权，遂诉至法院。法院认为，原告捏造、散布虚假事实的行为不属于言论自由，为法律所明文禁止，应承担法律责任。对此，下列一说法是正确的？
A. 相对于自由价值，秩序价值处于法的价值的顶端
B. 法官在该案中运用了个案平衡原则解决法的价值冲突

C. "原告捏造、散布虚假事实的行为不属于言论自由"仅是对案件客观事实的陈述
D. 言论自由作为人权，既是道德权利又是法律权利

17． 2016/1/88/任

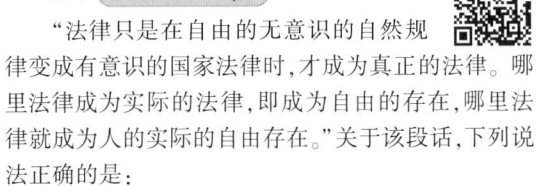

"法律只是在自由的无意识的自然规律变成有意识的国家法律时，才成为真正的法律。哪里法律成为实际的法律，即成为自由的存在，哪里法律就成为人的实际的自由存在。"关于该段话，下列说法正确的是：
A. 从自由与必然的关系上讲，规律是自由的，但却是无意识的，法律永远是不自由的，但却是有意识的
B. 法律是"人的实际的自由存在"的条件
C. 国家法律须尊重自然规律
D. 自由是评价法律进步与否的标准

18． 2015/1/9/单

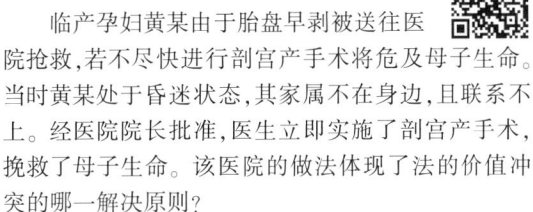

临产孕妇黄某由于胎盘早剥被送往医院抢救，若不尽快进行剖宫产手术将危及母子生命。当时黄某处于昏迷状态，其家属不在身边，且联系不上。经医院院长批准，医生立即实施了剖宫产手术，挽救了母子生命。该医院的做法体现了法的价值冲突的哪一解决原则？
A. 价值位阶原则
B. 自由裁量原则
C. 比例原则
D. 功利主义原则

19． 2013/1/53/多

一外国电影故事描写道：五名探险者受困山洞，水尽粮绝，五人中的摩尔提议抽签吃掉一人，救活他人，大家同意。在抽签前摩尔反悔，但其他四人仍执意抽签，恰好抽中摩尔并将其吃掉。获救后，四人被以杀人罪起诉并被判处绞刑。关于上述故事情节，下列哪些说法是不正确的？
A. 其他四人侵犯了摩尔的生命权
B. 按照功利主义"最大多数人之福祉"的思想，"一命换多命"是符合法理的
C. 五人之间不存在利益上的冲突
D. 从不同法学派的立场看，此案的判决存在"唯一正确的答案"

20． 2011/1/13/单

宽严相济是我国的基本刑事政策，要求法院对于危害国家安全、恐怖组织犯罪、"黑恶"势力犯罪等严重危害社会秩序和人民生命财产安全的犯罪分子，尤其对于极端仇视国家和社会，以不特定人为侵害对象，所犯罪行特别严重的犯罪分子，该依法重判的坚

决重判,该依法判处死刑立即执行的绝不手软。对于解决公共秩序、社会安全、犯罪分子生命之间存在的法律价值冲突,该政策遵循下列哪一原则?

A. 个案平衡原则
B. 比例原则
C. 价值位阶原则
D. 自由裁量原则

21． 2011/1/54/多

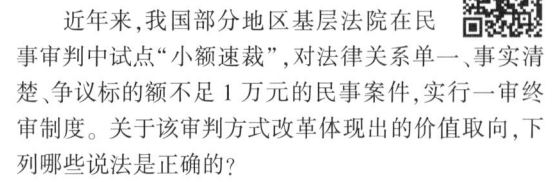

近年来,我国部分地区基层法院在民事审判中试点"小额速裁",对法律关系单一、事实清楚、争议标的额不足1万元的民事案件,实行一审终审制度。关于该审判方式改革体现出的价值取向,下列哪些说法是正确的?

A. 节约司法成本
B. 促进司法民主
C. 提高司法效率
D. 推行司法公开

22． 2010/1/55/多

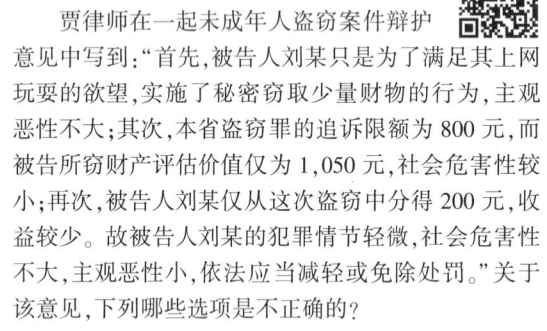

贾律师在一起未成年人盗窃案件辩护意见中写到:"首先,被告人刘某只是为了满足其上网玩耍的欲望,实施了秘密窃取少量财物的行为,主观恶性不大;其次,本省盗窃罪的追诉限额为800元,而被告所窃财产评估价值仅为1,050元,社会危害性较小;再次,被告人刘某仅从这次盗窃中分得200元,收益较少。故被告人刘某的犯罪情节轻微,社会危害性不大,主观恶性小,依法应当减轻或免除处罚。"关于该意见,下列哪些选项是不正确的?

A. 辩护意见既运用了价值判断,也运用了事实判断
B. "被告人刘某的犯罪情节轻微,社会危害性不大,主观恶性小,依法应当减轻或免除处罚",属于事实判断
C. "本省盗窃罪的追诉限额为800元,而被告人所窃取财产评估价值仅为1,050元",属于价值判断
D. 辩护意见中的"只是"、"仅为"、"仅从"这类词汇,属于法律概念

23． 2010/1/92/任

2008年修订的《中华人民共和国残疾人保障法》第五十条规定:"县级以上人民政府对残疾人搭乘公共交通工具,应当根据实际情况给予便利和优惠。残疾人可以免费携带随身必备的辅助器具。盲人持有效证件免费乘坐市内公共汽车、电车、地铁、渡船等公共交通工具。盲人读物邮件免费寄递。国家鼓励和支持提供电信、广播电视服务的单位对盲人、听力残疾人、言语残疾人给予优惠。"对此,下列说法错误的是:

A. 该规定体现了立法者在残疾人搭乘公共交通工具问题上的价值判断和价值取向
B. 从法的价值的角度分析,该规定的主要目的在于实现法的自由价值
C. 该规定对于有关企业、政府及残疾人均具有指引作用
D. 该规定在交通、邮政、电信方面给予残疾人的优待有悖于法律面前人人平等原则

24． 2008/1/2/单

关于法律与自由,下列哪一选项是正确的?

A. 自由是至上和神圣的,限制自由的法律就不是真正的法律
B. 自由对人至关重要,因此,自由是衡量法律善恶的唯一标准
C. 从实证的角度看,一切法律都是自由的法律
D. 自由是神圣的,也是有限度的,这个限度应由法律来规定

考点6　法的要素:法律规则和法律原则

25． 2021回忆/单

有法谚云:"语言是法律精神的体现。"关于该法谚,下列哪一说法是正确的?

A. 若语言有歧义,则法律无效力
B. 若语言可被翻译,则法律必然可以被移植
C. 语言表述法理,法理形成规范
D. 语言表述相同,则法律含义必然相同

26． 2019回忆/任

吴先生与秦女士自由恋爱后结婚,育有一子吴勇,后二人因感情不和协议离婚,考虑到吴勇年幼,双方在协议中约定,吴勇由秦女士抚养,但倘若秦女士再婚,不得生育。后秦女士再婚并怀孕,吴先生诉至法院,以秦女士违反协议为由,要求获得吴勇的抚养权。法院认定协议因侵犯秦女士的生育权而无效,判决驳回吴先生的诉讼请求。吴勇上小学后,因名字谐音,被同学起了绰号"没用"。吴勇内心感觉屈辱,请求母亲为自己改名。秦女士遂到公安机关将"吴勇"改为"秦勇"。后吴先生听说此事,诉至法院,以吴勇为自己亲生儿子,按照中国人的传统习惯,理应跟自己姓为由,要求法院判决将"秦勇"更名为"吴勇"。法院根据《婚姻法》①第22条,"子女可以

---

① 一些试题中涉及的法律文件虽已失效或经过修改,但是不影响该试题的考查内容、目的及相应作答的,本书均原汁原味地予以保留;已不符合现今法考命题逻辑的,本书根据新法予以适当调整。

随父姓,可以随母姓",判决驳回吴先生的诉讼请求。
请根据此案回答下列(1)-(3)题:

(1)下列说法错误的是:
A.《婚姻法》第22条属于允许句
B.《婚姻法》第22条属于法律原则的规定,在缺少法律规则的情形下,可以在审判中适用
C.《婚姻法》第22条规定了法律规则的假定条件
D.《婚姻法》第22表达了授权性规则、任意性规则、准用性规则

(2)上述协议违反了以下何种原则?
A. 公序良俗原则
B. 平等原则
C. 自愿原则
D. 公平原则

(3)关于此案,下列说法正确的是:
A. 公民享有姓名权,但姓名权的行使不得违背社会的公序良俗
B. 姓名权属于相对权
C. 如果法院判决孩子随母姓,体现了法的评价作用
D. 吴先生主张的中国传统习惯属于非正式的法的渊源,不得在审判中适用

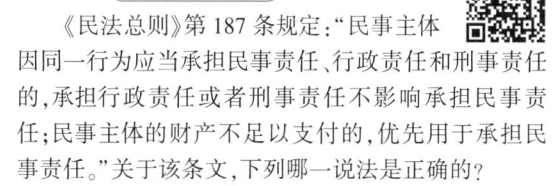

27. 2017/1/9/单
《民法总则》第187条规定:"民事主体因同一行为应当承担民事责任、行政责任和刑事责任的,承担行政责任或者刑事责任不影响承担民事责任;民事主体的财产不足以支付的,优先用于承担民事责任。"关于该条文,下列哪一说法是正确的?
A. 表达的是委任性规则
B. 表达的是程序性原则
C. 表达的是强行性规则
D. 表达的是法律责任的竞合

28. 2016/1/8/单
《治安管理处罚法》第115条规定:"公安机关依法实施罚款处罚,应当依照有关法律、行政法规的规定,实行罚款决定与罚款收缴分离;收缴的罚款应当全部上缴国库。"关于该条文,下列哪一说法是正确的?
A. 表达的是禁止性规则
B. 表达的是强行性规则
C. 表达的是程序性原则
D. 表达了法律规则中的法律后果

29. 2016/1/9/单
全兆公司利用提供互联网接入服务的便利,在搜索引擎讯集公司网站的搜索结果页面上强行增加广告,被讯集公司诉至法院。法院认为,全兆公司行为违反诚实信用原则和公认的商业道德,构成不正当竞争。关于该案,下列哪一说法是正确的?
A. 诚实信用原则一般不通过"法律语句"的语句形式表达出来
B. 与法律规则相比,法律原则能最大限度实现法的确定性和可预测性
C. 法律原则的着眼点不仅限于行为及条件的共性,而且关注它们的个别性和特殊性
D. 法律原则是以"全有或全无"的方式适用于个案当中

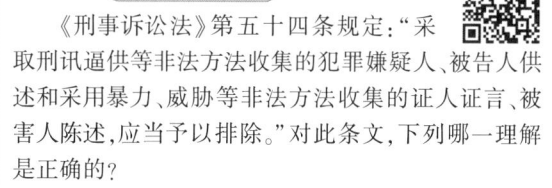

30. 2015/1/10/单
《刑事诉讼法》第五十四条规定:"采取刑讯逼供等非法方法收集的犯罪嫌疑人、被告人供述和采用暴力、威胁等非法方法收集的证人证言、被害人陈述,应当予以排除。"对此条文,下列哪一理解是正确的?
A. 运用了规范语句来表达法律规则
B. 表达的是一个任意性规则
C. 表达的是一个委任性规则
D. 表达了法律规则中的假定条件、行为模式和法律后果

31. 2015/1/56/多
2011年,李某购买了刘某一套房屋,准备入住前从他处得知该房内两年前曾发生一起凶杀案。李某诉至法院要求撤销合同。法官认为,根据我国民俗习惯,多数人对发生凶杀案的房屋比较忌讳,被告故意隐瞒相关信息,违背了诚实信用原则,已构成欺诈,遂判决撤销合同。关于此案,下列哪些说法是正确的?
A. 不违背法律的民俗习惯可以作为裁判依据
B. 只有在民事案件中才可适用诚实信用原则
C. 在司法判决中,诚实信用原则以全有或全无的方式加以适用
D. 诚实信用原则可以为相关的法律规则提供正当化基础

32. 2014/1/11/单
尹老汉因女儿很少前来看望,诉至法院要求判决女儿每周前来看望1次。法院认为,根据《老年人权益保障法》第十八条规定,家庭成员应当关心老年人的精神需求,不得忽视、冷落老年人;与老年人分开居住的家庭成员,应当经常看望或问候老年人。而且,关爱老人也是中华传统美德。法院遂判决被告每月看望老人1次。关于此案,下列哪一说法是错误的?
A. 被告看望老人次数因法律没有明确规定,由法官自由裁量

B.《老年人权益保障法》第十八条中没有规定法律后果
C. 法院判决所依据的法条中规定了积极义务和消极义务
D. 法院判决主要是依据道德作出的

33． 2014/1/51/多

《侵权责任法》第八十七条规定：从建筑物中抛掷物品或者从建筑物上坠落的物品造成他人损害，难以确定具体侵权人的，除能够证明自己不是侵权人的外，由可能加害的建筑物使用人给予补偿。关于该条文，下列哪些说法是正确的？

A. 规定的是责任自负原则的例外情形
B. 是关于法律解释方法位阶的规定
C. 规定的是确定性规则
D. 是体现司法公正原则的规定

34． 2014/1/52/多

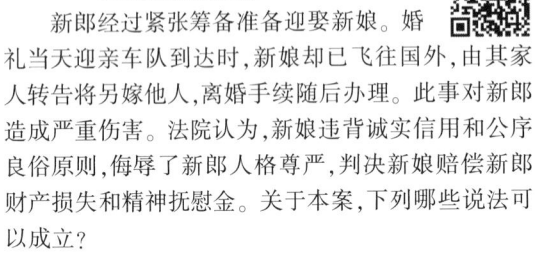

新郎经过紧张筹备准备迎娶新娘。婚礼当天迎亲车队到达时，新娘却已飞往国外，由其家人转告将另嫁他人，离婚手续随后办理。此事对新郎造成严重伤害。法院认为，新娘违背诚实信用和公序良俗原则，侮辱了新郎人格尊严，判决新娘赔偿新郎财产损失和精神抚慰金。关于本案，下列哪些说法可以成立？

A. 由于缺乏可供适用的法律规则，法官可依民法基本原则裁判案件
B. 本案法官运用了演绎推理
C. 确认案件事实是法官进行推理的前提条件
D. 只有依据法律原则裁判的情形，法官才需提供裁判理由

35． 2013/1/10/单

《婚姻法》第19条第1款规定："夫妻可以约定婚姻关系存续期间所得的财产以及婚前财产归各自所有、共同所有或部分各自所有、部分共同所有。约定应当采用书面形式。没有约定或约定不明确的，适用本法第十七条、第十八条的规定。"关于该条款规定的规则（或原则），下列哪一选项是正确的？

A. 任意性规则
B. 法律原则
C. 准用性规则
D. 禁止性规则

36． 2013/1/54/多

《老年人权益保障法》第18条第1款规定："家庭成员应当关心老年人的精神需求，不得忽视、冷落老年人。"关于该条款，下列哪些说法是正确的？

A. 规定的是确定性规则，也是义务性规则
B. 是用"规范语句"表述的
C. 规定了否定式的法律后果
D. 规定了家庭成员对待老年人之行为的"应为模式"和"勿为模式"

37． 2012/1/10/单

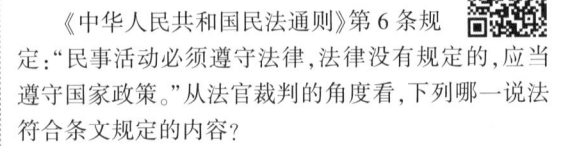

《中华人民共和国民法通则》第6条规定："民事活动必须遵守法律，法律没有规定的，应当遵守国家政策。"从法官裁判的角度看，下列哪一说法符合条文规定的内容？

A. 条文涉及法的渊源
B. 条文规定了法与政策的一般关系
C. 条文直接规定了裁判规则
D. 条文规定了法律关系

38． 2012/1/87/任

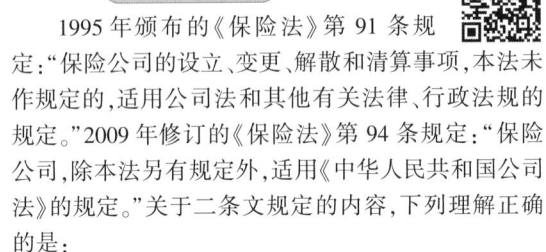

1995年颁布的《保险法》第91条规定："保险公司的设立、变更、解散和清算事项，本法未作规定的，适用公司法和其他有关法律、行政法规的规定。"2009年修订的《保险法》第94条规定："保险公司，除本法另有规定外，适用《中华人民共和国公司法》的规定。"关于二条文规定的内容，下列理解正确的是：

A. 均属委任性规则
B. 均属任意性规则
C. 均属准用性规则
D. 均属禁止性规则

39． 2011/1/9/单

关于法律要素，下列哪一说法是错误的？

A.《反垄断法》第三十七条："行政机关不得滥用行政权力，制定含有排除、限制竞争内容的规定。"这属于义务性规则
B.《行政处罚法》第三十七条第三款："执法人员与当事人有直接利害关系的，应当回避。"这既不属于法律原则，也不属于法律规则
C.《政府信息公开条例》第三十七条："教育、医疗卫生、计划生育、供水、供电、供气、供热、环保、公共交通等与人民群众利益密切相关的公共企事业单位在提供社会公共服务过程中制作、获取的信息的公开，参照本条例执行，具体办法由国务院有关主管部门或机构制定。"这属于委任性规则
D.《婚姻法》第二十二条："子女可以随父姓，可以随母姓。"这属于确定性规则

40． 2010/1/51/多

关于法律规则、法律条文与语言的表

述,下列哪些选项是正确的？
A．法律规则以"规范语句"的形式表达
B．所有法律规则都具语言依赖性,在此意义上,法律规则就是法律条文
C．所有表述法律规则的语句都可以带有道义助动词
D．《中华人民共和国民法通则》第十五条规定："公民以他的户籍所在地的居住地为住所,经常居住地与住所不一致的,经常居住地视为住所。"从语式上看,该条文表达的并非一个法律规则

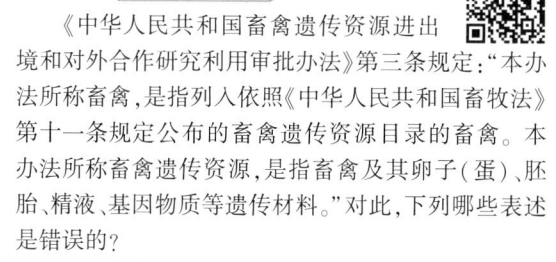

41． 2010/1/56/多
《中华人民共和国畜禽遗传资源进出境和对外合作研究利用审批办法》第三条规定："本办法所称畜禽,是指列入依照《中华人民共和国畜牧法》第十一条规定公布的畜禽遗传资源目录的畜禽。本办法所称畜禽遗传资源,是指畜禽及其卵子(蛋)、胚胎、精液、基因物质等遗传材料。"对此,下列哪些表述是错误的？
A．《中华人民共和国畜牧法》是《中华人民共和国畜禽遗传资源进出境和对外合作研究利用审批办法》的上位法
B．《中华人民共和国畜牧法》和《中华人民共和国畜禽遗传资源进出境和对外合作研究利用审批办法》均属于行政法规
C．该条款内容属于技术规范
D．该条款规定属于任意性规则

42． 2008/1/51/多
关于法律原则的适用,下列哪些选项是错误的？
A．案件审判中,先适用法律原则,后适用法律规则
B．案件审判中,法律原则都必须无条件地适用
C．法律原则的适用可以弥补法律规则的漏洞
D．法律原则的适用采取"全有或全无"的方式

考点7 法的要素：法律概念

43． 2019 回忆/单
关于法律概念,下列哪一项说法是错误的？
A．法律概念具有一定的独立性,特定案件事实符合该法律规范中的法律概念的特征,才能将该法律规范适用于该案件
B．描述性概念没有真假之分,评价性概念有真假之分,善良属于评价性概念
C．民法上的推定概念均属于论断性概念,比如"宣告死亡"即属于论断性概念

D．不确定性法律概念可以区分为描述性不确定性概念和规范性不确定性概念

考点8 法的要素：权利与义务

44． 2022 回忆/任
贝某在驾车行驶中遇到行人通过人行横道,未停车让行,被交警大队罚款100元,并记3分。贝某对处罚不服,提起行政诉讼。贝某诉称,其驾车靠近人行横道时,行人已经停在了人行横道上,故不属于"正在通过人行横道"；如果只要人行横道上有人,机动车就应停车让行,会在很大程度上影响通行效率。法院经审理认为,根据《道路交通安全法》第47条规定,机动车行经人行横道时,应当减速行驶；遇行人正在通过人行横道,应当停车让行。对"正在通过"的理解不能局限于"通过"的内涵,而是应当考虑汽车和行人在交通过程中的强势和弱势地位,这也是保障生命安全的现代交通文明的内在要求。法院遂判决贝某败诉。关于本案,下列说法错误的是：
A．司机遇到行人通过人行横道时停车属于消极义务
B．《道路交通安全法》第47条的规定属于法律原则
C．法官仅进行了文义解释
D．法官判决体现了交通安全价值高于效率价值

45． 2018 回忆/单
李女士在美国留学并工作多年,其间交往多位男友,但因各种原因分手。后李女士受公司派遣,至中国担任公司高管,工作期间认识法学博士冯某,二人坠入爱河,迅速组建家庭。一日,冯某收拾家中物品,发现李女士在美国治疗性病的病历,勃然大怒。追问之下,李女士告知,在美国留学期间被男友传染,因此愤而与男友分手。冯某仍对此耿耿于怀,以《婚姻法》规定"夫妻应当互相忠实"为由,认为李女士违背忠实义务而起诉离婚。李女士引用《民法总则》公民享有隐私权的规定,认为这是自己的隐私权,拒绝离婚。后法院调解无效,认定双方感情破裂,判决双方离婚。对于本案,下列说法正确的是：
A．根据《婚姻法》的规定,李女士有义务将自己婚前得过性病的经历告知冯某
B．隐私权属于相对权
C．《婚姻法》与《民法总则》均为基本法律,但是在婚姻案件中,《婚姻法》的有关规定应当优先于《民法总则》的有关规定
D．我国宪法明确规定,公民的隐私权不受侵犯

46． 2017/1/10/单
王甲经法定程序将名字改为与知名作家相同的"王乙",并在其创作的小说上署名"王乙"

以增加销量。作家王乙将王甲诉至法院。法院认为,公民虽享有姓名权,但被告署名的方式误导了读者,侵害了原告的合法权益,违背诚实信用原则。关于该案,下列哪一选项是正确的?

A. 姓名权属于应然权利,而非法定权利
B. 诚实信用原则可以填补规则漏洞
C. 姓名权是相对权
D. 若法院判决王甲承担赔偿责任,则体现了确定法与道德界限的"冒犯原则"

47. 2017/1/89/任

许某与妻子林某协议离婚,约定8岁的儿子小虎由许某抚养,林某可随时行使对儿子的探望权,许某有协助的义务。离婚后两年间林某从未探望过儿子,小虎诉至法院,要求判令林某每月探视自己不少于4天。对此,下列说法正确的是:

A. 依情理林某应探望儿子,故从法理上看,法院可判决强制其行使探望权
B. 从理论上讲,权利的行使与义务的履行均具有其界限
C. 林某的探望权是林某必须履行一定作为或不作为的法律约束
D. 许某的协助义务同时包括积极义务和消极义务

48. 2015/1/88/任

张某因其妻王某私自堕胎,遂以侵犯生育权为由诉至法院请求损害赔偿,但未获支持。张某又请求离婚,法官调解无效后依据《婚姻法》中"其他导致夫妻感情破裂的情形"的规定判决准予离婚。对此,下列选项中正确的是:

A. 王某与张某婚姻关系的消灭是由法律事件引起的
B. 张某主张的生育权属于相对权
C. 法院未支持张某的损害赔偿诉求,违反了"有侵害则有救济"的法律原则
D. "其他导致夫妻感情破裂的情形"属于概括性立法,有利于提高法律的适应性

49. 2014/1/13/单

张林遗嘱中载明:我去世后,家中三间平房归我妻王珍所有,如我今后嫁人,则归我侄子张超所有。张林去世后王珍再婚,张超诉至法院主张平房所有权。法院审理后认为,婚姻自由是宪法基本权利,该遗嘱所附条件侵犯了王珍的婚姻自由,违反《婚姻法》规定,因此无效,判决张超败诉。对于此案,下列哪一说法是错误的?

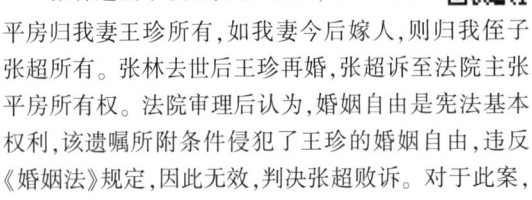

A. 婚姻自由作为基本权利,其行使不受任何法律限制
B. 本案反映了遗嘱自由与婚姻自由之间的冲突
C. 法官运用了合宪性解释方法
D. 张林遗嘱处分的是其财产权利而非其妻的婚姻自由权利

50. 2013/1/9/单

法律谚语:"平等者之间不存在支配权。"关于这句话,下列哪一选项是正确的?

A. 平等的社会只存在平等主体的权利,不存在义务;不平等的社会只存在不平等的义务,不存在权利
B. 在古代法律中,支配权仅指财产上的权利
C. 平等的社会不承认绝对的人身依附关系,法律禁止一个人对另一个人的奴役
D. 从法理上讲,平等的主体之间不存在相互的支配,他们的自由也不受法律限制

51. 2012/1/15/单

苏某和熊某毗邻而居。熊某在其居住楼顶为50只鸽子搭建了一座鸽舍。苏某以养鸽行为严重影响居住环境为由,将熊某诉至法院,要求熊某拆除鸽棚,赔礼道歉。法院判定原告诉求不成立。关于本案,下列哪一判断是错误的?

A. 本案涉及的是安居权与养鸽权之间的冲突
B. 从案情看,苏某的安居权属于宪法所规定的文化生活权利
C. 从判决看,解决权利冲突首先看一个人在行使权利的同时是否造成对他人权利的实际侵害
D. 本案表明,权利的行使与义务的承担相关联

52. 2011/1/55/多

下列哪些选项属于积极义务的范畴?

A. 子女赡养父母
B. 严禁刑讯逼供
C. 公民依法纳税
D. 紧急避险

53. 2010/1/6/单

法律格言说:"不知自己之权利,即不知法律。"关于这句法律格言含义的阐释,下列哪一选项是正确的?

A. 不知道法律的人不享有权利
B. 任何人只要知道自己的权利,就等于知道整个法律体系
C. 权利人所拥有的权利,既是事实问题也是法律问题
D. 权利构成法律上所规定的一切内容,在此意义上,权利即法律,法律亦权利

54． 2009/1/12/单

《集会游行示威法》第四条规定："公民在行使集会、游行、示威的权利的时候，必须遵守宪法和法律，不得反对宪法所确定的基本原则，不得损害国家的、社会的、集体的利益和其他公民的合法的自由和权利。"关于这一规定，下列哪一说法是正确的？

A. 该条是关于权利的规定，因此属于授权性规则
B. 该规定表明法律保护人的自由，但自由也应受到法律的限制
C. 公民在行使集会、游行、示威的权利的时候，不得损害国家的、社会的、集体的利益，因此国家利益是我国法律的最高价值
D. 该规定的内容比较模糊，因而对公民不具有指导意义

考点9 法的渊源

55． 2017/1/11/单

某法院在审理一起合同纠纷案时，参照最高法院发布的第15号指导性案例所确定的"法人人格混同"标准作出了判决。对此，下列哪一说法是正确的？

A. 在我国，指导性案例是正式的法的渊源
B. 判决是规范性法律文件
C. 法官在该案中运用了类比推理
D. 在我国，最高法院和各级法院均可发布指导性案例

56． 2017/1/56/多

某区质监局以甲公司未依《食品安全法》取得许可从事食品生产为由，对其处以行政处罚。甲公司认为，依特别法优先于一般法原则，应适用国务院《工业产品生产许可证管理条例》（以下简称《条例》）而非《食品安全法》，遂提起行政诉讼。对此，下列哪些说法是正确的？

A. 《条例》不是《食品安全法》的特别法，甲公司说法不成立
B. 《食品安全法》中规定食品生产经营许可的法律规范属于公法
C. 若《条例》与《食品安全法》抵触，法院有权直接撤销
D. 《条例》与《食品安全法》都属于当代中国法的正式渊源中的"法律"

57． 2016/1/56/多

林某与所就职的鹏翔航空公司发生劳动争议，解决争议中曾言语威胁将来乘鹏翔航班时采取报复措施。林某离职后在选乘鹏翔公司航班时被拒载，遂诉至法院。法院认为，航空公司依《合同法》负有强制缔约义务，依《民用航空法》有保障飞行安全义务。尽管相关国际条约和我国法律对此类拒载无明确规定，但依航空业惯例航空公司有权基于飞行安全事由拒载乘客。关于该案，下列哪些说法是正确的？

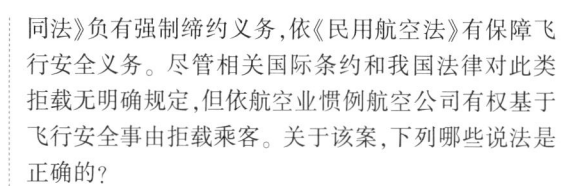

A. 反映了法的自由价值和秩序价值之间的冲突
B. 若法无明文规定，则法官自由裁量不受任何限制
C. 我国缔结或参加的国际条约是正式的法的渊源
D. 不违反法律的行业惯例可作为裁判依据

58． 2016/1/57/多

耀亚公司未经依法批准经营危险化学品，2003年7月14日被区工商分局依据《危险化学品安全管理条例》罚款40万元。耀亚公司以处罚违法为由诉至法院。法院查明，《安全生产法》规定对该种行为的罚款不得超过10万元。关于该案，下列哪些说法是正确的？

A. 《危险化学品安全管理条例》与《安全生产法》的效力位阶相同
B. 《安全生产法》中有关行政处罚的法律规范属于公法
C. 应适用《安全生产法》判断行政处罚的合法性
D. 法院可在判决中撤销《危险化学品安全管理条例》中与上位法相抵触的条款

59． 2016/1/58/多

特别法优先原则是解决同位阶的法的渊源冲突时所依凭的一项原则。关于该原则，下列哪些选项是正确的？

A. 同一机关制定的特别规定相对于同时施行或在前施行的一般规定优先适用
B. 同一法律内部的规则规定相对于原则规定优先适用
C. 同一法律内部的分则规定相对于总则规定优先适用
D. 同一法律内部的具体规定相对于一般规定优先适用

60． 2015/1/89/任

李某因热水器漏电受伤，经鉴定为重伤，遂诉至法院要求厂家赔偿损失，其中包括精神损害赔偿。庭审时被告代理律师辩称，一年前该法院在审理一起类似案件时并未判决给予精神损害赔偿，本案也应作相同处理。但法院援引最新颁布的司法解释，支持了李某的诉讼请求。关于此案，下列认识正确的是：

A. "经鉴定为重伤"是价值判断而非事实判断

B. 此案表明判例不是我国正式的法的渊源
C. 被告律师运用了类比推理
D. 法院生效的判决具有普遍约束力

61. 2014/1/12/单

原告与被告系亲兄弟,父母退休后与被告共同居住并由其赡养。父亲去世时被告独自料理后事,未通知原告参加。原告以被告侵犯其悼念权为由诉至法院。法院认为,按照我国民间习惯,原告有权对死者进行悼念,但现行法律对此没有规定,该诉讼请求于法无据,判决原告败诉。关于此案,下列哪一说法是错误的?

A. 本案中的被告侵犯了原告的经济、社会、文化权利
B. 习惯在我国是一种非正式的法的渊源
C. 法院之所以未支持原告诉讼请求,理由在于被告侵犯的权利并非法定权利
D. 在本案中法官对判决进行了法律证成

62. 1995年颁布的《保险法》第91条规定:"保险公司的设立、变更、解散和清算事项,本法未作规定的,适用公司法和其他有关法律、行政法规的规定。"2009年修订的《保险法》第94条规定:"保险公司,除本法另有规定外,适用《中华人民共和国公司法》的规定。"请回答(1)、(2)题。

(1) **2012/1/86/任**

根据法的渊源的知识,关于《保险法》上述二条规定之间的关系,下列理解正确的是:

A. "前法"与"后法"之间的关系
B. "一般法"与"特别法"之间的关系
C. "上位法"与"下位法"之间的关系
D. 法的正式渊源与法的非正式渊源之间的关系

(2) **2012/1/88/任**

根据法的渊源及其效力原则,下列理解正确的是:

A. 相对于《公司法》规定而言,《保险法》对保险公司所作规定属于"特别法"
B. 《保险法》对保险公司的规定不同于《公司法》的,优先适用《保险法》
C. 《保险法》对保险公司没有规定的,适用《公司法》
D. 根据2009年修订的《保险法》第94条规定,对于保险公司的设立、变更、解散和清算事项,《保险法》没有规定的,可以优先适用其他有关法律、行政法规的规定

63. 2011/1/14/单

甲法官处理一起伤害赔偿案件,耐心向被告乙解释计算赔偿数额的法律依据,并将最高法院公报发布的已生效同类判决提供乙参考。乙接受甲法官建议,在民事调解书上签字赔偿了原告损失。关于本案,下列哪一判断是正确的?

A. 法院已生效同类判决具有普遍约束力
B. 甲法官在该案调解时适用了判例法
C. 甲法官提供的指导性案例具有说服力
D. 民事调解书经乙签署后即具有行政强制执行力

64. 2011/1/53/多

1983年3月1日,全国人大常委会通过的《商标法》生效;2002年9月15日,国务院制定的《商标法实施条例》生效;2002年10月16日,最高法院制定的《关于审理商标民事纠纷案件适用法律若干问题的解释》施行。对此,下列哪些说法是正确的?

A. 《商标法实施条例》是部门规章
B. 《关于审理商标民事纠纷案件适用法律若干问题的解释》是司法解释
C. 《商标法实施条例》的效力要低于《商标法》
D. 《商标法实施条例》是《关于审理商标民事纠纷案件适用法律若干问题的解释》的母法

65. 2011/1/91/任

2011年7月5日,某公司高经理与员工在饭店喝酒聚餐后表示:别开车了,"酒驾"已入刑,咱把车推回去。随后,高经理在车内掌控方向盘,其他人推车缓行。记者从交警部门了解到,如机动车未发动,只操纵方向盘,由人力或其他车辆牵引,不属于酒后驾车。但交警部门指出,路上推车既会造成后方车辆行驶障碍,也会构成对推车人的安全威胁,建议酒后将车置于安全地点,或找人代驾。鉴于我国对"酒后代驾"缺乏明确规定,高经理起草了一份《酒后代驾服务规则》,包括总则、代驾人、被代驾人、权利与义务、代为驾驶服务合同、法律责任等共6章21条邮寄给国家立法机关。

关于高经理起草的《酒后代驾服务规则》,下列说法不正确的是:

A. 属于民法商法规则
B. 是立法议案
C. 是法的正式渊源
D. 是规范性法律文件

66. 2010/1/52/多

司法审判中,当处于同一位阶的规范性法律文件在某个问题上有不同规定时,法官可以依据下列哪些法的适用原则进行审判?

A. 特别法优于一般法
B. 上位法优于下位法
C. 新法优于旧法

D. 法溯及既往

67. 2009/1/53/多
2007年,某国政府批准在实验室培育人兽混合胚胎,以用于攻克帕金森症等疑难疾病的医学研究。该决定引发了社会各界的广泛关注和激烈争议。对此,下列哪些评论是正确的?
  A. 目前人兽混合胚胎研究在法律上尚未有规定,这是成文法律局限性的具体体现
  B. 人兽混合胚胎研究有可能引发严重的社会问题,因此需要及时立法给予规范和调整
  C. 如因该研究成果发生了民事纠纷而法律对此没有规定,则法院可以依据道德、习惯或正义标准等非正式法律渊源进行审理
  D. 如该国立法机关为此制定法律,则制定出的法律必然是该国全体公民意志的体现

68. 2009/1/62/多
关于法律、行政法规、地方性法规、自治条例和单行条例、规章的适用,下列哪些选项符合《立法法》规定?
  A. 同一机关制定的特别规定与一般规定不一致时,适用特别规定
  B. 法律、行政法规、地方性法规原则上不溯及既往
  C. 地方性法规与部门规章之间对同一事项的规定不一致不能确定如何适用时,由国务院裁决
  D. 根据授权制定的法规与法律规定不一致不能确定如何适用时,由全国人大常委会裁决

69. 2008/1/56/多
根据我国《立法法》的规定,关于不同的法律渊源之间出现冲突时的法律适用,下列哪些选项是错误的?
  A. 自治条例、单行条例与地方性法规不一致的,适用地方性法规
  B. 地方性法规和部门规章之间的效力没有高下之分,发生冲突时由国务院决定如何适用
  C. 公安部的部门规章与民政部的部门规章不一致时,按照新法优于旧法的原则处理,直接选择后颁布的部门规章加以适用
  D. 某市经授权制定的劳动法规与我国《劳动法》的规定不一致,不能确定如何适用时,由全国人大常委会裁决

考点10 法的效力

70. 2023 回忆/多
《最高人民法院关于适用〈中华人民共和国民法典〉时间效力的若干规定》提出,民法典施行前的法律事实引起的民事纠纷案件,当时的法律、司法解释没有规定而民法典有规定的,可以适用民法典的规定。对此,下列哪些说法是正确的?
  A.《民法典》具有溯及力
  B. 该规定表明新法优于旧法
  C. 该规定的效力等同于法律
  D. 该规定需要在全国人大常委会备案

71. 2016/1/11/单
有法谚云:"法律为未来作规定,法官为过去作判决。"关于该法谚,下列哪一说法是正确的?
  A. 法律的内容规定总是超前的,法官的判决根据总是滞后的
  B. 法官只考虑已经发生的事实,故判案时一律选择适用旧法
  C. 法律绝对禁止溯及既往
  D. 即使案件事实发生在过去,但"为未来作规定"的法律仍然可以作为其认定的根据

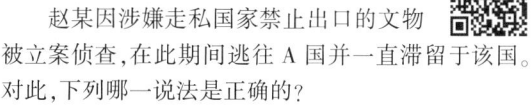

72. 2015/1/13/单
赵某因涉嫌走私国家禁止出口的文物被立案侦查,在此期间逃往A国并一直滞留于该国。对此,下列哪一说法是正确的?
  A. 该案涉及法对人的效力和空间效力问题
  B. 根据我国法律的相关原则,赵某不在中国,故不能适用中国法律
  C. 该案的处理与法的溯及力相关
  D. 如果赵某长期滞留在A国,应当适用时效免责

73. 2013/1/12/单
赵某与陈女订婚,付其5000元彩礼,赵某另付其1000元"见面礼"。双方后因性格不合解除婚约,赵某诉请陈女返还该6000元费用。法官根据《婚姻法》和最高法院《关于适用〈婚姻法〉若干问题的解释(二)》的相关规定,认定现金属彩礼范畴,按照习俗要求返还不违反法律规定,遂判决陈女返还。对此,下列哪一说法是正确的?
  A. 法官所提及的"习俗"在我国可作为法的正式渊源
  B. 在本案中,法官主要运用了归纳推理技术
  C. 从法理上看,该判决不符合《婚姻法》第19条"夫妻可以约定婚姻关系存续期间所得的财产"之规定
  D.《婚姻法》和《关于适用〈婚姻法〉若干问题的解释(二)》均属于规范性法律文件

74. 2012/1/52/多
《中华人民共和国刑法》第8条规定:"外国人在中华人民共和国领域外对中华人民共和国国家或者公民犯罪,而按本法规定的最低刑为三年以

上有期徒刑的,可以适用本法,但是按照犯罪地的法律不受处罚的除外。"关于该条文,下列哪些判断是正确的?
A. 规定的是法的溯及力
B. 规定的是法对人的效力
C. 体现的是保护主义原则
D. 体现的是属人主义原则

75． 2010/1/12/单
甲、乙签订一份二手房房屋买卖合同,约定:"本合同一式三份,经双方签字后生效。甲、乙各执一份,留见证律师一份,均具有同等法律效力。"关于该条款,下列哪一选项是正确的?
A. 是有关法律原则之适用条件的规定
B. 属于案件事实的表述
C. 是甲乙双方所确立的授权性规则
D. 关涉甲乙双方的行为效力及后果

76． 2008/1/91/任
"现今的很多法律格言都是在古罗马时期形成的,'法律仅仅适用于将来'就是一例。这一思想后来被古典自然法学派所推崇,并体现在法国人权宣言和美国宪法之中,形成了法不溯及既往原则"。根据此引文以及相关法学知识,下列正确的表述是:
A. 古罗马时期的法律是用法律格言的形式表现的
B. "法律仅仅适用于将来"已经成为现代社会的法律效力原则
C. 只有古典自然法学派强调法不溯及既往的原则
D. 法不溯及既往仅仅是人权宣言和宪法通行的效力原则

考点11 法律部门与法律体系

77． 2011/1/51/多
关于法的渊源和法律部门,下列哪些判断是正确的?
A. 自治条例和单行条例是地方国家权力机关制定的规范性文件
B. 行政法部门就是由国务院制定的行政法规构成的
C. 国际公法是中国特色社会主义法律体系的组成部分
D. 划分法律部门的主要标准是法律规范所调整的社会关系

考点12 法律关系

78． 2016/1/10/单
甲和乙系夫妻,因外出打工将女儿小琳交由甲母照顾两年,但从未支付过抚养费。后甲与乙闹离婚且均不愿抚养小琳。甲母将甲和乙告上法庭,要求支付抚养费2万元。法院认为,甲母对孙女无法定或约定的抚养义务,判决甲和乙支付甲母抚养费。关于该案,下列哪一选项是正确的?
A. 判决是规范性法律文件
B. 甲和乙对小琳的抚养义务是相对义务
C. 判决在原被告间不形成法律权利和义务关系
D. 小琳是民事诉讼法律关系的主体之一

79． 2016/1/59/多
李某向王某借款200万元,由赵某担保。后李某因涉嫌非法吸收公众存款罪被立案。王某将李某和赵某诉至法院,要求偿还借款。赵某认为,若李某罪名成立,则借款合同因违反法律的强制性规定而无效,赵某无需承担担保责任。法院认为,借款合同并不因李某犯罪而无效,判决李某和赵某承担还款和担保责任。关于该案,下列哪些说法是正确的?
A. 若李某罪名成立,则出现民事责任和刑事责任的竞合
B. 李某与王某间的借款合同法律关系属于调整性法律关系
C. 王某的起诉是引起民事诉讼法律关系产生的唯一法律事实
D. 王某可以免除李某的部分民事责任

80． 2015/1/12/单
张某到某市公交公司办理公交卡退卡手续时,被告知:根据本公司公布施行的《某市公交卡使用须知》,退卡时应将卡内200元余额用完,否则不能退卡,张某遂提起诉讼。法院认为,公交公司依据《某市公交卡使用须知》拒绝张某要求,侵犯了张某自主选择服务方式的权利,该条款应属无效,遂判决公交公司退还卡中余额。关于此案,下列哪一说法是正确的?
A. 张某、公交公司之间的服务合同法律关系属于纵向法律关系
B. 该案中的诉讼法律关系是主法律关系
C. 公交公司的权利能力和行为能力是同时产生和同时消灭的
D. 《某市公交卡使用须知》属于地方规章

81． 2014/1/53/多
王某恋爱期间承担了男友刘某的开销计20万元。后刘某提出分手,王某要求刘某返还开销费用。经过协商,刘某自愿将该费用转为借款并出具了借条,不久刘某反悔,以不存在真实有效借款关系为由拒绝还款,王某诉至法院。法院认为,"刘某出具该借条系本人自愿,且并未违反法律强制性规定",

遂判决刘某还款。对此,下列哪些说法是正确的?

A. "刘某出具该借条系本人自愿,且并未违反法律强制性规定"是对案件事实的认定
B. 出具借条是导致王某与刘某产生借款合同法律关系的法律事实之一
C. 因王某起诉产生的民事诉讼法律关系是第二性法律关系
D. 本案的裁判是以法律事件的发生为根据作出的

82. 2013/1/11/单

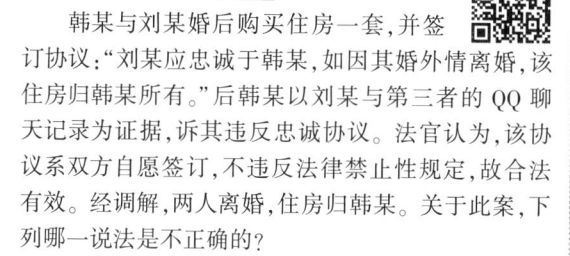

韩某与刘某婚后购买住房一套,并签订协议:"刘某应忠诚于韩某,如因其婚外情离婚,该住房归韩某所有。"后韩某以刘某与第三者的QQ聊天记录为证据,诉其违反忠诚协议。法官认为,该协议系双方自愿签订,不违反法律禁止性规定,故合法有效。经调解,两人离婚,住房归韩某。关于此案,下列哪一说法是不正确的?

A. 该协议仅具有道德上的约束力
B. 当事人的意思表示不能仅被看作是一种内心活动,而应首先被视为可能在法律上产生后果的行为
C. 法律禁止的行为或不禁止的行为,均可导致法律关系的产生
D. 法官对协议的解释符合"法伦理性的原则"

83. 2013/1/14/单

2012年,潘桂花、李大响老夫妇处置房产时,发现房产证产权人由潘桂花变成其子李能。原来,早在七年前李能就利用其母不识字骗其母签订合同,将房屋作价过户到自己名下。二老怒将李能诉至法院。法院查明,潘桂花因精神障碍,被鉴定为限制民事行为能力人。据此,法院认定该合同无效。对此,下列哪一说法是不正确的?

A. 李能的行为违反了物权的取得应当遵守法律、尊重公德,不损害他人合法权益的法律规定
B. 从法理上看,法院主要根据"法律家长主义"原则(即,法律对于当事人"不真实反映其意志的危险选择"应进行限制,使之免于自我伤害)对李能的意志行为进行判断,从而否定了他的做法
C. 潘桂花被鉴定为限制民事行为能力人是对法律关系主体构成资格的一种认定
D. 从诉讼"争点"理论看,本案争执的焦点不在李能是否利用其母不识字骗其母签订合同,而在于合同转让的效力如何认定

84. 2011/1/12/单

甲、乙分别为某有限责任公司的自然人股东,后甲在乙知情但不同意的情况下,为帮助妹妹获取贷款,将自有股份质押给银行,乙以甲侵犯其股东权利为由向法院提起诉讼。关于本案,下列哪一判断是正确的?

A. 担保关系是债权关系的保护性法律关系
B. 债权关系是质押关系的第一性法律关系
C. 诉讼关系是股权关系的隶属性法律关系
D. 债权关系是质押关系的调整性法律关系

85. 2010/1/7/单

张女穿行马路时遇车祸,致两颗门牙缺失。交警出具的责任认定书认定司机负全责。张女因无法与肇事司机达成赔偿协议,遂提起民事诉讼,认为司机虽赔偿3000元安装假牙,但假牙影响接吻,故司机还应就她的"接吻权"受到损害予以赔偿。关于本案,下列哪一选项是正确的?

A. 张女与司机不存在产生法律关系的法律事实
B. 张女主张的"接吻权"属于法定权利
C. 交警出具的责任认定书是非规范性法律文件,具有法律效力
D. 司机赔偿3000元是绝对义务的承担方式

86. 2009/1/91/任

"在法学家们以及各个法典看来,各个人之间的关系,例如缔结契约这类事情,一般是纯粹偶然的现象,这些关系被他们看作是可以随意建立或不建立的关系,它们的内容完全取决于缔约双方的个人意愿。每当工业和商业的发展创造出新的交往形式,例如保险公司等的时候,法便不得不承认它们是获得财产的新方式。"据此,下列表述正确的是:

A. 契约关系是人们有意识、有目的地建立的社会关系
B. 各个时期的法都不得不规定保险公司等新的交往形式和它们获得财产的新方式
C. 法律关系作为一种特殊的社会关系,既有以人的意志为转移的思想关系的属性,又有物质关系制约的属性
D. 法律关系体现的是当事人的意志,而不可能是国家的意志

87. 2008/1/7/单

孙某的狗曾咬伤过邻居钱某的小孙子,钱某为此一直耿耿于怀。一天,钱某趁孙某不备,将孙某的狗毒死。孙某掌握了钱某投毒的证据之后,起诉到法院,法院判决钱某赔偿孙某600元钱。对此,下列哪一选项是正确的?

A. 孙某因其狗享有所有权而形成的法律关系属于保护性法律关系
B. 由于孙某起诉而形成的诉讼法律关系属于第

二性的法律关系
C. 因钱某毒死孙某的狗而形成的损害赔偿关系属于纵向的法律关系
D. 因钱某毒死孙某的狗而形成的损害赔偿关系中,孙某不得放弃自己的权利

考点 13 法律责任与法律制裁

88． 2017/1/57/多

赵某在行驶中的地铁车厢内站立,因只顾看手机而未抓扶手,在地铁紧急制动时摔倒受伤,遂诉至法院要求赔偿。法院认为,《侵权责任法》规定,被侵权人对损害的发生有过失的,可以减轻经营者的责任。地铁公司在车厢内循环播放"站稳扶好"来提醒乘客,而赵某因看手机未抓扶手,故存在重大过失,应承担主要责任。综合各种因素,判决地铁公司按40%的比例承担赔偿责任。对此,下列哪些说法是正确的?

A. 该案中赵某是否违反注意义务,是衡量法律责任轻重的重要标准
B. 该案的民事诉讼法律关系属第二性的法律关系
C. 若经法院调解后赵某放弃索赔,则构成协议免责
D. 法官对责任分摊比例的自由裁量不受任何限制

89． 2014/1/91/任

下列构成法律责任竞合的情形是:

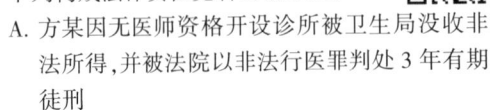

A. 方某因无医师资格开设诊所被卫生局没收非法所得,并被法院以非法行医罪判处3年有期徒刑
B. 王某通话时,其手机爆炸导致右耳失聪,可选择以侵权或违约为由追究手机制造商法律责任
C. 林某因故意伤害罪被追究刑事责任和民事责任
D. 戴某用10万元假币购买一块劳力士手表,其行为同时触犯诈骗罪与使用假币罪

90． 2012/1/12/单

中学生小张课间打篮球时被同学小黄撞断锁骨,小张诉请中学和小黄赔偿1.4万余元。法院审理后认为,虽然2被告对原告受伤均没有过错,不应承担赔偿责任,但原告毕竟为小黄所撞伤,该校的不当行为也是伤害事故发生的诱因,且原告花费1.3万余元治疗后尚未完全康复,依据公平原则,法院酌定被告各补偿3000元。关于本案,下列哪一判断是正确的?

A. 法院对被告实施了法律制裁
B. 法院对被告采取了不诉免责和协议免责的措施
C. 法院做出对被告有利的判决,在于对案件事实与规范间关系进行了证成
D. 被告承担法律责任主要不是因为行为与损害间存在因果关系

91． 2011/1/11/单

《合同法》第一百二十二条规定:"因当事人一方的违约行为,侵害对方人身、财产权益的,受损害方有权选择依照本法要求其承担违约责任或者依照其他法律要求其承担侵权责任。"该条款规定了下列哪一类法律现象的处理原则?

A. 法律位阶的冲突
B. 法律责任的免除
C. 法律价值的冲突
D. 法律责任的竞合

92． 2008/1/5/单

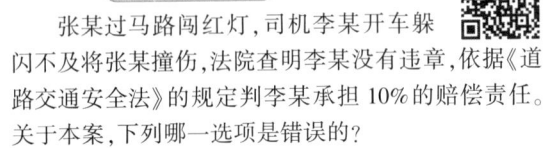

张某过马路闯红灯,司机李某开车躲闪不及将张某撞伤,法院查明李某没有违章,依据《道路交通安全法》的规定判李某承担10%的赔偿责任。关于本案,下列哪一选项是错误的?

A.《道路交通安全法》属于正式的法的渊源
B. 违法行为并非是承担法律责任的唯一根源
C. 如果李某自愿支付超过10%的赔偿金,法院以民事调解书加以确认,则李某不能反悔
D. 李某所承担的是一种竞合的责任

专题二 法的运行

考点 14 立法

93． 2023 回忆/多

2022年10月,国家体育总局审议通过《国家体育总局规章和规范性文件制定程序规定》。关于该《规定》,下列哪些说法是正确的?

A. 应当由局务会议审议
B. 应当由体育总局局长签署体育总局令予以公布
C. 应当在通过后30日内报国务院备案
D. 应当及时在国务院公报上予以刊载

94． 2020 回忆/多

《民法典》是新中国第一部以法典命名的法律,开创了我国法典编纂的先河,具有里程碑意义。对《民法典》的意义和举措,下列哪些说法是正确的?

A. 婚姻家庭编凸显了中国社会治理经验,传承了中华文化精神气质

B. 弘扬社会主义核心价值观为重要立法目的,具有鲜明中国特色
C. 人格权独立成编,扩大到网络社会对人格权的保护,彰显了信息网络时代社会对人格权保护的特殊价值
D. 其颁布和实施一劳永逸地解决了新时代中国的民事法治建设问题

95. 2019 回忆/多

某自治州人大常委会拟制定《公共场所禁烟条例》,根据《立法法》的规定,下列哪些说法是错误的?

A. 该条例应由自治州人大制定,自治州人大常委会无权制定
B. 该条例应当报省级人大常委会批准
C. 该条例应由省级人大常委会报全国人大常委会和国务院备案
D. 若该条例不合法,全国人大常委会和国务院均有权撤销

96. 2018 回忆/多

关于我国的立法体制,下列哪些说法是正确的?

A. 全国人大及其常委会有权制定基本法律
B. 国务院制定的行政法规由总理发布国务院令公布,向全国人大常委会备案
C. 全国人大常委会公报刊登的行政法规文本为标准文本
D. 全国人大常委会有权撤销国务院制定的不合法的行政法规

97. 2017/1/63/多 根据新法改编

根据《宪法》和《立法法》规定,关于法律案的审议,下列哪些选项是正确的?

A. 列入全国人大会议议程的法律案,由宪法和法律委员会根据各代表团和有关专门委员会的审议意见,对法律案进行统一审议,向主席团提出审议结果报告和法律草案修改稿
B. 列入全国人大会议议程的法律案,在交付表决前,提案人要求撤回的,应说明理由,经主席团同意并向大会报告,对法律案的审议即行终止
C. 列入全国人大常委会会议议程的法律案,因调整事项较为单一,各方面意见比较一致的,也可经一次常委会会议审议即交付表决
D. 列入全国人大常委会会议议程的法律案,因暂不付表决经过两年没有再次列入常委会会议议程审议的,委员长会议可以决定终止审议,并向常委会报告

98. 2015/1/11/单

律师潘某认为《母婴保健法》与《婚姻登记条例》关于婚前检查的规定存在冲突,遂向全国人大常委会书面提出了进行审查的建议。对此,下列哪一说法是错误的?

A. 《母婴保健法》的法律效力高于《婚姻登记条例》
B. 如全国人大常委会审查后认定存在冲突,则有权改变或撤销《婚姻登记条例》
C. 全国人大相关专门委员会和常务委员会工作机构需向潘某反馈审查研究情况
D. 潘某提出审查建议的行为属于社会监督

99. 2015/1/65/多

某设区的市的市政府依法制定了《关于加强历史文化保护的决定》。关于该决定,下列哪些选项是正确的?

A. 市人大常委会认为该决定不适当,可以提请上级人大常委会撤销
B. 法院在审理案件时发现该决定与上位法不一致,可以作出合法性解释
C. 与文化部有关文化保护的规定具有同等效力,在各自的权限范围内施行
D. 与文化部有关文化保护的规定之间对同一事项的规定不一致时,由国务院裁决

100. 2014/1/61/多

根据《立法法》的规定,下列哪些选项是不正确的?

A. 国务院和地方各级政府可以向全国人大常委会提出法律解释的要求
B. 经授权,行政法规可设定限制公民人身自由的强制措施
C. 专门委员会审议法律案的时候,应邀请提案人列席会议,听取其意见
D. 地方各级人大有权撤销本级政府制定的不适当的规章

101. 2013/1/87/任

关于我国立法和法的渊源的表述,下列选项不正确的是:

A. 从法的正式渊源上看,"法律"仅指全国人大及其常委会制定的规范性文件
B. 公布后的所有法律、法规均以在《国务院公报》上刊登的文本为标准文本
C. 行政法规和地方性法规均可采取"条例"、"规定"、"办法"等名称
D. 所有法律议案(法律案)都须交由全国人大常委会审议、表决和通过

102. 2013/1/89/任

根据《宪法》和法律的规定,关于立法权权限和立法程序,下列选项正确的是:
A. 全国人大常委会在人大闭会期间,可以对全国人大制定的法律进行部分补充和修改,但不得同该法律的基本原则相抵触
B. 全国人大通过的法律由全国人民代表大会主席团予以公布
C. 全国人大宪法和法律委员会审议法律案时,应邀请有关专门委员会的成员列席会议,发表意见
D. 列入全国人大常委会会议议程的法律案,除特殊情况外,应当在举行会议七日前将草案发给常委会组成人员

103. 2012/1/25/单

根据省政府制定的地方规章,省质监部门对生产销售不合格产品的某公司予以行政处罚。被处罚人认为,该省政府规章违反《产品质量法》规定,不能作为处罚依据,遂向法院起诉,请求撤销该行政处罚。关于对该省政府规章是否违法的认定及其处理,下列哪一选项是正确的?
A. 由审理案件的法院进行审查并宣告其是否有效
B. 由该省人大审查是否违法并作出是否改变或者撤销的决定
C. 由国务院将其提交全国人大常委会进行审查并作出是否撤销的决定
D. 由该省人大常委会审查其是否违法并作出是否撤销的决定

104. 2011/1/10/单

某市政府为缓解拥堵,经充分征求广大市民意见,做出车辆限号行驶的规定。但同时明确,接送高考考生、急病送医等特殊情况未按号行驶的,可予不处罚。关于该免责规定体现的立法基本原则,下列哪一选项是不准确的?
A. 实事求是、从实际出发
B. 民主立法
C. 注重效率
D. 原则性与灵活性相结合

考点15 法的实施

105. 2019回忆/单

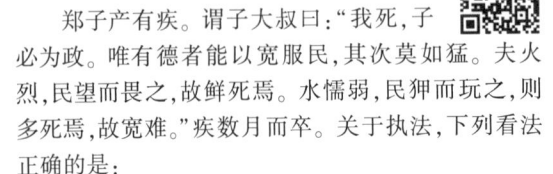

郑子产有疾。谓子大叔曰:"我死,子必为政。唯有德者能以宽服民,其次莫如猛。夫火烈,民望而畏之,故鲜死焉。水懦弱,民狎而玩之,则多死焉,故宽难。"疾数月卒。关于执法,下列看法正确的是:
A. 法律就是法律,执法必须严格,不能搞人情味
B. 执法应做到宽严相济
C. 执法必须严厉,不能"宽容",否则易纵容犯罪
D. 为上者有德,就可以做到以宽服民,不需要法律的治理

106. 2016/1/60/多

王某向市环保局提出信息公开申请,但未在法定期限内获得答复,遂诉至法院,法院判决环保局败诉。关于该案,下列哪些说法是正确的?
A. 王某申请信息公开属于守法行为
B. 判决环保局败诉体现了法的强制作用
C. 王某起诉环保局的行为属于社会监督
D. 王某的诉权属于绝对权利

107. 2015/1/14/单

卡尔·马克思说:"法官是法律世界的国王,法官除了法律没有别的上司。"对于这句话,下列哪一理解是正确的?
A. 法官的法律世界与其他社会领域(政治、经济、文化等)没有关系
B. 法官的裁判权不受制约
C. 法官是法律世界的国王,但必须是法律的奴仆
D. 在法律世界中(包括在立法领域),法官永远是其他一切法律主体(或机构)的上司

108. 2008/1/4/单

市民张某在城市街道上无照销售食品,在被城市综合管理执法人员查处过程中暴力抗法,导致一名城市综合管理执法人员受伤。经媒体报道,人们议论纷纷。关于此事,下列哪一说法是错误的?
A. 王某指出,城市综合管理执法人员的活动属于执法行为,具有权威性
B. 刘某认为,城市综合管理机构执法,不仅要合法,还要强调公平合理,其执法方式应让一般社会公众能够接受
C. 赵某认为,如果老百姓认为执法不公,就有奋起反抗的权利
D. 陈某说,守法是公民的义务,如果认为城市综合管理机构执法不当,可以采用行政复议、行政诉讼的方式寻求救济,暴力抗法显然是不对的

考点16 法适用的一般原理

109. 2017/1/12/单

"当法律人在选择法律规范时,他必须以该国的整个法律体系为基础,也就是说,他必须对

该国的法律有一个整体的理解和掌握,更为重要的是他要选择一个与他确定的案件事实相切合的法律规范,他不仅要理解和掌握法律的字面含义,还要了解和掌握法律背后的意义。"关于该表述,下列哪一理解是错误的?

A. 适用法律必须面对规范与事实问题
B. 当法律的字面含义不清晰时,可透过法律体系理解其含义
C. 法律体系由一国现行法和历史上曾经有效的法构成
D. 法律的字面含义有时与法律背后的意义不一致

110． 2017/1/58/多

甲公司派员工伪装成客户,设法取得乙公司盗版销售其所开发软件的证据并诉至法院。审理中,被告认为原告的"陷阱取证"方式违法。法院认为,虽然非法取得的证据不能采信,但法律未对非法取证行为穷尽式列举,特殊情形仍需依据法律原则具体判断。原告取证目的并无不当,也未损害社会公共利益和他人合法权益,且该取证方式有利于遏制侵权行为,应认定合法。对此,下列哪些说法是正确的?

A. 采用穷尽式列举有助于提高法的可预测性
B. 法官判断原告取证是否违法时作了利益衡量
C. 违法取得的证据不得采信,这说明法官认定的裁判事实可能同客观事实不一致
D. 与法律规则相比,法律原则应优先适用

111． 2017/1/59/多

法律格言云:"不确定性在法律中受到非难,但极度的确定性反而有损确定性。"对此,下列哪些说法是正确的?

A. 在法律中允许有内容本身不确定,而是可以援引其他相关内容规定的规范
B. 借助法律推理和法律解释,可提高法律的确定性
C. 通过法律原则、概括条款,可增强法律的适应性
D. 凡规定义务的,即属于极度确定的;凡规定权利的,即属于不确定的

112． 2017/1/90/任

据《二刻拍案惊奇》,大儒朱熹作知县时专好锄强扶弱。一日有百姓诉称:"有乡绅夺去祖先坟茔作了自家坟地。"朱熹当地颇重风水,常有乡绅强占百姓风水吉地之事,遂亲往踏勘。但见坟地山环水绕,确是宝地,遂问之,但乡绅矢口否认。朱熹大怒,令掘坟取证,见青石一块,其上多有百姓祖先名字。朱熹遂将坟地断给百姓,并治乡绅强占田土之

罪。殊不知青石是那百姓暗中埋下的,朱熹一片好心办了错案。对此,下列说法正确的是:

A. 青石上有百姓祖先名字的生活事实只能被建构为乡绅夺去百姓祖先坟茔的案件事实
B. "有乡绅夺去祖先坟茔作了自家坟地"是一个规范语句
C. 勘查现场是确定案件事实的必要条件,但并非充分条件
D. 裁判者自身的价值判断可能干扰其对案件事实的认定

113． 2015/1/15/单

关于法的适用,下列哪一说法是正确的?

A. 在法治社会,获得具有可预测性的法律决定是法的适用的唯一目标
B. 法律人查明和确认案件事实的过程是一个与规范认定无关的过程
C. 法的适用过程是一个为法律决定提供充足理由的法律证成过程
D. 法的适用过程仅仅是运用演绎推理的过程

114． 2014/1/92/任

"法律人适用法律的最直接目标就是要获得一个合理的决定。在法治社会,所谓合理的法律决定就是指法律决定具有可预测性和正当性。"对于这一段话,下列说法正确的是:

A. 正当性是实质法治的要求
B. 可预测性要求法律人必须将法律决定建立在既存的一般性的法律规范的基础上
C. 在历史上,法律人通常借助法律解释方法缓解可预测性与正当性之间的紧张关系
D. 在法治国家,法律决定的可预测性是理当崇尚的一个价值目标

115． 2012/1/13/单

张老太介绍其孙与马先生之女相识,经张老太之手曾给付女方"认大小"钱10100元,后双方分手。张老太作为媒人,去马家商量退还"认大小"钱时发生争执。因张老太犯病,马先生将其送医,并垫付医疗费1251.43元。后张老太以马家未返还"认大小"钱为由,拒绝偿付医药费。马先生以不当得利为由诉至法院。法院考虑此次纠纷起因及张老太疾病的诱因,判决张老太返还马先生医疗费1000元。关于本案,下列哪一理解是正确的?

A. 我国男女双方订婚前由男方付"认大小"钱是通行的习惯法
B. 张老太犯病直接构成与马先生之医药费返还法律关系的法律事实

C. 法院判决时将保护当事人的自由和效益原则作为主要的判断标准
D. 本案的争议焦点不在于事实确认而在于法律认定

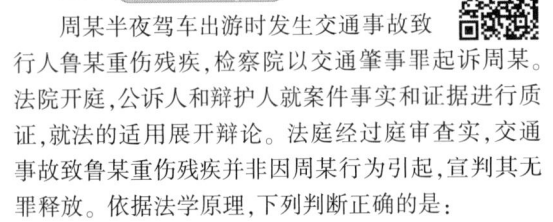

116． 2009/1/92/任
周某半夜驾车出游时发生交通事故致行人鲁某重伤残疾，检察院以交通肇事罪起诉周某。法院开庭，公诉人和辩护人就案件事实和证据进行质证，就法的适用展开辩论。法庭经过庭审查实，交通事故致鲁某重伤残疾并非因周某行为引起，宣判其无罪释放。依据法学原理，下列判断正确的是：
A. 法院审理案件目的在于获得正确的法律判决，该判决应当在形式上符合法律规定，具有可预测性，还应当在内容上符合法律的精神和价值，具有正当性
B. 在本案中，检察院使用了归纳推理的方法
C. 法院在庭审中认定交通事故致鲁某重伤残疾并非因周某行为引起，这主要解决的是事实问题
D. 法庭主持的调查和法庭辩论活动，从法律推理的角度讲，是在为演绎推理确定大小前提

考点17 法的发现与法的证成

117． 2021回忆/任
小刚和小丽结婚时，向小丽的母亲殷某支付了彩礼。后二人离婚，小刚要求殷某返还彩礼，殷某主张彩礼属于无偿赠与不予返还，小刚起诉至法院。法官经调查发现当地确实有无偿赠送彩礼的风俗，但是小刚、小丽二人办理结婚登记手续后并未共同生活，根据《最高人民法院关于适用〈中华人民共和国民法典〉婚姻家庭编的解释（一）》，这属于应当支持返还彩礼的情形，故判处殷某返还彩礼。对此，下列说法正确的是：
A. 法官运用了涵摄的方法
B. 法官运用了反向推理
C. 当地风俗是法官推理的大前提
D. 法官对民俗的查证是法的发现

118． 2016/1/89/任
王某在未依法取得许可的情况下购买氰化钠并存储于车间内，被以非法买卖、存储危险物质罪提起公诉。法院认为，氰化钠对人体和环境具有极大毒害性，属于《刑法》第125条第2款规定的毒害性物质，王某未经许可购买氰化钠，虽只有购买行为，但刑法条文中的"非法买卖"并不要求兼有买进和卖出的行为，王某罪名成立。关于该案，下列说法正确的是：
A. 法官对"非法买卖"进行了目的解释
B. 查明和确认"王某非法买卖毒害性物质"的过程是一个与法律适用无关的过程
C. 对"非法买卖"的解释属于外部证成
D. 内部证成关涉的是从前提到结论之间的推论是否有效

119． 2013/1/86/任
关于适用法律过程中的内部证成，下列选项正确的是：
A. 内部证成是给一个法律决定提供充足理由的活动
B. 内部证成是按照一定的推理规则从相关前提中逻辑地推导出法律决定的过程
C. 内部证成是对法律决定所依赖的前提的证成
D. 内部证成和外部证成相互关联

120． 2012/1/53/多
张某与王某于2000年3月登记结婚，次年生一女小丽。2004年12月张某去世，小丽随王某生活。王某不允许小丽与祖父母见面，小丽祖父母向法院起诉，要求行使探望权。法官在审理中认为，我国《婚姻法》虽没有直接规定隔代亲属的探望权，但正确行使隔代探望权有利于儿童健康成长，故依据《民法通则》第7条有关"民事活动应当尊重社会公德"的规定，判决小丽祖父母可以行使隔代探望权。关于此案，下列哪些说法是正确的？
A. 我国《婚姻法》和《民法通则》均属同一法律部门的规范性文件，均是"基本法律"
B. "民事活动应当尊重社会公德"的规定属于命令性规则
C. 法官对判决理由的证成是一种外部证成
D. 法官的判决考虑到法的安定性和合目的性要求

121． 2010/1/54/多
关于法律论证中外部证成的说法，下列哪些选项是错误的？
A. 外部证成是对内部证成中所使用的前提本身之合理性的证成
B. 外部证成是法官在审判中根据法条直接推导出判决结论的过程
C. 外部证成与案件事实的法律认定无关
D. 外部证成本身也是一个推理过程

122． 2008/1/52/多
关于法律论证中的内部证成和外部证成，下列哪些选项是错误的？
A. 法律论证中的内部证成和外部证成之间的区别表现为，内部证成是针对案件事实问题进行的论证，外部证成是针对法律规范问题进行的论证

B. 无论内部证成还是外部证成都不解决法律决定的前提是否正确的问题
C. 内部证成主要使用演绎方法,外部证成主要使用归纳方法
D. 无论内部证成还是外部证成都离不开支持性理由和推理规则

考点18 法律推理

123. 2023 回忆/多

张三明知某商店出售的白酒系酒精勾兑,分批多次购买后向商店索赔,在商店拒不赔付后将商店起诉至法院。法院审理后认为,根据生活经验,消费者系为生活生产需要而购买物品者,张三为获利而购买物品,因此不是消费者,故驳回其请求。对此,下列哪些说法是正确的?

A. 消费这个概念包含着价值判断
B. 法官进行了设证推理
C. 法官对消费者的界定是内部证成
D. 法官对消费者的解释是限缩解释

124. 2019 回忆/多

某日,公孙龙骑马进城。守城士兵说:"王法规定,马过城门应当纳税。"公孙龙说:"马过城门应当纳税,但我骑的是白马,白马非马,不应当纳税。"士兵说:"白马当然是马,你应当纳税。"公孙龙反问道:"如果白马是马,那么,黑马也是马了?"守城士兵说:"那是当然。"公孙龙继续说道:"按照你的逻辑,白马是马,黑马也是马,那么,白马和黑马就没有差别了。因此,白马非马。"守城士兵被公孙龙说得不知如何应对,但依然不为所动。最终,公孙龙为了进城,只得为马纳税。关于本案,下列哪些说法是正确的?

A. 守城士兵执法的强制性来源于国家强制力
B. "马过城门应当纳税",其中的"马"属于来自日常生活中的法律概念,不需要解释即可适用
C. 就本案而言,"白马究竟是不是马"是一个事实问题,而不是一个法律问题
D. 守城士兵进行的是演绎推理,而公孙龙进行的则是反向推理

125. 2016/1/12/单

在宋代话本小说《错斩崔宁》中,刘贵之妾陈二姐因轻信刘贵欲将她休弃的戏言连夜回娘家,路遇年轻后生崔宁并与之结伴同行。当夜盗贼自刘贵家盗走 15 贯钱并杀死刘贵,邻居追赶盗贼遇到陈、崔二人,因见崔宁刚好携带 15 贯钱,遂将二人作为凶手捉拿送官。官府当堂拷讯二人,陈、崔屈打成招,后被处斩。关于该案,下列哪一说法是正确的?

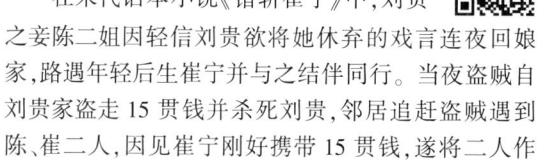

A. 话本小说《错斩崔宁》可视为一种法的非正式渊源

B. 邻居运用设证推理方法断定崔宁为凶手
C. "盗贼自刘贵家盗走 15 贯钱并杀死刘贵"所表述的是法律规则中的假定条件
D. 从生活事实向法律事实转化需要一个证成过程,从法治的角度看,官府的行为符合证成标准

126. 2015/1/58/多

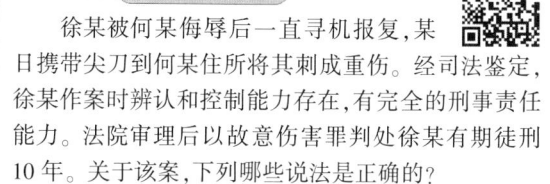

徐某被何某侮辱后一直寻机报复,某日携带尖刀到何某住所将其刺成重伤。经司法鉴定,徐某作案时辨认和控制能力存在,有完全的刑事责任能力。法院审理后以故意伤害罪判处徐某有期徒刑 10 年。关于该案,下列哪些说法是正确的?

A. "徐某作案时辨认和控制能力存在,有完全的刑事责任能力"这句话包含对事实的法律认定
B. 法院判决体现了法的强制作用,但未体现评价作用
C. 该案中法官运用了演绎推理
D. "徐某被何某侮辱后一直寻机报复,某日携带尖刀到何某住所将其刺成重伤"是该案法官推理中的大前提

127. 2013/1/15/单

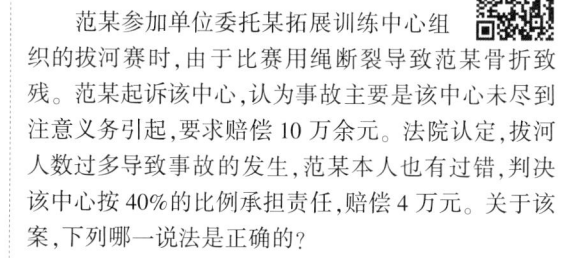

范某参加单位委托某拓展训练中心组织的拔河赛时,由于比赛用绳断裂导致范某骨折致残。范某起诉该中心,认为事故主要是该中心未尽到注意义务引起,要求赔偿 10 万余元。法院认定,拔河人数过多导致事故的发生,范某本人也有过错,判决该中心按 40% 的比例承担责任,赔偿 4 万元。关于该案,下列哪一说法是正确的?

A. 范某对案件仅做了事实描述,未进行法律判断
B. "拔河人数过多导致了事故的发生"这一语句所表达的是一种裁判事实,可作为演绎推理的大前提
C. "该中心按 40% 的比例承担责任,赔偿 4 万元"是从逻辑前提中推导而来的
D. 法院主要根据法律责任的效益原则作出判决

128. 2010/1/9/单

谢某、阮某与曾某在曾某经营的"皇太极"酒吧喝酒,离开时谢某从楼梯摔下,被扶起后要求在酒吧休息,第二天被发现已死亡。经鉴定,谢某系"醉酒后猝死"。该案审理中,合议庭对"餐饮经营者对醉酒者是否负有义务"产生争议。刘法官认为,我国相关法律对此没有明确规定,但根据德国、奥地利、芬兰等国判例,餐饮经营者负有确保醉酒顾客安全的义务,认定曾某负赔偿责任符合法律保护弱者的立法潮流。依据法学原理,下列哪一说法是正确的?

A. 刘法官的解释属于我国正式法律解释体制中的司法解释
B. 刘法官在该案的论证中运用了有关法的非正式渊源的知识
C. 从法律推理角度看,"经鉴定,谢某系'醉酒后猝死'"是推理的大前提
D. 从德国、奥地利、芬兰等国家存在判例的情形看,这些国家的法律属于判例法系

129． 2010/1/53/多

2007年,张某请风水先生选了块墓地安葬亡父,下葬时却挖到十年前安葬的刘某父亲的棺木,张某将该棺木锯下一角,紧贴着安葬了自己父亲。后刘某发觉,以故意损害他人财物为由起诉张某,要求赔偿损失以及精神损害赔偿。对于此案,合议庭意见不一。法官甲认为,下葬棺木不属于民法上的物,本案不存在精神损害。法官乙认为,张某不仅要承担损毁他人财物的侵权责任,还要因其行为违背公序良俗而向刘某支付精神损害赔偿金。对此,下列哪些说法是正确的?
A. 下葬棺木是否属于民法上的物,可以通过"解释学循环"进行判断
B. "入土为安,死者不受打扰"是中国大部分地区的传统,在一定程度上可以成为法律推理的前提之一
C. "公序良俗"属伦理范畴,非法律规范,故法官乙推理不成立
D. 当地群众对该事件的一般看法,可成为判断刘某是否受到精神损害的因素之一

130． 2009/1/9/单

关于法律解释和法律推理,下列哪一说法可以成立?
A. 作为一种法律思维活动,法律推理的根本目的在于发现绝对事实和真相
B. 法律解释和法律推理属于完全不同的两种思维活动,法律推理完全独立于法律解释
C. 法官在进行法律推理时,既要遵守和服从法律规则又要在不同利益冲突间进行价值平衡和选择
D. 法律推理是严格的形式推理,不受人的价值观影响

131． 2009/1/10/单

《劳动争议调解仲裁法》第五条规定:"发生劳动争议,当事人不愿协商、协商不成或者达成和解协议后不履行的,可以向调解组织申请调解;不愿调解、调解不成或者达成调解协议后不履行的,可以向劳动争议仲裁委员会申请仲裁;对仲裁裁决不服的,除本法另有规定的外,可以向人民法院提起诉讼。"关于这一规定,下列哪一说法是错误的?
A. 从法的要素角度看,该规定属于任意性规则
B. 从法的适用角度看,该规定在适用时不需要法官进行推理
C. 从法的特征角度看,该规定体现了法的可诉性特点
D. 从法的作用角度看,该规定为行为人提供了不确定的指引

132． 2008/1/53/多

青年男女在去结婚登记的路上被迎面驶来的卡车撞伤,未能登记即被送往医院抢救。女方伤势过重成为植物人,男方遂悔婚约。女方父母把男方告到法院,要求男方对女方承担照顾抚养的责任。法院以法无明文规定为由,裁定不予受理。关于本案,下列哪些评论是错误的?
A. 支持不受理,因为法官面对的是法律不调整的"法外空间"事项
B. 支持不受理,因为法官正确运用了类比推理而没有采用设证推理
C. 反对不受理,因为法官违反了"禁止拒绝裁判原则"
D. 反对不受理,因为法官没有发挥法律在社会中的创造作用

考点19 法律解释

133． 2022回忆/单

有法谚云:"法律的最佳解释是法律本身。"关于这句话,下列哪一说法是正确的?
A. 立法的过程也是法律解释的过程
B. 法律之外无解释
C. 有法律就有最佳解释
D. 可以对法律进行客观目的解释

134． 2021回忆/多

甲为新车购买了车辆损失险,其中规定保险车辆遭受保险责任范围内的意外事故(包括火灾)而造成损失,乙保险公司应依合同规定给予赔偿。后该车因自燃损毁,甲诉至法院要求乙保险公司进行赔偿。法官审理查明,"自燃"属于"火灾"的一种,但由于合同中已将"车辆自燃损失保险"作为车损险的一个附加险进行单独规定,所以其中的"意外事故(火灾)"不包括自燃情况,自燃不属于车辆损失险的赔偿范围。关于该案,下列哪些说法是正确的?
A. 法院运用了文义解释
B. 法院运用了体系解释
C. 法院运用了比较解释
D. 法院运用了解释的冲突模式

135. 2020回忆/任

法谚有云:"法官是会说话的法律。"关于此法律谚语的理解,下列选项正确的是:

A. 法律不经解释,则不可适用
B. 法律不经法官,则无从解释
C. 法律不经裁判,不产生义务
D. 法律不经适用,不具效力

136. 2017/1/60/多

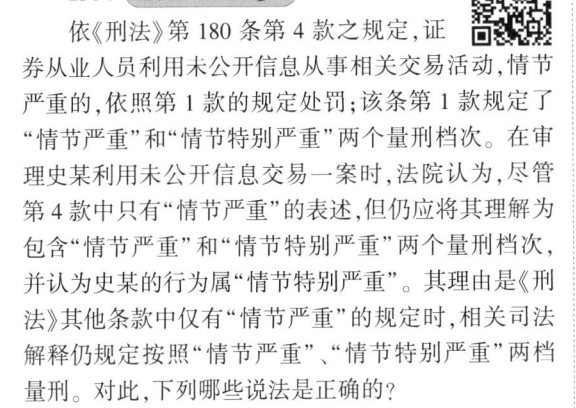

依《刑法》第180条第4款之规定,证券从业人员利用未公开信息从事相关交易活动,情节严重的,依照第1款的规定处罚;该条第1款规定了"情节严重"和"情节特别严重"两个量刑档次。在审理史某利用未公开信息交易一案时,法院认为,尽管第4款中只有"情节严重"的表述,但仍应将其理解为包含"情节严重"和"情节特别严重"两个量刑档次,并认为史某的行为属"情节特别严重"。其理由是《刑法》其他条款中仅有"情节严重"的规定时,相关司法解释仍规定按照"情节严重"、"情节特别严重"两档量刑。对此,下列哪些说法是正确的?

A. 第4款中表达的是准用性规则
B. 法院运用了体系解释方法
C. 第4款的规定可以避免法条重复表述
D. 法院的解释将焦点集中在语言上,并未考虑解释的结果是否公正

137. 2016/1/13/单

《全国人民代表大会常务委员会关于〈中华人民共和国刑法〉第一百五十八条、第一百五十九条的解释》中规定:"刑法第一百五十八条、第一百五十九条的规定,只适用于依法实行注册资本实缴登记制度的公司。"关于该解释,下列哪一说法是正确的?

A. 效力低于《刑法》
B. 全国人大常委会只能就《刑法》作法律解释
C. 对法律条文进行了限制解释
D. 是学理解释

138. 2016/1/90/任

在莎士比亚喜剧《威尼斯商人》中,安东尼与夏洛克订立契约,约定由夏洛克借款给安东尼,如不能按时还款,则夏洛克将在安东尼的胸口割取一磅肉。期限届至,安东尼无力还款,夏洛克遂要求严格履行契约。安东尼的未婚妻鲍西娅针锋相对地向夏洛克提出:可以割肉,但仅限一磅,不许相差分毫,也不许流一滴血,唯如此方符合契约。关于该故事,下列说法正确的是:

A. 夏洛克主张有约必践,体现了强烈的权利意识和契约精神
B. 夏洛克有约必践(即使契约是不合理的)的主张本质上可以看作是"恶法亦法"的观点
C. 鲍西娅对契约的解释运用了历史解释方法
D. 安东尼与夏洛克的约定遵循了人权原则而违背了平等原则

139. 2015/1/57/多

某法院在一起疑难案件的判决书中援引了法学教授叶某的学说予以说理。对此,下列哪些说法是正确的?

A. 法学学说在当代中国属于法律原则的一种
B. 在我国,法学学说中对法律条文的解释属于非正式解释
C. 一般而言,只能在民事案件中援引法学学说
D. 参考法学学说有助于对法律条文作出正确理解

140. 2015/1/59/多

张某出差途中突发疾病死亡,被市社会保障局认定为工伤。但张某所在单位认为依据《工伤保险条例》,只有"在工作时间和工作岗位突发疾病死亡"才属于工伤,遂诉至法院。法官认为,张某为完成单位分配的任务,须经历从工作单位到达出差目的地这一过程,出差途中应视为工作时间和工作岗位,故构成工伤。关于此案,下列哪些说法是正确的?

A. 解释法律时应首先运用文义解释方法
B. 法官对条文作了扩张解释
C. 对条文文义的扩张解释不应违背立法目的
D. 一般而言,只有在法律出现漏洞时才需要进行法律解释

141. 2015/1/60/多

《最高人民法院关于适用〈中华人民共和国合同法〉若干问题的解释(二)》第十九条规定:"对于合同法第七十四条规定的'明显不合理的低价',人民法院应当以交易当地一般经营者的判断,并参考交易当时交易地的物价部门指导价或者市场交易价,结合其他相关因素综合考虑予以确认。"关于该解释,下列哪些说法是正确的?

A. 并非由某个个案裁判而引起
B. 仅关注语言问题而未涉及解释结果是否公正的问题
C. 具有法律约束力
D. 不需报全国人大常委会备案

142. 2014/1/14/单

《最高人民法院、最高人民检察院关于办理赌博刑事案件具体应用法律若干问题的解释》第二条规定:"以营利为目的,在计算机网络上建立赌博网站,或者为赌博网站担任代理,接受投注的,属于刑法第三百零三条规定的'开设赌场'。"关于该解释,下

列哪一说法是不正确的?

  A. 属于法定解释
  B. 对刑法条文做了扩大解释
  C. 应当自公布之日起30日内报全国人大常委会备案
  D. 运用了历史解释方法

143. 2014/1/54/多

关于我国司法解释，下列哪些说法是错误的?

  A. 林某认为某司法解释违背相关法律，遂向全国人大常委会提出审查建议，这属于社会监督的一种形式
  B. 司法解释的对象是法律、行政法规和地方性法规
  C. 司法解释仅指最高法院对审判工作中具体应用法律、法令问题的解释
  D. 全国人大宪法和法律委员会以及有关专门委员会经审查认为司法解释同法律规定相抵触的，可以直接撤销

144. 2014/1/55/多

甲骑车经过乙公司在小区内的某施工场地时，由于施工场地湿滑摔倒致骨折，遂诉至法院请求赔偿。由于《民法通则》对"公共场所"没有界定，审理过程中双方对施工场地是否属于《民法通则》中的"公共场所"产生争议。法官参考《刑法》、《集会游行示威法》等法律和多个地方性法规对"公共场所"的规定后，对"公共场所"作出解释，并据此判定乙公司承担赔偿责任。关于此案，下列哪些选项是正确的?

  A. 法官对"公共场所"的具体含义的证成属于外部证成
  B. 法官运用了历史解释方法
  C. 法官运用了体系解释方法
  D. 该案表明，同一个术语在所有法律条文中的含义均应作相同解释

145. 2013/1/13/单

李某在某餐馆就餐时，被邻桌互殴的陌生人误伤。李某认为，依据《消费者权益保护法》第7条第1款中"消费者在购买、使用商品和接受服务时享有人身、财产安全不受损害的权利"的规定，餐馆应负赔偿责任，据此起诉。法官结合该法第7条第2款中"消费者有权要求经营者提供的商品和服务，符合保障人身、财产安全的要求"的规定来解释第7条第1款，认为餐馆对商品和服务之外的因素导致伤害不应承担责任，遂判决李某败诉。对此，下列哪一说法是不正确的?

  A. 李某的解释为非正式解释
  B. 李某运用的是文义解释方法
  C. 法官运用的是体系解释方法
  D. 就不同解释方法之间的优先性而言，存在固定的位阶关系

146. 2012/1/11/单

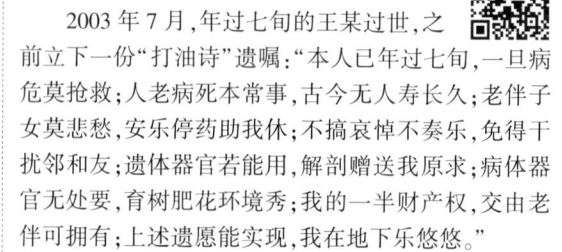

2003年7月，年过七旬的王某过世，之前立下一份"打油诗"遗嘱:"本人已年过七旬，一旦病危莫抢救;人老病死本常事，古今无人寿长久;老伴子女莫悲愁，安乐停药助我休;不搞哀悼不奏乐，免得干扰邻和友;遗体器官若能用，解剖赠送我原求;病体器官无处要，育树肥花环境秀;我的一半财产权，交由老伴可拥有;上述遗愿能实现，我在地下乐悠悠。"

对于王某遗嘱中"我的一半财产权"所涉及的住房，指的是"整个房子的一半"，还是"属于父亲份额的一半"，家人之间有不同的理解。儿子认为，父亲所述应理解为母亲应该继承属于父亲那部分房产的一半，而不是整个房产的一半。王某老伴坚持认为，这套房子是其与丈夫的共同财产，自己应拥有整个房产(包括属于丈夫的另一半房产)。关于该案，下列哪一说法是正确的?

  A. 王某老伴与子女间的争议在于他们均享有正式的法律解释权
  B. 王某老伴与子女对遗嘱的理解属于主观目的解释
  C. 王某遗嘱符合意思表示真实、合法的要求
  D. 遗嘱中的"我的一半财产权"首先应当进行历史解释

147. 2012/1/14/单

某商场促销活动时宣称:"凡购买100元商品均送80元购物券。对因促销活动产生的纠纷，本商场有最终解释权。"刘女士在该商场购买了1000元商品，返回800元购物券。刘女士持券买鞋时，被告知鞋类商品2天前已退出促销活动，必须现金购买。刘女士遂找商场理论，协商未果便将商场告上法庭。关于本案，下列哪一认识是正确的?

  A. 从法律的角度看，"本商场有最终解释权"是一种学理解释权的宣称
  B. 本案的争议表明，需要以公平正义去解释合同填补漏洞
  C. 当事人对合同进行解释，等同于对合同享有法定的解释权
  D. 商场的做法符合"权利和义务相一致"的原则

148. 2012/1/55/多

杨某与刘某存有积怨，后刘某服毒自杀。杨某因患风湿病全身疼痛，怀疑是刘某阴魂纠

缠,遂先后3次到刘某墓地掘坟撬棺,挑出刘某头骨,并将头骨和棺材板移埋于自家责任田。事发后,检察院对杨某提起公诉。一审法院根据《中华人民共和国刑法》第302条的规定,认定杨某的行为构成侮辱尸体罪。杨某不服,认为坟内刘某已成白骨并非尸体,随后上诉。杨某对"尸体"的解释,属于下列哪些解释?

A. 任意解释　　B. 比较解释
C. 文义解释　　D. 法定解释

149. 2011/1/90/任

2011年7月5日,某公司高经理与员工在饭店喝酒聚餐后表示:别开车了,"酒驾"已入刑,咱把车推回去。随后,高经理在车内掌控方向盘,其他人推车缓行。记者从交警部门了解到,如机动车未发动,只操纵方向盘,由人力或其他车辆牵引,不属于酒后驾车。但交警部门指出,路上推车既会造成后方车辆行驶障碍,也会构成对推车人的安全威胁,建议酒后将车置于安全地点,或找人代驾。鉴于我国对"酒后代驾"缺乏明确规定,高经理起草了一份《酒后代驾服务规则》,包括总则、代驾人、被代驾人、权利与义务、代为驾驶服务合同、法律责任等共6章21条邮寄给国家立法机关。

关于交警部门的推车前行不属于"酒驾"的解释,下列判断不正确的是:

A. 属于司法解释
B. 属于行政解释
C. 直接运用了类比推理
D. 运用了演绎推理

150. 2010/1/8/单

我国某省人大常委会制定了该省的《食品卫生条例》,关于该地方性法规,下列哪一选项是不正确的?

A. 该法规所规定的内容主要属于行政法部门
B. 该法规属于我国法律的正式渊源,法院审理相关案件时可直接适用
C. 该法规的具体应用问题,应由该省人大常委会进行解释
D. 该法规虽仅在该省范围适用,但从效力上看具有普遍性

151. 2010/1/10/单

法律解释是法律适用中的必经环节。关于法律解释及其方法,下列哪一说法是错误的?

A. "欲寻得句义,应观上下文",描述的是体系解释方法
B. 文义解释是首先考虑的解释方法,相对于其他解释方法具有优先性
C. 历史解释的对象主要是法律问题中的历史事实,与特定解决方案中的法律后果无关
D. 客观目的解释中,一些法伦理性的原则可以作为解释的根据

152. 2009/1/11/单

《物权法》第一百一十六条规定:"天然孳息,由所有权人取得;既有所有权人又有用益物权人的,由用益物权人取得。当事人另有约定的,按照约定。法定孳息,当事人有约定的,按照约定取得;没有约定或者约定不明确的,按照交易习惯取得。"关于这一规定,下列哪一说法是错误的?

A. 该规定属于法律要素中的确定性法律规则
B. 该规定对于具有物权孳息关系的当事人可以起到很明确的指引作用和预测作用
C. 该规定事实上允许法官可以在一定条件下以习惯作为司法审判的依据
D. 对"天然孳息"和"法定孳息"重要法律概念含义的解释应该首先采用客观目的解释的方法

153. 2008/1/6/单

在一起案件中,主审法官认为,生产假化肥案件中的"假化肥"不属于《刑法》第一百四十条规定的"生产者、销售者在产品中掺杂、掺假,以假充真,以次充好或者以不合格产品冒充合格产品"中的"产品"范畴,因为《刑法》第一百四十七条对"生产假农药、假兽药、假化肥"有专门规定。关于该案,法官采用的法律解释方法属于下列哪一种?

A. 比较解释　　B. 历史解释
C. 体系解释　　D. 目的解释

考点20　法律漏洞的填补

154. 2022回忆/单

甲公司开发了某款网络游戏,其中的卡通人物涉嫌使用了著名影星乙在某部电影中的经典形象。乙遂向法院起诉,要求甲公司停止侵权并赔偿损失。法官经审理认为,《著作权法》并未对网络游戏使用视听作品中的形象作出规定,但网络游戏情节设计与改编视听作品在性质上相似,因此可以认定为《著作权法》第52条所规定的"以改编、翻译、注释等方式使用作品",遂判决甲公司构成侵犯著作权。对此,下列哪一说法是正确的?

A.《著作权法》所存在的法律漏洞为隐藏漏洞
B. 法官进行了目的论的扩张
C. 法官运用了类比推理
D. 法官创设了新的权利类型

155. 2021回忆/多

朱某继承了爷爷留下来的一套房屋,起诉至法院要求继祖母秦某搬离房子。法院认为,此

住房是秦某唯一住房,且秦某年事已高,无其他生活来源,让其搬离将无家可归。虽然此房屋并未登记设立居住权,但根据《民法典》规定居住权的立法目的,应当承认秦某的居住权。故法院驳回了朱某的诉讼请求。对此,下列哪些说法是正确的?

A. 法院对《民法典》关于居住权立法目的的解释属于外部证成
B. 为了证成秦某的权利,法院做了目的论扩张
C. 朱某的所有权是普通权利,受到居住权这一基本权利的限制
D. 为了确保判决合目的性,法院考量了公序良俗

156． 2019回忆/多

关于法律漏洞及其补充,下列哪些说法是正确的?

A. 嗣后漏洞指立法者在制定法律时因疏忽或认知能力的限制没有意识的法律漏洞
B. 当案件超越了规范文义的涵盖范围,但规范目的却能够包括该案件时,可以用目的论扩张的方法将该案件纳入规范的适用范围
C. 目的论限缩指规范文义的范围宽于规范目的的范围,即所谓"言过其实",其基本原理是不同案件不同适用,排除掉不同案件在同一规范的适用
D. 填补明显漏洞的方法是目的论限缩,填补隐藏漏洞的方法是目的论扩张

专题三　法的演进

考点21　法的产生及一般规律

157． 2017/1/13/单

有学者这样解释法的产生:最初的纠纷解决方式可能是双方找到一位共同信赖的长者,向他讲述事情的原委并由他作出裁决;但是当纠纷多到需要占用一百位长者的全部时间时,一种制度化的纠纷解决机制就成为必要了,这就是最初的法律。对此,下列哪一说法是正确的?

A. 反映了社会调整从个别调整到规范性调整的规律
B. 说明法律始终是社会调整的首要工具
C. 看到了经济因素和政治因素在法产生过程中的作用
D. 强调了法律与其他社会规范的区别

考点22　法的继承与移植

158． 2009/1/52/多

"法的继承体现时间上的先后关系,法的移植则反映一个国家对同时代其他国家法律制度的吸收和借鉴,法的移植的范围除了外国的法律外,还包括国际法律和惯例。"据此,下列哪些说法是正确的?

A. 1804年《法国民法典》是对罗马法制度、原则的继承
B. 国内法不可以继承国际法
C. 法的移植不反映时间关系,仅体现空间关系
D. 法的移植的范围除了制定法,还包括习惯法

考点23　法律意识

159． 2011/1/52/多

下列哪些选项属于法律意识的范畴?

A. 法国大革命后制定的《法国民法典》
B. 西周提出的"以德配天,明德慎罚"
C. 中国传统的"和为贵"、"少讼"、"厌讼"
D. 社会主义法治理念

考点24　法系

160． 2008/1/55/多

法系是法学上的一个重要概念。关于法系,下列哪些选项是正确的?

A. 法系是一个比较法学上的概念,是根据法的历史传统和外部特征的不同对法所作的分类
B. 历史上曾经存在很多个法系,但大多都已经消亡,目前世界上仅存的法系只有民法法系和普通法系
C. 民法法系有编纂成文法典的传统,因此,有成文法典的国家都属于民法法系
D. 法律移植是一国对外国法的借鉴、吸收,因此,法律移植是法系形成和发展的重要途径

考点25　法的现代化

161． 2017/1/14/单

关于法的现代化,下列哪一说法是正确的?

A. 内发型法的现代化具有依附性,带有明显的工具色彩
B. 外源型法的现代化是在西方文明的特定历史背景中孕育、发展起来的
C. 外源型法的现代化具有被动性,外来因素是最初的推动力
D. 中国法的现代化的启动形式是司法主导型

162． 2014/1/93/任

关于法的发展、法的传统与法的现代化,下列说法正确的是:

A. 中国的法的现代化是自发的、自下而上的、渐

进变革的过程
B. 法律意识是一国法律传统中相对比较稳定的部分
C. 外源型法的现代化进程带有明显的工具色彩,一般被要求服务于政治、经济变革
D. 清末修律标志着中国法的现代化在制度层面上的正式启动

考点26 法治理论

163. 2012/1/9/单

卡尔·马克思说:"在民主的国家里,法律就是国王;在专制的国家里,国王就是法律。"关于马克思这句话的理解,下列哪一选项是错误的?
A. 从性质上看,有民主的法律,也有专制的法律
B. 在实行民主的国家,君主或者国王不可以参与立法
C. 在实行专制的国家,国王的意志可以上升为法律
D. 实行民主的国家,也是实行法律至上原则的国家

专题四 法与社会

考点27 法和社会的一般理论

164. 2012/1/51/多

"社会的发展是法产生的社会根源。社会的发展,文明的进步,需要新的社会规范来解决社会资源有限与人的欲求无限之间的矛盾,解决社会冲突,分配社会资源,维持社会秩序。适应这种社会结构和社会需要,国家和法这一新的社会组织和社会规范就出现了。"关于这段话的理解,下列哪些选项是正确的?
A. 社会不是以法律为基础,相反,法律应以社会为基础
B. 法律的起源与社会发展的进程相一致
C. 马克思主义的法律观认为,法律产生的根本原因在于社会资源有限与人的欲求无限之间的矛盾
D. 解决社会冲突,分配社会资源,维持社会秩序属于法的规范作用

165. 2009/1/7/单

奥地利法学家埃利希在《法社会学原理》中指出:"在当代以及任何其他时代,法的发展的重心既不在立法,也不在法学或司法判决,而在社会本身。"关于这句话含义的阐释,下列哪一选项是错误的?
A. 法是社会的产物,也是时代的产物

B. 国家的法以社会的法为基础
C. 法的变迁受社会发展进程的影响
D. 任何时代,法只要以社会为基础,就可以脱离立法、法学和司法判决而独立发展

考点28 法与经济、政治、科学技术的关系

166. 2023 回忆/单

近年来,生成式人工智能的发展给法律带来挑战。对此,国家网信办联合其他部门通过了《生成式人工智能服务管理暂行办法》。该《办法》规定,国家坚持发展和安全并重、促进创新和依法治理相结合的原则,采取有效措施鼓励生成式人工智能创新发展,对生成式人工智能服务实行包容审慎和分类分级监管。对此,下列哪一说法是正确的?
A. 法律必然滞后于科技发展
B. 对人工智能的法律监管,表明科技并非价值中立
C. 《办法》中所规定的原则是公理性原则
D. 促进创新原则是以个案平衡的原则适用于实践

167. 2013/1/51/多

"近现代法治的实质和精义在于控权,即对权力在形式和实质上的合法性的强调,包括权力制约权力、权利制约权力和法律的制约。法律的制约是一种权限、程序和责任的制约。"关于这段话的理解,下列哪些选项是正确的?
A. 法律既可以强化权力,也可以弱化权力
B. 近现代法治只控制公权,而不限制私权
C. 在法治国家,权力若不加限制,将失去在形式和实质上的合法性
D. 从法理学角度看,权力制约权力、权利制约权力实际上也应当是在法律范围内的制约和法律程序上的制约

168. 2009/1/54/多

2007年8月30日,我国制定了《反垄断法》,下列说法哪些可以成立?
A. 《反垄断法》的制定是以我国当前的市场经济为基础的,没有市场经济,就不会出现市场垄断,也就不需要《反垄断法》,因此可以说,社会是法律的母体,法律是社会的产物
B. 法对经济有积极的反作用,《反垄断法》的出台及实施将会对我国市场经济发展产生重要影响
C. 我国市场经济的发展客观上需要《反垄断法》的出台,这个事实说明,唯有经济才是法律产生和发展的决定性因素,除经济之外法律不受其他社会因素的影响

D. 为了有效地管理社会,法律还需要和其他社会规范(道德、政策等)积极配合,《反垄断法》在管理市场经济时也是如此

169. 2008/1/92/任

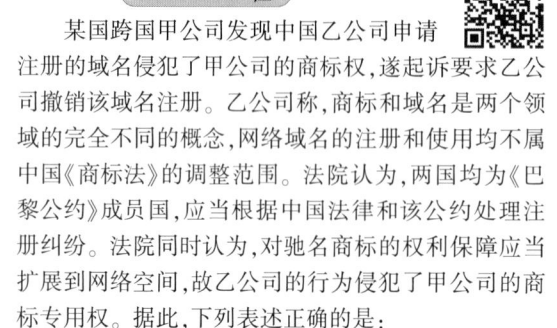

某国跨国甲公司发现中国乙公司申请注册的域名侵犯了甲公司的商标权,遂起诉要求乙公司撤销该域名注册。乙公司称,商标和域名是两个领域的完全不同的概念,网络域名的注册和使用均不属中国《商标法》的调整范围。法院认为,两国均为《巴黎公约》成员国,应当根据中国法律和该公约处理注册纠纷。法院同时认为,对驰名商标的权利保障应当扩展到网络空间,故乙公司的行为侵犯了甲公司的商标专用权。据此,下列表述正确的是:

A. 法律应该以社会为基础,随着社会的发展而变化
B. 科技的发展影响法律的调整范围,而法律可以保障科技的发展
C. 国际条约可以作为我国法的渊源
D. 乙公司的辩称和法院的判断表明:法律决定的可预测性与可接受性之间存在着一定的紧张关系

考点29 法与道德

170. 2017/1/5/单

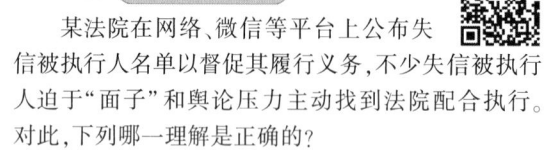

某法院在网络、微信等平台上公布失信被执行人名单以督促其履行义务,不少失信被执行人迫于"面子"和舆论压力主动找到法院配合执行。对此,下列哪一理解是正确的?

A. 道德问题的有效解决总是必须依赖法律的强制手段
B. 公布失信被执行人名单有助于形成守法光荣、违法可耻的社会氛围
C. 法律的有效实施总是必须诉诸道德谴责和舆论压力
D. 法律与道德具有概念上的必然关系,法律其实就是道德

171. 2017/1/86/任

孟子的弟子问孟子,舜为天子时,若舜的父亲犯法,舜该如何处理? 孟子认为,舜既不能以天子之权要求有司枉法,也不能罔顾亲情坐视父亲受刑,正确的处理方式应是放弃天子之位,与父亲一起隐居到偏远之地。对此,下列说法正确的是:

A. 情与法的冲突总能找到两全其美的解决方案
B. 中华传统文化重视伦理和亲情,对当代法治建设具有借鉴意义
C. 孟子的方案虽然保全了亲情,但完全未顾及法律

D. 不同法律传统对情与法的矛盾可能有不同的处理方式

172. 2016/1/14/单

王某参加战友金某婚礼期间,自愿帮忙接待客人。婚礼后王某返程途中遭遇车祸,住院治疗花去费用1万元。王某认为,参加婚礼并帮忙接待客人属帮工行为,遂将金某诉至法院要求赔偿损失。法院认为,王某行为属由道德规范的情谊行为,不在法律调整范围内。关于该案,下列哪一说法是正确的?

A. 在法治社会中,法律可以调整所有社会关系
B. 法官审案应区分法与道德问题,但可进行价值判断
C. 道德规范在任何情况下均不能作为司法裁判的理由
D. 一般而言,道德规范具有国家强制性

173. 2013/1/52/多

公元前399年,在古雅典城内,来自社会各阶层的501人组成的法庭审理了一起特别案件。被告人是著名哲学家苏格拉底,其因在公共场所喜好与人辩论、传授哲学而被以"不敬神"和"败坏青年"的罪名判处死刑。在监禁期间,探视友人欲帮其逃亡,但被拒绝。苏格拉底说,虽然判决不公正,但逃亡是毁坏法律,不能以错还错。最后,他服从判决,喝下毒药而亡。对此,下列哪些说法是正确的?

A. 人的良知、道德感与法律之间有时可能发生抵牾
B. 苏格拉底服从判决的决定表明,一个人可以被不公正地处罚,但不应放弃探究真理的权利
C. 就本案的事实看,苏格拉底承认判决是不公正的,但并未从哲学上明确得出"恶法非法"这一结论
D. 从本案的法官、苏格拉底和他的朋友各自的行为看,不同的人对于"正义"概念可能会有不同的理解

174. 2010/1/91/任

"一般来说,近代以前的法在内容上与道德的重合程度极高,有时浑然一体。……近现代法在确认和体现道德时大多注意二者重合的限度,倾向于只将最低限度的道德要求转化为法律义务,注意明确法与道德的调整界限。"据此引文及相关法学知识,下列判断正确的是:

A. 在历史上,法与道德之间要么是浑然一体的,要么是绝然分离的
B. 道德义务和法律义务是可以转化的

C. 古代立法者倾向于将法律标准和道德标准分开
D. 近现代立法者均持"恶法亦法"的分析实证主义法学派立场

175． 2009/1/55/多

关于法与道德的论述，下列哪些说法是正确的？
A. 法律规范与道德规范的区别之一就在于道德规范不具有国家强制性
B. 按照分析实证主义法学的观点，法与道德在概念上没有必然联系
C. 法和道德都是程序选择的产物，均具有建构性
D. 违反法律程序的行为并不一定违反道德

考点30 法与其他规范的联系与区别

176． 2020 回忆/任

我国《民法典》增设居住权，下列关于居住权的评论正确的是：
A. 居住权具有道德权利和法律权利双重属性
B. 从逻辑上看，居住权先于《民法典》而存在
C. 人民群众的基本需求均应纳入法律的调整范围
D. 居住权有助于保护弱势群体的利益

177． 2014/1/15/单

关于法与人权的关系，下列哪一说法是错误的？
A. 人权不能同时作为道德权利和法律权利而存在
B. 按照马克思主义法学的观点，人权不是天赋的，也不是理性的产物
C. 人权指出了立法和执法所应坚持的最低的人道主义标准和要求
D. 人权被法律化的程度会受到一国民族传统、经济和文化发展水平等因素的影响

178． 2011/1/15/单

下列哪一表述说明人权在本原上具有历史性？
A. "根据自然法，一切人生而自由，既不知有奴隶，也就无所谓释放"
B. "没有无义务的权利，也没有无权利的义务"
C. "人人生而平等,他们都从他们的'造物主'那里被赋予某些不可转让的权利"
D. "权利永远不能超出社会的经济结构以及由经济结构所制约的文化发展"

中国法律史 [试题]

扫一扫,"码"上做题

微信扫码,即可线上做题、看解析。
多种做题模式:章节自测、单科集训、随机演练等。

专题五 先秦时期的法律思想与制度

考点31 先秦时期的法律思想与制度

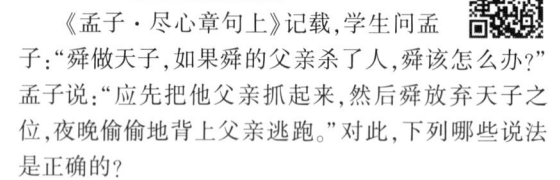

179. 2022回忆/多
《孟子·尽心章句上》记载,学生问孟子:"舜做天子,如果舜的父亲杀了人,舜该怎么办?"孟子说:"应先把他父亲抓起来,然后舜放弃天子之位,夜晚偷偷地背上父亲逃跑。"对此,下列哪些说法是正确的?
A. 孟子的主张体现了"亲亲""尊尊"的礼的精神原则
B. 孟子认为,即使是帝王也不能滥用权力
C. 本案体现了不能忽视法律的社会意义和伦理意义
D. 舜的做法体现了孝道与守法不能两全

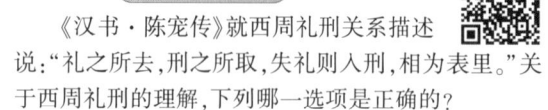

180. 2017/1/15/单
《汉书·陈宠传》就西周礼刑关系描述说:"礼之所去,刑之所取,失礼则入刑,相为表里。"关于西周礼刑的理解,下列哪一选项是正确的?
A. 周礼分为五礼,核心在于"亲亲""尊尊",规定了政治关系的等级
B. 西周时期五刑,即墨、劓、剕(刖)、宫、大辟,适用于庶民而不适用于贵族
C. "礼"不具备法的性质,缺乏国家强制性,需要"刑"作为补充
D. 违礼即违法,在维护统治的手段上"礼""刑"二者缺一不可

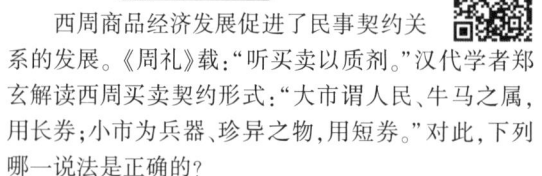

181. 2016/1/15/单
西周商品经济发展促进了民事契约关系的发展。《周礼》载:"听买卖以质剂。"汉代学者郑玄解读西周买卖契约形式:"大市谓人民、牛马之属,用长券;小市为兵器、珍异之物,用短券。"对此,下列哪一说法是正确的?
A. 长券为"质",短券为"剂"
B. "质"由买卖双方自制,"剂"由官府制作
C. 契约达成后,交"质人"专门管理
D. 买卖契约也可采用"傅别"形式

182. 2016/1/16/单
春秋时期,针对以往传统法律体制的不合理性,出现了诸如晋国赵鞅"铸刑鼎",郑国执政子产"铸刑书"等变革活动。对此,下列哪一说法是正确的?
A. 晋国赵鞅"铸刑鼎"为中国历史上首次公布成文法
B. 奴隶主贵族对公布法律并不反对,认为利于其统治
C. 打破了"刑不可知,则威不可测"的壁垒
D. 孔子作为春秋时期思想家,肯定赵鞅"铸刑鼎"的举措

183. 2015/1/16/单
《左传》云:"礼,所以经国家,定社稷,序民人,利后嗣者也",系对周礼的一种评价。关于周礼,下列哪一表述是正确的?
A. 周礼是早期先民祭祀风俗自然流传到西周的产物
B. 周礼仅属于宗教、伦理道德性质的规范
C. "礼不下庶人"强调"礼"有等级差别
D. 西周时期"礼"与"刑"是相互对立的两个范畴

184. 2014/1/56/多
中国古代关于德与刑的关系理论,经历了一个长期的演变和发展过程。下列哪些说法是正确的?
A. 西周时期确立了"以德配天,明德慎罚"的思想,以此为指导,道德教化与刑罚处罚结合,形成了当时"礼"、"刑"结合的宏观法制特色
B. 秦朝推行法家主张,但并不排斥礼,也强调"德主刑辅,礼刑并用"
C. 唐律"一准乎礼,而得古今之平",实现了礼与律的有机统一,成为了中华法系的代表
D. 宋朝以后,理学强调礼和律对治理国家具有同等重要的地位,二者"不可偏废"

185. 2013/1/16/单
关于西周法制的表述,下列哪一选项是正确的?

A. 周初统治者为修补以往神权政治学说的缺陷，提出了"德主刑辅,明德慎罚"的政治法律主张
B. 《汉书·陈宠传》称西周时期的礼刑关系为"礼之所去,刑之所取,失礼则入刑,相为表里"
C. 西周的借贷契约称为"书约",法律规定重要的借贷行为都须订立书面契约
D. 西周时期在宗法制度下已形成子女平均继承制

186. 2009/1/58/多

关于中国古代诉讼、审判制度的说法,下列哪些选项是正确的?
A. 西周时期"听讼"为审理民事案件,"断狱"为审理刑事案件
B. 唐代县以下乡官、里正对犯罪案件具有纠举责任,对轻微犯罪与民事案件具有调解处理的权力
C. 明代的大审是一种会审制度,每三年举行一次
D. 清末改大理寺为大理院,为全国最高审判机关

187. 2008/1/8/单

西周时,格伯以良马四匹折价,购买倗生三十田。双方签订买卖契约,刻写竹简之上,中破为两半,双方各执一半。依西周礼法,该契约的称谓是下列哪一种?
A. 傅别　　　　B. 质剂
C. 券书　　　　D. 书券

专题六　秦汉至魏晋南北朝时期的法律思想与制度

考点32 秦汉至魏晋南北朝时期的法律思想与制度

188. 2023 回忆/单

《晋书·刑法志》载,晋元帝审问一案,主张鞭父母以问子女。卫展上书:"相隐之道离,则君臣之义废。君臣之义废,则犯上之奸生矣。"对此,下列哪一说法是正确的?
A. 晋元帝重伦理轻法律
B. 亲亲相隐在东晋已成为正式法律制度
C. 亲情伦理可以抗御刑讯
D. 伦理与刑罚之间的冲突不可调和

189. 2018 回忆/多

关于中国古代社会几部法典的结构体例,下列哪些选项是正确的?
A. 《法经》中相当于近代刑法典总则部分的"具法",被置于六篇的篇首
B. 《魏律》对秦汉旧律有较大改革,如将"具律"改为"刑名",并将其置于律首
C. 《北齐律》将刑名与法例合为名例一篇,奠定了后世刑法的总则
D. 《大清律例》是我国最后一部成文法典,采六部格局

190. 2017/1/16/单

秦统治者总结前代法律实施方面的经验,结合本朝特点,形成了一些刑罚适用原则。对于秦律原则的相关表述,下列哪一选项是正确的?
A. 关于刑事责任能力的确定,以身高作为标准,男、女身高六尺二寸以上为成年人,其犯罪应负刑事责任
B. 重视人的主观意识状态,对故意行为要追究刑事责任,对过失行为则认为无犯罪意识,不予追究
C. 对共犯、累犯等加重处罚,对自首、犯后主动消除犯罪后果等减轻处罚
D. 无论教唆成年人、未成年人犯罪,对教唆人均实行同罪,加重处罚

191. 2014/1/16/单

秦律明确规定了司法官渎职犯罪的内容。关于秦朝司法官渎职的说法,下列哪一选项是不正确的?
A. 故意使罪犯未受到惩罚,属于"纵囚"
B. 对已经发生的犯罪,由于过失未能揭发、检举,属于"见知不举"
C. 对犯罪行为由于过失而轻判者,属于"失刑"
D. 对犯罪行为故意重判者,属于"不直"

192. 2013/1/18/单

"名例律"作为中国古代律典的"总则"篇,经历了发展、变化的过程。下列哪一表述是不正确的?
A. 《法经》六篇中有"具法"篇,置于末尾,为关于定罪量刑中从轻从重法律原则的规定
B. 《晋律》共20篇,在刑名律后增加了法例律,丰富了刑法总则的内容
C. 《北齐律》共12篇,将刑名与法例律合并为名例律一篇,充实了刑法总则,并对其进行逐条逐句的疏议
D. 《大清律例》的结构、体例、篇目与《大明律》基本相同,名例律置首,后为吏律、户律、礼律、兵律、刑律、工律

193. 2013/1/19/单

中国历史上曾进行多次法制变革以适

应社会的发展。关于这些法制变革的表述,下列哪一选项是错误的?

A. 秦国商鞅实施变法改革,全面贯彻法家"明法重刑"的主张,加大量刑幅度,对轻罪也施以重刑,以实现富国强兵目标

B. 西汉文帝为齐太仓令之女缇萦请求将自己没官为奴、替父赎罪的行为所动,下令废除肉刑

C. 唐代废除了宫刑制度,创设了鞭刑和杖刑,以宽减刑罚,缓解社会矛盾

D.《大清新刑律》抛弃了旧律诸法合体的编纂形式,采用了罪刑法定原则,规定刑罚分为主刑、从刑

194. 2013/1/57/多

董仲舒解说"春秋决狱":"春秋之听狱也,必本其事而原其志;志邪者不待成,首恶者罪特重,本直者其论轻。"关于该解说之要旨和倡导,下列哪些表述是正确的?

A. 断案必须根据事实,要追究犯罪人的动机,动机邪恶者即使犯罪未遂也不免刑责

B. 在着重考察动机的同时,还要依据事实,分别首犯、从犯和已遂、未遂

C. 如犯罪人主观动机符合儒家"忠"、"孝"精神,即使行为构成社会危害,也不给予刑事处罚

D. 以《春秋》经义决狱为司法原则,对当时传统司法审判有积极意义,但某种程度上为司法擅断提供了依据

195. 2012/1/18/单

关于中国古代法律历史地位的表述,下列哪一选项是正确的?

A.《法经》是中国历史上第一部比较系统的成文法典

B.《北魏律》在中国古代法律史上起着承先启后的作用

C.《宋刑统》是中国历史上第一部刊印颁行的仅含刑事内容的法典

D.《大明会典》以《元典章》为渊源,为《大清会典》所承继

196. 2012/1/56/多

秦汉时期的刑罚主要包括笞刑、徒刑、流放刑、肉刑、死刑、羞辱刑等,下列哪些选项属于徒刑?

A. 候　　　　　B. 隶臣妾
C. 弃市　　　　D. 鬼薪白粲

197. 2011/1/16/单

据史书载,以下均为秦朝刑事罪名。下列哪一选项最不具有秦朝法律文化的专制特色?

A."偶语诗书"　　B."以古非今"
C."非所宜言"　　D."失刑"

198. 2010/1/13/单

汉宣帝地节四年下诏曰:"自今子匿父母、妻匿夫、孙匿大父母,皆勿坐。其父母匿子、夫匿妻、大父母匿孙,罪殊死,皆上请廷尉以闻","亲亲得相首匿"正式成为中国封建法律原则和制度。对此,下列哪一选项是错误的?

A. 近亲属之间相互首谋隐匿一般犯罪行为,不负刑事责任

B. 近亲属之间相互首谋隐匿所有犯罪行为,不负刑事责任

C."亲亲得相首匿"的本意在于尊崇伦理亲情

D."亲亲得相首匿"的法旨在于宽宥缘自亲情发生的隐匿犯罪亲属的行为

199. 2009/1/57/多

关于中国法律制度发展和演进,下列哪些表述是正确的?

A. 商鞅"改法为律"扩充了法律内容,强调了法律规范的普遍性

B. 汉武帝顺应历史发展废除肉刑进行刑制改革,为建立封建刑罚制度奠定了重要基础

C. 三国两晋南北朝时期更广泛、更直接地把儒家的伦理规范上升为法律规范,使礼、法更大程度上实现融合

D. 清末变法修律基本上是仿效外国资本主义的法律形式,固守中国的封建法制传统

200. 2008/1/9/单

关于中国古代社会几部法典的结构体例,下列哪一选项是错误的?

A.《法经》中相当于近代刑法典总则部分的"具法"被置于六篇中的最后一篇

B.《魏律》对秦汉旧律有较大改革,如将"具律"改为"刑名",并将其置于律首

C.《晋律》将刑名与法例律合为"名例律"一篇,并将法典篇章数定为二十篇

D.《永徽律疏》将疏议分附于律文之后颁行,分为十二篇三十卷

201. 2008/1/57/多

中国古代社会的死刑复奏制度是指奏请皇帝批准执行死刑判决的制度。关于这一制度,下列哪些选项是正确的?

A. 北魏太武帝时正式确立了死刑复奏制度

B. 唐朝的死刑案件在地方实行"三复奏",在京师实行"五复奏"

C. 明清时期的朝审制度取代了死刑复奏制度

D. 死刑复奏制度的建立和完善既加强了皇帝对司法、审判的控制,又体现了皇帝对民众的体恤

专题七 隋唐宋元时期的法律思想与制度

考点33 隋唐宋元时期的法律思想与制度

202． 2021 回忆/多

关于宋代契约法制,下列哪些说法是正确的?
A. 齐某年初从赵某处买得100只小鸡,约定年底付钱500文,这种契约称为"赊卖"
B. 卢某把自己的房子租给孙某居住半年,收取租金5两银子,签订的契约称为"出举"
C. 沈某把祖传的一件字画典当给当铺,取得10两银子,约定5年不赎回则归当铺所有,这种契约称为"活卖"
D. 贾某租给宋某5亩土地,约定收获的粮食五五分成,这种契约称为"租佃"

203． 2019 回忆/单

关于中国古代的法律制度,下列哪一说法是错误的?
A. 先秦的奴隶制五刑以肉刑为中心,包括墨、劓、刖、宫、大辟
B. 唐代的最低刑是杖刑
C. 大理寺在唐代属于中央审判机构
D. 明代对风俗伦理方面的犯罪处罚较轻

204． 2018 回忆/多

关于中国古代的法律制度,下列哪些说法是不正确的?
A. 成语"秋后算账"来源于中国古代的秋冬行刑制度
B.《开皇律》在《北齐律》"重罪十条"的基础上,创设"十恶"条款,为俗语"十恶不赦"之来源
C.《唐律·名例律》规定"诸化外人同类自相犯者,各依本俗法;异类相犯者,以法律论",是属地管辖
D.《唐律·名例律》规定"诸断罪而无正条,其应出罪者,则举重以明轻;其应入罪者,则举轻以明重",属于类比推理

205． 2017/1/17/单

唐代诉讼制度不断完善,并具有承前启后的特点。下列哪一选项体现了唐律据证定罪的原则?
A. 唐律规定,审判时"必先以情,审察辞理,反复参验,犹未能决,事须拷问者,立案同判,然后拷讯,违者杖六十"
B.《断狱律》说:"若赃状露验,理不可疑,虽不成引,即据状断之"
C. 唐律规定,对应议、请、减和老幼残疾之人"不合拷讯"
D.《断狱律》说:"(断狱)皆须具引律、令、格、式正文,违者笞三十"

206． 2017/1/18/单

随着商品经济的繁荣,两宋时期的买卖、借贷、租赁、抵押、典卖、雇佣等各种契约形式均有发展。据此,下列哪一说法是错误的?
A. 契约的订立必须出于双方合意,对强行签约违背当事人意愿的,要"重蝇典宪"
B. 买卖契约中的"活卖",是指先以信用取得出卖物,之后再支付价金,且须订立书面契约
C. 付息的消费借贷称为出举,并有"(出举者)不得迴利为本"的规定,防止高利贷盘剥
D. 宋代租佃土地契约中,可实行定额租,佃农逾期不交租,地主可诉请官府代为索取

207． 2016/1/17/单

元代人在《唐律疏议序》中说:"乘之(指唐律)则过,除之则不及,过与不及,其失均矣。"表达了对唐律的敬畏之心。下列关于唐律的哪一表述是错误的?
A. 促使法律统治"一准乎礼",实现了礼律统一
B. 科条简要、宽简适中、立法技术高超,结构严谨
C. 是我国传统法典的楷模与中华法系形成的标志
D. 对古代亚洲及欧洲诸国产生了重大影响,成为其立法渊源

208． 2016/1/18/单

南宋时,霍某病故,留下遗产值银9000两。霍某妻子早亡,夫妻二人无子,只有一女霍甲,已嫁他乡。为了延续霍某姓氏,霍某之叔霍乙立本族霍丙为霍某继子。下列关于霍某遗产分配的哪一说法是正确的?
A. 霍甲9000两
B. 霍甲6000两,霍丙3000两
C. 霍甲、霍乙、霍丙各3000两
D. 霍甲、霍丙各3000两,余3000两收归官府

209． 2015/1/17/单

唐永徽年间,甲由祖父乙抚养成人。甲好赌欠债,多次索要乙一祖传玉坠未果,起意杀乙。某日,甲趁乙熟睡,以木棒狠击乙头部,以为致死(后被救活),遂夺玉坠逃走。唐律规定,谋杀尊亲处斩,

但无致伤如何处理的规定。对甲应当实行下列哪一处罚？
A. 按"诸断罪而无正条,其应入罪者,则举轻以明重",应处斩刑
B. 按"诸断罪而无正条,其应出罪者,则举重以明轻",应处绞刑
C. 致伤未死,应处流三千里
D. 属于"十恶"犯罪中的"不孝"行为,应处极刑

210． 2014/1/17/单
《唐律·名例律》规定："诸断罪而无正条,其应出罪者,则举重以明轻;其应入罪者,则举轻以明重。"关于唐代类推原则,下列哪一说法是正确的？
A. 类推是适用法律的一般形式,有明文规定也可"比附援引"
B. 被类推定罪的行为,处罚应重于同类案件
C. 被类推定罪的行为,处罚应轻于同类案件
D. 唐代类推原则反映了当时立法技术的发达

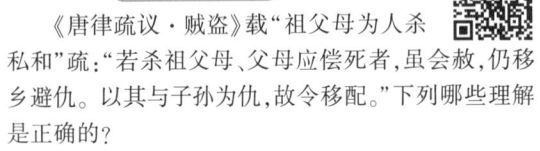

211． 2013/1/56/多
《唐律疏议·贼盗》载"祖父母为人杀私和"疏："若杀祖父母、父母应偿死者,虽会赦,仍移乡避仇。以其与子孙为仇,故令配。"下列哪些理解是正确的？
A. 杀害同乡人的祖父母、父母依律应处死刑者,若遇赦虽能免罪,但须移居外乡
B. 该条文规定的移乡避仇制体现了情法并列、相互避让的精神
C. 该条文将法律与社会生活相结合统一考虑,表现出唐代较为高超的立法技术
D. 该条文侧面反映了唐律"礼律合一"的特点,为法律确立了解决亲情与法律相冲突的特殊模式

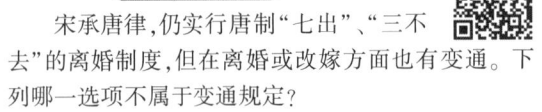

212． 2012/1/16/单
宋承唐律,仍实行唐制"七出"、"三不去"的离婚制度,但在离婚或改嫁方面也有变通。下列哪一选项不属于变通规定？
A. "夫外出三年不归,六年不通问"的,准妻改嫁或离婚
B. "妻擅走者徒三年,因而改嫁者流三千里,妾各减一等"
C. 夫亡,妻"若改适(嫁),其见在部曲、奴婢、田宅不得费用"
D. 凡"夫亡妻在",立继从妻

213． 2012/1/17/单
《折狱龟鉴》载一案例：张泳尚书镇蜀日,因出过委巷,闻人哭,惧而不哀,遂使讯之。云：

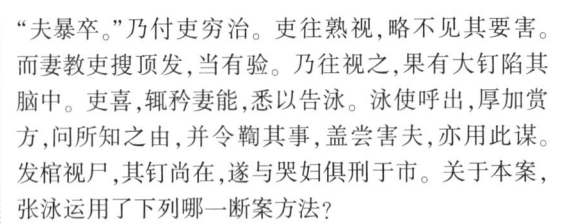

"夫暴卒。"乃付吏穷治。吏往熟视,略不见其要害。而妻教吏搜顶发,当有验。乃往视之,果有大钉陷其脑中。吏喜,辄矜妻能,悉以告泳。泳使呼出,厚加赏劳,问所知之由,并令鞫其事,盖尝害夫,亦用此谋。发棺视尸,其钉尚在,遂与哭俱刑于市。关于本案,张泳运用了下列哪一断案方法？
A. 《春秋》决狱
B. "听讼"、"断狱"
C. "据状断之"
D. 九卿会审

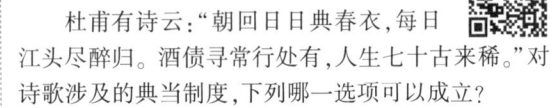

214． 2009/1/13/单
杜甫有诗云："朝回日日典春衣,每日江头尽醉归。酒债寻常行处有,人生七十古来稀。"对诗歌涉及的典当制度,下列哪一选项可以成立？
A. 唐代的典当形成了明确的债权债务关系
B. 唐代的典当契约称为"质剂"
C. 唐代的典当称为"活卖"
D. 唐代法律规定开典当行者构成"坐赃"

215． 2009/1/14/单
关于宋代法律和法制,下列哪一选项是错误的？
A. 《宋刑统》为我国历史上第一部刊印颁行的法典
B. 宋代法律因袭唐制,对借与贷作了区分
C. 宋仁宗朝敕、例地位提高,"凡律所不载者,一断于敕、例"
D. 宋建隆四年颁行"折杖法"

216． 2008/1/58/多
关于《永徽律疏》,下列哪些选项是错误的？
A. 《永徽律疏》又称《唐律疏议》,是唐太宗在位时制定的
B. 《永徽律疏》首次确立了"十恶"即"重罪十条"制度
C. 《永徽律疏》对主要的法律原则和制度做了精确的解释,而且尽可能以儒家经典为根据
D. 《永徽律疏》是对《贞观律》的解释,在中国立法史上的地位不如《贞观律》

专题八 明清时期的法律思想与制度

考点34 明清时期的法律思想与制度

217． 2022回忆/多
清道光三年,张张氏因被公公张起坤强行奸污,其夫张安将父亲殴伤身死。除张安依律判凌迟处死外,张张氏亦依律判凌迟处死。刑部核议后

认为,惟死者强奸子妇已成,本属渎伦伤化,该氏被污不甘,一时忿激,并非无故逞凶干犯。后将张张氏改为斩监候。对此,下列哪些说法是不正确的?
  A. 卑犯尊应比尊犯卑判处更重的刑罚
  B. 若张张氏当场杀死公公,则其不构成犯罪
  C. 若张张氏和丈夫只有杀公公的想法,但尚未实施杀人的行为,也应定罪
  D. 清代刑部负责复核,没有最终审判权

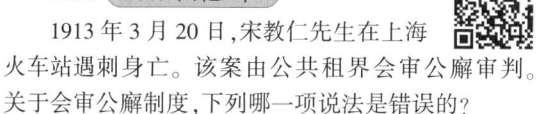

218． 2019 回忆/单
1913年3月20日,宋教仁先生在上海火车站遇刺身亡。该案由公共租界会审公廨审判。关于会审公廨制度,下列哪一项说法是错误的?
  A. 会审公廨是清廷与英、美、法三国驻上海领事协议在租界内设立的特殊审判机关
  B. 会审公廨制度是对我国司法主权的践踏
  C. 中华民国成立后,会审公廨制度依然存续
  D. 案件由外国领事官员审判,中国官员无权参与

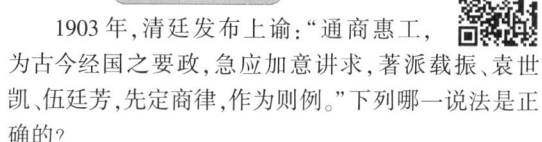

219． 2016/1/19/单
1903年,清廷发布上谕:"通商惠工,为古今经国之要政,急应加意讲求,著派载振、袁世凯、伍廷芳,先定商律,作为则例。"下列哪一说法是正确的?
  A. 《钦定大清商律》为清朝第一部商律,由《商人通例》、《公司律》和《破产律》构成
  B. 清廷制定商律,表明随着中国近代工商业发展,其传统工商政策从"重农抑商"转为"重商抑农"
  C. 商事立法分为两阶段,先由新设立商部负责,后主要商事法典改由修订法律馆主持起草
  D. 《大清律例》、《大清新刑律》、《大清民律草案》与《大清商律草案》同属清末修律成果

220． 2015/1/18/单
鸦片战争后,清朝统治者迫于内外压力,对原有的法律制度进行了不同程度的修改与变革。关于清末法律制度的变革,下列哪一选项是正确的?
  A. 《大清现行刑律》废除了一些残酷的刑罚手段,如凌迟
  B. 《大清新刑律》打破了旧律维护专制制度和封建伦理的传统
  C. 改刑部为法部,职权未变
  D. 改四级四审制为四级两审制

221． 2014/1/18/单
根据清朝的会审制度,案件经过秋审或朝审程序之后,分四种情况予以处理:情实、缓决、可矜、留养承嗣。对此,下列哪一说法是正确的?

  A. 情实指案情属实、罪名恰当者,奏请执行绞监候或斩监候
  B. 缓决指案情虽属实,但危害性不能确定者,可继续调查,待危害性确定后进行判决
  C. 可矜指案情属实,但有可矜或可疑之处,免于死刑,一般减为徒、流刑罚
  D. 留养承嗣指案情属实、罪名恰当,但被害人有亲老丁单情形,奏请皇帝裁决

222． 2014/1/19/单
武昌起义爆发后,清王朝于1911年11月3日公布了《宪法重大信条十九条》。关于该宪法性文件,下列哪一说法是错误的?
  A. 缩小了皇帝的权力
  B. 扩大了人民的权利
  C. 扩大了议会的权力
  D. 扩大了总理的权力

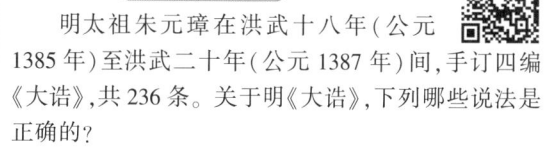

223． 2014/1/57/多
明太祖朱元璋在洪武十八年(公元1385年)至洪武二十年(公元1387年)间,手订四编《大诰》,共236条。关于明《大诰》,下列哪些说法是正确的?
  A. 《大明律》中原有的罪名,《大诰》一般都加重了刑罚
  B. 《大诰》的内容也列入科举考试中
  C. "重典治吏"是《大诰》的特点之一
  D. 朱元璋死后《大诰》被明文废除

224． 2013/1/17/单
清末修律时,修订法律大臣俞廉三在"奏进民律前三编草案折"中表示:"此次编辑之旨,约分四端:(一)注重世界最普通之法则。(二)原本后出最精确之法理。(三)求最适于中国民情之法则。(四)期于改进上最有利益之法则。"关于清末修订民律的基本思路,下列哪一表述是最合适的?
  A. 西学为体、中学为用
  B. 中学为体、西学为用
  C. 坚持德治、排斥法治
  D. 抛弃传统、尽采西说

225． 2012/1/57/多
清乾隆年间,甲在京城天安门附近打伤乙被判笞刑,甲不服判决,要求复审。关于案件的复审,下列哪些选项是正确的?
  A. 应由九卿、詹事、科道及军机大臣、内阁大学士等重要官员会同审理
  B. 应在霜降后10日举行
  C. 应由大理寺官员会同各道御史及刑部承办司会同审理

D. 应在小满后10日至立秋前1日举行

226． 2011/1/17/单

关于明代法律制度，下列哪一选项是错误的？

A. 明朱元璋认为，"夫法度者，朝廷所以治天下也"
B. 明律确立"重其所重，轻其所轻"刑罚原则
C. 《大明会典》仿《元六典》，以六部官制为纲
D. 明会审制度为九卿会审、朝审、大审

227． 2011/1/18/单

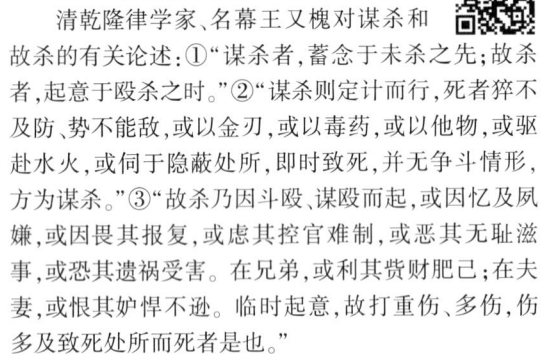

清乾隆律学家、名幕王又槐对谋杀和故杀的有关论述：①"谋杀者，蓄念于未杀之先；故杀者，起意于殴杀之时。"②"谋杀则定计而行，死者猝不及防，势不能敌，或以金刃，或以毒药，或以他物，或驱赴水火，或伺于隐蔽处所，即时致死，并无争斗情形，方为谋杀。"③"故杀乃因斗殴、谋殴而起，或因忆及夙嫌，或因畏其报复，或虑其控官难制，或恶其无耻滋事，或恐其遗祸受害。在兄弟，或利其赀财肥己；在夫妻，或恨其妒悍不逊。临时起意，故打重伤、多伤，伤多及致死处所而死者是也。"

据此，下列最可能被认定为谋杀者的是哪一选项？

A. 张某将浦某拖倒在地，骑于身将其打伤。浦某胞弟见状，情急之下用木耙击中张某顶心，张某立时毙命
B. 洪某因父为赵某所杀，立志复仇。后，洪某趁赵某独自上山之机，将其杀死
C. 卢某欲拉林某入伙盗窃，林某不允并声称将其送官。卢某恐其败露欲杀之，当即将林某推倒在地，掐伤其咽喉并用腰带套其脖颈，林某窒息而死
D. 雇主李朱氏责骂刘某干活不勤，刘某愧忿不甘，拿起菜刀将李朱氏砍倒。刘某逃跑之际，被李朱氏4岁的外孙韩某拉住衣服并大声呼救，刘将其推倒在地并连砍数刀，致其立时毙命

228． 2011/1/19/单

关于中外法律制度的发展演变，下列哪一表述是错误的？

A. 西周"七出""三不去""六礼"等婚姻法律的原则和制度，多为后世法律所继承和采用
B. 汉代"秋冬行刑"的死刑执行制度，对唐、明、清的法律制度有着深远影响
C. 清末规定的法官和检察官考试任用制度、监狱及狱政管理的改良制度，是清末司法体制上的重大变化
D. 法国国民会议于1787年8月26日通过《独立宣言》，这一划时代的历史性文件第一次明确而系统地提出了资产阶级民主和法制的基本原则

229． 2011/1/56/多

中国古代社会一些启蒙作品多涉及当世的法律观念和司法制度，这在下列的哪些表述中有所体现？

A. 《幼学琼林》："世人惟不平则鸣，圣人以无讼为贵"
B. 《弟子规》："财物轻，怨何生，言语忍，忿自泯"
C. 《增广贤文》："礼义生于富足，盗出于贫穷"
D. 《女儿经》："遵三从，行四德，习礼义，看古人，多贤德，为法则"

230． 2011/1/57/多

关于清末变法修律，下列哪些选项是正确的？

A. 在指导思想上，清末修律自始至终贯穿着"仿效外国资本主义法律形式，固守中国封建法制传统"的原则
B. 在立法内容上，清末修律一方面坚行君主专制体制和封建伦理纲常"不可率行改变"，一方面标榜"吸引世界大同各国之良规，兼采近世最新之学说"
C. 在编纂形式上，清末修律改变了传统的"诸法合体"形式，明确了实体法之间、实体法与程序法之间的差别，形成了近代法律体系的雏形
D. 在法系承袭上，清末修律标志着延续几千年的中华法系开始解体，为中国法律的近代化奠定了初步基础

231． 2010/1/15/单

关于中国古代刑罚制度的说法，下列哪一选项是错误的？

A. "八议"制度自曹魏《魏律》正式入律，其思想渊源为《周礼·秋官》"八辟丽邦法"之说
B. "秋冬行刑"制度自唐代始，其理论渊源为《礼记·月令》关于秋冬季节"戮有罪，严断刑"之述
C. "大诰"是明初的一种特别刑事法规，其法律形式源自《尚书·大诰》周公对臣民之训诫
D. "明刑弼教"作为明清推行重典治国政策的思想基础，其理论依据源自《尚书·大禹谟》"明于五刑，以弼五教"之语

232． 2010/1/58/多

乾隆五十一年，四川发生一起杀人案：唐达根与宋万田本不相识，因赴集市买苞谷遂结伴同行。途中山洞避雨，宋万田提议二人赌钱。后宋万田

得赢,唐达根将钱如数送上。归途,宋万田再次提议赌钱,唐达根得赢。宋万田声称唐达根要骗不肯给钱,唐达根与之争吵进而双方互殴,争斗中唐达根将宋万田打死。依据《大清律例》及《大清律辑注》,你认为唐达根有可能被官府认定犯下列哪些罪行?

A. 唐达根系没有预谋、临时起意将宋万田打死,应定"故杀"
B. 唐达根系恼羞成怒,欲夺赌钱故意将宋万田打死,应定"谋杀"
C. 唐达根系无心之下,斗殴中不期将宋万田打死,应定"斗殴杀"
D. 唐达根系无怨恨杀人动机,"以力共戏"将宋万田打死,应定"戏杀"

233. 2009/1/15/单

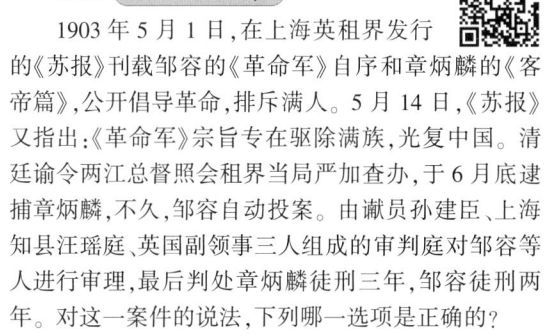

1903年5月1日,在上海英租界发行的《苏报》刊载邹容的《革命军》自序和章炳麟的《客帝篇》,公开倡导革命,排斥满人。5月14日,《苏报》又指出:《革命军》宗旨专在驱除满族,光复中国。清廷谕令两江总督照会租界当局严加查办,于6月底逮捕章炳麟,不久,邹容自动投案。由谳员孙建臣、上海知县汪瑶庭、英国副领事三人组成的审判庭对邹容等人进行审理,最后判处章炳麟徒刑三年,邹容徒刑两年。对这一案件的说法,下列哪一选项是正确的?

A. 这表明清廷实行公开审判原则
B. 这表明外国人在租界内对中国司法裁判权的直接干涉
C. 这表明外国人在租界内的领事裁判权受到了限制
D. 这表明清廷变法修律得到了国际社会的承认

专题九 中华民国时期的法律思想与制度

考点35 中华民国时期的法律思想与制度

234. 2023回忆/多

陕甘宁边区曾发生一起抢亲案。封捧儿与张柏两情相悦,定有婚约,封捧儿父亲封某为了更多的彩礼将封捧儿许配另一人,张柏父亲带人闯入封家抢走封捧儿成亲。马锡五接办该案后,下乡走进田间,在群众中实地走访调研,广泛征求意见,在案发地进行巡回审理,判决婚姻有效,分别判处张某和封某短期徒刑和劳役。判决一出,群众无不交口称赞。上述案情体现了马锡五审判方式的哪些特点?

A. 调解优先   B. 广泛调研
C. 方便诉讼   D. 不拘形式

235. 2011/1/21/单

关于《中华民国临时约法》,下列哪一选项是正确的?

A.《临时约法》是辛亥革命后正式颁行的宪法
B.《临时约法》设立临时大总统,采行总统制
C.《临时约法》是中国历史上唯一一部具有资产阶级共和国性质的宪法性文件
D.《临时约法》确立了五权分离的原则

236. 2010/1/14/单

中国法制近代化经历了曲折的渐进过程,贯穿着西方法律精神与中国法律传统的交汇与碰撞。关于中国法制近代化在修律中的特点,下列哪一选项是不正确的?

A. 1910年《大清民律草案》完成后,修律大臣俞廉三上陈"奏进民律前三编草案折",认为民律修订仍然没有超出"中学为体、西学为用"的思想格局
B. 1911年《大清新刑律》作为中国第一部近代意义的专门刑法典,在吸纳近代资产阶级罪刑法定等原则的同时,仍然保留了部分不必科刑的民事条款
C. 1910年颁行的《法院编制法》规定,国家司法审判实行四级三审制
D. 1947年颁行的《中华民国宪法》,所列各项民主自由权利比以往任何宪法性文件都充分

宪法 [试题]

扫一扫，"码"上做题

微信扫码，即可线上做题、看解析。
多种做题模式：章节自测、单科集训、随机演练等。

专题十 宪法基本理论

考点36 宪法的词源、特征、本质与分类

237． 2017/1/21/单

成文宪法和不成文宪法是英国宪法学家提出的一种宪法分类。关于成文宪法和不成文宪法的理解，下列哪一选项是正确的？

A. 不成文宪法的特点是其内容不见于制定法
B. 宪法典的名称中必然含有"宪法"字样
C. 美国作为典型的成文宪法国家，不存在宪法惯例
D. 在程序上，英国不成文宪法的内容可像普通法律一样被修改或者废除

238． 2014/1/20/单

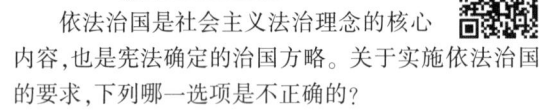

依法治国是社会主义法治理念的核心内容，也是宪法确定的治国方略。关于实施依法治国的要求，下列哪一选项是不正确的？

A. 在具体的社会治理实践中将法治与德治紧密结合，共同发挥其规范社会成员思想和行为的作用
B. 坚持以宪法和法律为社会关系调控手段，限制并约束各种社会组织的规章制度、民规、民约的调节功能
C. 尊重宪法和法律的权威，保证司法机关依法独立行使审判权和检察权，尊重和服从司法机关作出的生效判决
D. 构建"以权力制约权力"的监督体系，科学配置权力，合理界定权限，形成既相互制约与监督，又顺畅有效运行的权力格局

239． 2013/1/20/单

公平正义是社会主义法治的价值追求。关于我国宪法与公平正义的关系，下列哪一选项是不正确的？

A. 树立与强化宪法权威，必然要求坚定地守持和维护公平正义
B. 法律面前人人平等原则是公平正义在宪法中的重要体现
C. 宪法对妇女、老人、儿童等特殊主体权利的特别保护是实现公平正义的需要
D. 禁止一切差别是宪法和公平正义的要求

240． 2012/1/21/单

根据宪法分类理论，下列哪一选项是正确的？

A. 成文宪法也叫文书宪法，只有一个书面文件
B. 1215年的《自由大宪章》是英国宪法的组成部分
C. 1830年法国宪法是钦定宪法
D. 柔性宪法也具有最高法律效力

考点37 宪法的基本原则

241． 2017/1/65/多

我国宪法规定，法院、检察院和公安机关办理刑事案件，应当分工负责，互相配合，互相制约。对此，下列哪些选项是正确的？

A. 分工负责是指三机关各司其职、各尽其责
B. 互相配合是指三机关以惩罚犯罪分子为目标，通力合作，互相支持
C. 互相制约是指三机关按法定职权和程序互相监督
D. 公、检、法三机关之间的这种关系，是权力制约原则在我国宪法上的具体体现

242． 2016/1/91/任

我国宪法规定了"一切权力属于人民"的原则。关于这一规定的理解，下列选项正确的是：

A. 国家的一切权力来自并且属于人民
B. "一切权力属于人民"仅体现在直接选举制度之中
C. 我国的人民代表大会制度以"一切权力属于人民"为前提
D. "一切权力属于人民"贯穿于我国国家和社会生活的各领域

243． 2011/1/59/多

权力制约是依法治国的关键环节。下列哪些选项体现了我国宪法规定的权力制约原则？

A. 全国人大和地方各级人大由民主选举产生，对

人民负责,受人民监督
B. 法院、检察院和公安机关办理刑事案件,应当分工负责,互相配合,互相制约
C. 地方各级人大及其常委会依法对"一府两院"监督
D. 法院对法律合宪性审查

考点38 宪法的历史发展

244. 2014/1/21/单
关于宪法的历史发展,下列哪一选项是不正确的?
A. 资本主义商品经济的普遍化发展,是近代宪法产生的经济基础
B. 1787年美国宪法是世界历史上的第一部成文宪法
C. 1918年《苏俄宪法》和1919年德国《魏玛宪法》的颁布,标志着现代宪法的产生
D. 行政权力的扩大是中国宪法发展的趋势

245. 2008/1/13/单
下列哪一个法律文件是中国近现代历史上第一部宪法性文件?
A.《重大信条十九条》
B.《钦定宪法大纲》
C.《中华民国约法》
D.《中华苏维埃共和国宪法大纲》

考点39 宪法的制定与修改

246. 2018回忆/多
序言是我国现行宪法的重要组成部分,在现行宪法的五次部分修改中,有四次对序言进行了修改。关于对宪法序言的修改,下列哪些说法是错误的?
A. 1999年宪法修正案序言部分把"我国正处于社会主义初级阶段"修改为"我国将长期处于社会主义初级阶段"
B. 2018年宪法修正案在爱国统一战线中增加"社会主义事业的建设者"
C. 2004年宪法修正案将我国的根本任务调整为"把我国建设成为富强民主文明和谐美丽的社会主义现代化强国,实现中华民族伟大复兴"
D. 2018年宪法修正案将"中国共产党领导是中国特色社会主义最本质的特征"写入宪法序言

247. 2016/1/93/任
宪法修改是指有权机关依照一定的程序变更宪法内容的行为。关于宪法的修改,下列选项正确的是:
A. 凡宪法规范与社会生活发生冲突时,必须进行宪法修改
B. 我国宪法的修改可由五分之一以上的全国人大代表提议
C. 宪法修正案由全国人民代表大会公告公布施行
D. 我国1988年《宪法修正案》规定,土地的使用权可依照法律法规的规定转让

248. 2015/1/20/单
宪法的制定是指制宪主体按照一定程序创制宪法的活动。关于宪法的制定,下列哪一选项是正确的?
A. 制宪权和修宪权是具有相同性质的根源性的国家权力
B. 人民可以通过对宪法草案发表意见来参与制宪的过程
C. 宪法的制定由全国人民代表大会以全体代表的三分之二以上的多数通过
D. 1954年《宪法》通过后,由中华人民共和国主席根据全国人民代表大会的决定公布

249. 2014/1/22/单
关于我国宪法修改,下列哪一选项是正确的?
A. 我国修宪实践中既有对宪法的部分修改,也有对宪法的全面修改
B. 经十分之一以上的全国人大代表提议,可以启动宪法修改程序
C. 全国人大常委会是法定的修宪主体
D. 宪法修正案是我国宪法规定的宪法修改方式

250. 2011/1/60/多
我国宪法第六至十八条对经济制度作了专门规定。关于《宪法修正案》就我国经济制度规定所作的修改,下列哪些选项是正确的?
A. 中华人民共和国实行依法治国,建设社会主义法治国家
B. 国家实行社会主义市场经济
C. 除第九、十二、十八条外,其他各条都进行过修改
D. 农村中的生产、供销、信用、消费等各种形式的合作经济,是社会主义劳动群众集体所有制经济

251. 2010/1/18/单
将"国家建立健全同经济发展水平相适应的社会保障制度"载入现行宪法的是下列哪一宪法修正案?

A. 1988 年宪法修正案
B. 1993 年宪法修正案
C. 1999 年宪法修正案
D. 2004 年宪法修正案

252． 2010/1/23/单

关于我国宪法的修改，下列哪一说法是错误的？
A.《宪法》没有专章规定修改程序
B.《宪法》规定的修宪机关是全国人民代表大会
C.《立法法》规定，宪法修正案由国家主席令公布
D.《全国人大议事规则》规定，宪法修改以投票方式表决

253． 2009/1/60/单

关于我国《宪法》的修改，下列一选项是正确的？①
A. 1954 年《宪法》明确规定了宪法修改的提案主体
B. 1982 年《宪法》是对 1954 年《宪法》的全面修改
C. 我国现行宪法共进行了四次修改，通过了 31 条宪法修正案
D. "国家尊重和保障人权"是 2004 年《宪法修正案》规定的内容

考点40　宪法的效力与基本功能

254． 2023 回忆/单

关于宪法效力，有如下四种表述：①宪法的地位高于法律和行政法规等其他法律规范；②宪法具有最高的法律效力；③宪法规定了公民的基本权利和义务；④宪法精神深入贯彻在社会生活的各个方面。上述哪些说法能够体现宪法的根本法地位？
A. ①②
B. ②③
C. ①②③
D. ①②③④

255． 2017/1/22/单

最高法院印发的《人民法院民事裁判文书制作规范》规定："裁判文书不得引用宪法……作为裁判依据，但其体现的原则和精神可以在说理部分予以阐述。"关于该规定，下列哪一说法是正确的？
A. 裁判文书中不得出现宪法条文
B. 当事人不得援引宪法作为主张的依据
C. 宪法对裁判文书不具有约束力
D. 法院不得直接适用宪法对案件作出判决

256． 2016/1/22/单

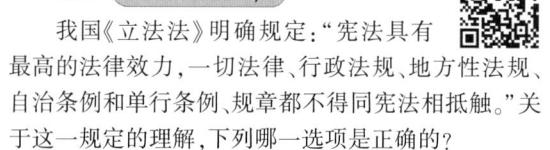

我国《立法法》明确规定："宪法具有最高的法律效力，一切法律、行政法规、地方性法规、自治条例和单行条例、规章都不得同宪法相抵触。"关于这一规定的理解，下列哪一选项是正确的？
A. 该条文中两处"法律"均指全国人大及其常委会制定的法律
B. 宪法只能通过法律和行政法规等下位法才能发挥它的约束力
C. 宪法的最高法律效力只是针对最高立法机关的立法活动而言的
D. 维护宪法的最高法律效力需要完善相应的宪法审查或者监督制度

257． 2014/1/94/任

关于宪法效力的说法，下列选项正确的是：
A. 宪法修正案与宪法具有同等效力
B. 宪法不适用于定居国外的公民
C. 在一定条件下，外国人和法人也能成为某些基本权利的主体
D. 宪法作为整体的效力及于该国所有领域

258． 2012/1/89/任

维护国家主权和领土完整，维护国家统一是我国宪法的重要内容，体现在《宪法》和法律一系列规定中。
关于我国宪法对领土的效力，下列表述正确的是：
A. 领土包括一个国家的陆地、河流、湖泊、内海、领海以及它们的底床、底土和上空（领空）
B. 领土是国家的构成要素之一，是国家行使主权的空间，也是国家行使主权的对象
C.《宪法》在国土所有领域的适用上无任何差异
D.《宪法》的空间效力及于国土全部领域，是由主权的唯一性和不可分割性决定的

259． 2011/1/23/单

宪法效力是指宪法作为法律规范所具有的约束力与强制性。关于我国宪法效力，下列哪一选项是不正确的？
A. 侨居国外的华侨受中国宪法保护
B. 宪法的效力及于中华人民共和国的所有领域
C. 宪法的最高法律效力首先源于宪法的正当性
D. 宪法对法院的审判活动没有约束力

260． 2010/1/19/单

关于宪法在立法中的作用，下列哪一

---

① 原为多选题，根据新法答案有变化，调整为单选题。

说法是不正确的?
A. 宪法确立了法律体系的基本目标
B. 宪法确立了立法的统一基础
C. 宪法规定了完善的立法体制与具体规划
D. 宪法规定了解决法律体系内部冲突的基本机制

考点41 宪法规范、渊源与宪法的结构

261． 2016/1/21/单
综观世界各国成文宪法,结构上一般包括序言、正文和附则三大部分。对此,下列哪一表述是正确的?
A. 世界各国宪法序言的长短大致相当
B. 我国宪法附则的效力具有特定性和临时性两大特点
C. 国家和社会生活诸方面的基本原则一般规定在序言之中
D. 新中国前三部宪法的正文中均将国家机构置于公民的基本权利和义务之前

262． 2015/1/21/单
宪法的渊源即宪法的表现形式。关于宪法渊源,下列哪一表述是错误的?
A. 一国宪法究竟采取哪些表现形式,取决于历史传统和现实状况等多种因素
B. 宪法惯例实质上是一种宪法和法律条文无明确规定、但被普遍遵循的政治行为规范
C. 宪法性法律是指国家立法机关为实施宪法典而制定的调整宪法关系的法律
D. 有些成文宪法国家的法院基于对宪法的解释而形成的判例也构成该国的宪法渊源

263． 2015/1/61/多
我国《宪法》第三十八条明确规定:"中华人民共和国公民的人格尊严不受侵犯。"关于该条文所表现的宪法规范,下列哪些选项是正确的?
A. 在性质上属于组织性规范
B. 通过《民法典》中有关姓名权的规定得到了间接实施
C. 法院在涉及公民名誉权的案件中可以直接据此作出判决
D. 与法律中的有关规定相结合构成一个有关人格尊严的规范体系

264． 2013/1/21/单
根据《宪法》的规定,关于宪法文本的内容,下列哪一选项是正确的?
A. 《宪法》明确规定了宪法与国际条约的关系
B. 《宪法》明确规定了宪法的制定、修改制度

C. 作为《宪法》的《附则》,《宪法修正案》是我国宪法的组成部分
D. 《宪法》规定了居民委员会、村民委员会的性质和产生,两者同基层政权的相互关系由法律规定

265． 2013/1/22/单
关于宪法规范,下列哪一说法是不正确的?
A. 具有最高法律效力
B. 在我国的表现形式主要有宪法典、宪法性法律、宪法惯例和宪法判例
C. 是国家制定或认可的、宪法主体参与国家和社会生活最基本社会关系的行为规范
D. 权利性规范与义务性规范相互结合为一体,是我国宪法规范的鲜明特色

266． 2011/1/22/单
宪法结构指宪法内容的组织和排列形式。关于我国宪法结构,下列哪一选项是不正确的?
A. 宪法序言规定了宪法的根本法地位和最高法律效力
B. 现行宪法正文的排列顺序是:总纲、公民的基本权利和义务、国家机构以及国旗、国歌、国徽、首都
C. 宪法附则没有法律效力
D. 宪法没有附则

267． 2008/1/12/单
关于我国1982年《宪法》的结构,下列哪一选项是正确的?
A. 这部宪法只有正文
B. 这部宪法由序言和正文构成
C. 这部宪法由序言、正文和附则构成
D. 国旗、国徽、国歌和首都规定在这部宪法的附则中

专题十一 国家的基本制度(上)

考点42 我国的政治、经济、文化、社会基本制度

268． 2019回忆/多
1949年9月,中国人民政治协商会议制定了《中国人民政治协商会议共同纲领》。关于《中国人民政治协商会议共同纲领》,下列哪些说法是正确的?
A. 《中国人民政治协商会议共同纲领》是我国第一部正式颁行的社会主义宪法
B. 规定最高政权机关是中国人民政治协商会议
C. 规定国家政权属于人民,人民行使国家政权

的机关是各级人大和政府

D. 规定公民有选举权和被选举权

269． 2017/1/91/任

我国宪法序言规定："中国共产党领导的多党合作和政治协商制度将长期存在和发展。"关于中国人民政治协商会议，下列选项正确的是：

A. 由党派团体和界别代表组成，政协委员由选举产生

B. 全国政协委员列席全国人大的各种会议

C. 是中国共产党领导的多党合作和政治协商制度的重要机构

D. 中国人民政治协商会议全国委员会和各地方委员会是国家权力机关

270． 2017/1/92/任

人民代表大会制度是我国的根本政治制度。关于人民代表大会制度，下列表述正确的是：

A. 国家的一切权力属于人民，这是人民代表大会制度的核心内容和根本准则

B. 各级人大都由民主选举产生，对人民负责，受人民监督

C. "一府两院"都由人大产生，对它负责，受它监督

D. 人民代表大会制度是实现社会主义民主的唯一形式

271． 2016/1/23/单

社会主义公有制是我国经济制度的基础。根据现行《宪法》的规定，关于基本经济制度的表述，下列哪一选项是正确的？

A. 国家财产主要由国有企业组成

B. 城市的土地属于国家所有

C. 农村和城市郊区的土地都属于集体所有

D. 国营经济是社会主义全民所有制经济，是国民经济中的主导力量

272． 2016/1/62/多

我国的基本社会制度是基于经济、政治、文化、社会、生态文明五位一体的社会主义建设的需要，在社会领域所建构的制度体系。关于国家的基本社会制度，下列哪些选项是正确的？

A. 我国的基本社会制度是国家的根本制度

B. 社会保障制度是我国基本社会制度的核心内容

C. 职工的工作时间和休假制度是我国基本社会制度的重要内容

D. 加强社会法的实施是发展与完善我国基本社会制度的重要途径

273． 2015/1/22/单

国家的基本社会制度是国家制度体系中的重要内容。根据我国宪法规定，关于国家基本社会制度，下列哪一表述是正确的？

A. 国家基本社会制度包括发展社会科学事业的内容

B. 社会人才培养制度是我国的基本社会制度之一

C. 关于社会弱势群体和特殊群体的社会保障的规定是对平等原则的突破

D. 社会保障制度的建立健全同我国政治、经济、文化和生态建设水平相适应

274． 2015/1/62/多

关于国家文化制度，下列哪些表述是正确的？

A. 我国宪法所规定的文化制度包含了爱国统一战线的内容

B. 国家鼓励自学成才，鼓励社会力量依照法律规定举办各种教育事业

C. 是否较为系统地规定文化制度，是社会主义宪法区别于资本主义宪法的重要标志之一

D. 公民道德教育的目的在于培养有理想、有道德、有文化、有纪律的社会主义公民

275． 2014/1/95/任

根据《宪法》规定，关于我国基本经济制度的说法，下列选项正确的是：

A. 国家实行社会主义市场经济

B. 国有企业在法律规定范围内和政府统一安排下，开展管理经营

C. 集体经济组织实行家庭承包经营为基础、统分结合的双层经营体制

D. 土地的使用权可以依照法律的规定转让

276． 2013/1/23/单

近代意义宪法产生以来，文化制度便是宪法的内容。关于两者的关系，下列哪一选项是不正确的？

A. 1787年美国宪法规定了公民广泛的文化权利和国家的文化政策

B. 1919年德国魏玛宪法规定了公民的文化权利

C. 我国现行宪法对文化制度的原则、内容等做了比较全面的规定

D. 公民的文化教育权、国家机关的文化教育管理职权和文化政策，是宪法文化制度的主要内容

277． 2012/1/23/单

关于宪法与文化制度的关系，下列哪

一选项是不正确的?
A. 宪法规定的文化制度是基本文化制度
B. 《魏玛宪法》第一次比较全面系统规定了文化制度
C. 宪法规定的公民文化教育权利是文化制度的重要内容
D. 保护知识产权是我国宪法规定的基本文化权利

278. 2012/1/60/多
根据《宪法》的规定,下列哪些选项是正确的?
A. 社会主义的公共财产神圣不可侵犯
B. 社会主义的公共财产包括国家的和集体的财产
C. 国家可以对公民的私有财产实行无偿征收或征用
D. 土地的使用权可以依照法律的规定转让

279. 2009/1/22/单
关于经济制度与宪法关系,下列哪一选项是错误的?
A. 自德国魏玛宪法以来,经济制度便成为现代宪法的重要内容之一
B. 宪法对经济关系特别是生产关系的确认与调整构成一国的基本经济制度
C. 我国宪法修正案第十六条规定,法律范围内的非公有制经济是社会主义市场经济的重要组成部分
D. 私有财产神圣不可侵犯是我国宪法的一项基本原则

专题十二 国家的基本制度(下)

考点43 选举制度

280. 2020 回忆/单
关于县人大代表的选举,下列哪一项说法是正确的?
A. 由县人大主席团主持
B. 10个选民联名有权提出县人大代表候选人
C. 代表候选人的人数应多于应选代表名额1/5至1/2
D. 县人大代表的选举与罢免,均要求全体选民过半数同意

281. 2017/1/62/多
某省人大选举实施办法中规定:"本行政区域各选区每一代表所代表的人口数应当大体相等。各选区每一代表所代表的人口数与本行政区域内每一代表所代表的平均人口数之间相差的幅度一般不超过百分之三十。"关于这一规定,下列哪些说法是正确的?
A. 是选举权的平等原则在选区划分中的具体体现
B. "大体相等"允许每一代表所代表的人口数之间存在差别
C. "百分之三十"的规定是对前述"大体相等"的进一步限定
D. 不保证各地区、各民族、各方面都有适当数量的代表

282. 2016/1/24/单
根据《选举法》和相关法律的规定,关于选举的主持机构,下列哪一选项是正确的?
A. 乡镇选举委员会的组成人员由不设区的市、市辖区、县、自治县的人大常委会任命
B. 县级人大常委会主持本级人大代表的选举
C. 省人大在选举全国人大代表时,由省人大常委会主持
D. 选举委员会的组成人员为代表候选人的,应当向选民说明情况

283. 2015/1/63/多
甲市乙县人民代表大会在选举本县的市人大代表时,乙县多名人大代表接受甲市人大代表候选人的贿赂。对此,下列哪些说法是正确的?
A. 乙县选民有权罢免受贿的该县人大代表
B. 乙县受贿的人大代表应向其所在选区的选民提出辞职
C. 甲市人大代表候选人行贿行为属于破坏选举的行为,应承担法律责任
D. 在选举过程中,如乙县人大主席团发现有贿选行为应及时依法调查处理

284. 2014/1/62/多
根据《选举法》的规定,关于选举制度,下列哪些选项是正确的?
A. 全国人大和地方人大的选举经费,列入财政预算,由中央财政统一开支
B. 全国人大常委会主持香港特别行政区全国人大代表选举会议第一次会议,选举主席团,之后由主席团主持选举
C. 县级以上地方各级人民代表大会举行会议的时候,三分之一以上代表联名,可以提出对由该级人民代表大会选出的上一级人大代表的罢免案
D. 选民或者代表10人以上联名,可以推荐代表候选人

285. 2013/1/60/多

根据《宪法》和法律的规定,关于选举程序,下列哪些选项是正确的?

A. 乡级人大接受代表辞职,须经本级人民代表大会过半数的代表通过

B. 经原选区选民30人以上联名,可以向县级的人民代表大会常务委员会书面提出罢免乡级人大代表的要求

C. 罢免县级人民代表大会代表,须经原选区三分之二以上的选民通过

D. 补选出缺的代表时,代表候选人的名额必须多于应选代表的名额

286. 2012/1/24/单

关于各少数民族人大代表的选举,下列哪一选项是不正确的?

A. 有少数民族聚居的地方,每一聚居的少数民族都应有代表参加当地的人民代表大会

B. 散居少数民族应选代表,每一代表所代表的人口数可少于当地人民代表大会每一代表所代表的人口数

C. 聚居境内同一少数民族的总人口占境内总人口数30%以上的,每一代表所代表的人口数应相当于当地人民代表大会每一代表所代表的人口数

D. 实行区域自治人口特少的自治县,每一代表所代表的人口数可以少于当地人民代表大会每一代表所代表的人口数的1/2

287. 2011/1/25/单

根据《选举法》的规定,关于选举机构,下列哪一选项是不正确的?

A. 特别行政区全国人大代表的选举由全国人大常委会主持

B. 省、自治区、直辖市、设区的市、自治州的人大常委会领导本行政区域内县级以下人大代表的选举工作

C. 乡、民族乡、镇的选举委员会受不设区的市、市辖区、县、自治县人大常委会的领导

D. 选举委员会对依法提出的有关选民名单的申诉意见,应在3日内作出处理决定

288. 2010/1/94/任

关于地方人大代表名额,下列说法正确的是:

A. 省、自治区、直辖市的代表总名额不超过一千名

B. 设区的市、自治州的代表总名额不得超过六百五十名

C. 不设区的市、县、自治县人口不足五万的,代表总名额可以少于一百二十名

D. 乡、镇、民族乡人口不足二千的,代表总名额可以少于四十名

289. 2009/1/21/单

根据《宪法》和《选举法》规定,下列哪一选项是正确的?

A. 选民登记按选区进行,每次选举前选民资格都要进行重新登记

B. 选民名单应在选举日的十五日以前公布

C. 对于公布的选民名单有不同意见的,可以向选举委员会申诉或者直接向法院起诉

D. 法院对于选民名单意见的起诉应在选举日以前作出判决

290. 2008/1/61/多

根据我国《宪法》和《选举法》的规定,下列哪些选项是正确的?

A. 全国人民代表大会常务委员会主持全国人民代表大会代表的选举工作

B. 县级以上地方各级人民代表大会常务委员会主持本级人民代表大会代表的选举工作

C. 乡、民族乡、镇设立选举委员会,主持本级人民代表大会代表的选举工作

D. 乡、民族乡、镇设立的选举委员会受不设区的市、市辖区、县、自治县的人民代表大会常务委员会的领导

考点44 国家结构形式

291. 2023 回忆/单

某省调整行政规划,将甲地级市撤销,并入乙地级市。对此,下列哪一说法是正确的?

A. 该行政规划调整需由国务院审批

B. 乙市人口增多,应当增选市人大代表,名额由市人大常委会确定

C. 因乙市行政区划发生变更,乙市市长应当暂停职务,等待本市人大召开会议确定人选

D. 甲市撤销后,市人大常委会主任职责自动终止

292. 2015/1/23/单

根据《宪法》和法律法规的规定,关于我国行政区划变更的法律程序,下列哪一选项是正确的?

A. 甲县欲更名,须报该县所属的省级政府审批

B. 乙省行政区域界线的变更,应由全国人大审议决定

C. 丙镇与邻近的一个镇合并,须报两镇所属的县级政府审批

D. 丁市部分行政区域界线的变更,由国务院授权丁市所属的省级政府审批

293. 2014/1/96/任
根据《宪法》规定,关于行政建置和行政区划,下列选项正确的是:
A. 全国人大批准省、自治区、直辖市的建置
B. 全国人大常委会批准省、自治区、直辖市的区域划分
C. 国务院批准自治州、自治县的建置和区域划分
D. 省、直辖市、地级市的人民政府决定乡、民族乡、镇的建置和区域划分

294. 2013/1/24/单
根据《宪法》的规定,关于国家结构形式,下列哪一选项是正确的?
A. 从中央与地方的关系上看,我国有民族区域自治和特别行政区两种地方制度
B. 县、市、市辖区部分行政区域界线的变更由省、自治区、直辖市政府审批
C. 经济特区是我国一种新的地方制度
D. 行政区划纠纷或争议的解决是行政区划制度内容的组成部分

295. 2013/1/62/多
根据《宪法》,关于中国人民政治协商会议,下列哪些选项是正确的?
A. 中国人民政治协商会议是具有广泛代表性的统一战线组织
B. 中国人民政治协商会议是重要的国家机关
C. 中国共产党领导的多党合作和政治协商制度将长期存在和发展
D. 中国共产党领导的爱国统一战线将继续巩固和发展

296. 2013/1/90/任
根据《宪法》和法律的规定,关于国家机关组织和职权,下列选项正确的是:
A. 全国人民代表大会修改宪法、解释宪法、监督宪法的实施
B. 国务院依照法律规定决定省、自治区、直辖市的范围内部分地区进入紧急状态
C. 省、自治区、直辖市政府在必要的时候,经国务院批准,可以设立若干派出机构
D. 地方各级检察院对产生它的国家权力机关和上级检察院负责

297. 维护国家主权和领土完整,维护国家统一是我国宪法的重要内容,体现在《宪法》和法律一系列规定中。请回答第(1)、(2)题。

(1) 2012/1/90/任
关于我国的国家结构形式,下列选项正确的是:
A. 我国实行单一制国家结构形式
B. 维护宪法权威和法制统一是国家的基本国策
C. 在全国范围内实行统一的政治、经济、社会制度
D. 中华人民共和国是一个统一的国际法主体

(2) 2012/1/91/任
关于我国的行政区域划分,下列说法不成立的是:
A. 是国家主权的体现
B. 属于国家内政
C. 任何国家不得干涉
D. 只能由《宪法》授权机关进行

考点45 国家标志

298. 2023 回忆/多
关于国歌、国旗和国徽,下列哪些说法是正确的?
A. 国歌、国旗和国徽是我国的国家标志
B. 我国宪法 2004 年修正案新增了国歌条款
C. 宪法对国徽的图案作出了规定
D. 宪法宣誓仪式上应当悬挂国旗或国徽

299. 2021 回忆/多
国家标志是国家的主权独立和尊严的象征。根据我国《宪法》和有关法律规定,关于中华人民共和国的国家标志,下列说法正确的是:
A. 各级人民政府应当悬挂国徽
B. 举行宪法宣誓仪式时,应当在宣誓场所悬挂国旗、国徽,奏唱国歌
C. 机场、港口、火车站应当每日升挂国旗
D. 国家标志包括国旗、国歌、国徽、首都和国家主席等

考点46 民族区域自治制度

300. 2022 回忆/单
关于民族自治地方的国家机关领导人员的任职资格,下列哪一职位必须由实行区域自治的民族的公民担任?
A. 人大常委会主任
B. 自治州州长
C. 法院院长
D. 检察院检察长

301. 2017/1/23/单
根据我国民族区域自治制度,关于民族自治县,下列哪一选项是错误的?

A. 自治机关保障本地方各民族都有保持或改革自己风俗习惯的自由
B. 经国务院批准,可开辟对外贸易口岸
C. 县人大常委会中应有实行区域自治的民族的公民担任主任或者副主任
D. 县人大可自行变通或者停止执行上级国家机关的决议、决定、命令和指示

302. 2016/1/27/单

2015年10月,某自治州人大常委会出台了一部《关于加强本州湿地保护与利用的决定》。关于该法律文件的表述,下列哪一选项是正确的?
A. 由该自治州州长签署命令予以公布
B. 可依照当地民族的特点对行政法规的规定作出变通规定
C. 该自治州所属的省的省级人大常委会应对该《决定》的合法性进行审查
D. 与部门规章之间对同一事项的规定不一致不能确定如何适用时,由国务院裁决

303. 2015/1/24/单

根据《宪法》和法律的规定,关于民族自治地方自治权,下列哪一表述是正确的?
A. 自治权由民族自治地方的权力机关、行政机关、审判机关和检察机关行使
B. 自治州人民政府可以制定政府规章对国务院部门规章的规定进行变通
C. 自治条例可以依照当地民族的特点对宪法、法律和行政法规的规定进行变通
D. 自治县制定的单行条例须报省级人大常委会批准后生效,并报全国人大常委会备案

304. 2014/1/63/多

根据《宪法》和法律的规定,关于民族区域自治制度,下列哪些选项是正确的?
A. 民族自治地方法院的审判工作,受最高法院和上级法院监督
B. 民族自治地方的政府首长由实行区域自治的民族的公民担任,实行首长负责制
C. 民族自治区的自治条例和单行条例报全国人大批准后生效
D. 民族自治地方自主决定本地区人口政策,不实行计划生育

305. 2013/1/63/多

根据《宪法》和法律的规定,关于自治和自治权,下列哪些选项是正确的?
A. 特别行政区依照法律规定实行高度自治,享有行政管理权、立法权、独立的司法权和终审权
B. 民族区域自治地方的法院依法行使自治权

C. 民族乡依法享有一定的自治权
D. 村民委员会是基层群众性自治组织

306. 2011/1/87/任

根据《宪法》和《民族区域自治法》的规定,下列选项不正确的是:
A. 民族区域自治以少数民族聚居区为基础,是民族自治与区域自治的结合
B. 民族自治地方的国家机关既是地方国家机关,又是自治机关
C. 上级国家机关应该在收到自治机关变通执行或者停止有关决议、决定执行的报告之日起60日内给予答复
D. 自治地方的自治机关依照国家规定,可以和外国进行教育、科技、文化等方面的交流

307. 2010/1/63/多

关于民族自治地方的自治权,下列哪些说法是正确的?
A. 民族自治地方有权自主管理地方财政
B. 自治州人大有权制定自治条例和单行条例
C. 自治县政府有权自主安排本县经济建设事业
D. 自治区政府有权保护和整理民族的文化遗产

308. 2009/1/63/多

关于民族自治地方财政的说法,下列哪些选项符合《民族区域自治法》规定?
A. 国家财政体制下属于民族自治地方的财政收入,由自治机关自主地安排使用
B. 民族自治地方的财政预算支出,按国家规定设机动资金,但预备费在预算中不得高于一般地区
C. 自治机关对本地方的各项开支标准、定员、定额,按照国家规定的原则,结合本地方的实际情况,可以制定补充规定和具体办法,并须分别报国务院、省、自治区、直辖市批准
D. 民族自治地方在全国统一的财政体制下,通过国家实行的规范的财政转移支付制度,享受上级财政的照顾

考点47 特别行政区制度

309. 2023 回忆/多

我国《宪法》规定:"在特别行政区内实行的制度按照具体情况由全国人民代表大会以法律规定"。对此,下列哪些说法是正确的?
A. 该规定写在宪法的总纲部分
B. 该规定中的法律在香港地区指的是《香港特别行政区基本法》
C. 全国人大常委会有权决定特别行政区进入紧急状态

D. 全国性法律一般不在特别行政区内实施

310． 2017/1/24/单
根据《宪法》和《香港特别行政区基本法》规定，下列哪一选项是正确的？
A. 行政长官就法院在审理案件中涉及的国防、外交等国家行为的事实问题发出的证明文件，对法院无约束力
B. 行政长官对立法会以不少于全体议员2/3多数再次通过的原法案，必须在1个月内签署公布
C. 香港特别行政区可与全国其他地区的司法机关通过协商依法进行司法方面的联系和相互提供协助
D. 行政长官仅从行政机关的主要官员和社会人士中委任行政会议的成员

311． 2016/1/25/单
澳门特别行政区依照《澳门特别行政区基本法》的规定实行高度自治，享有行政管理权、立法权、独立的司法权和终审权。关于中央和澳门特别行政区的关系，下列哪一选项是正确的？
A. 全国性法律一般情况下是澳门特别行政区的法律渊源
B. 澳门特别行政区终审法院法官的任命和免职须报全国人大常委会备案
C. 澳门特别行政区立法机关制定的法律须报全国人大常委会批准后生效
D. 《澳门特别行政区基本法》在澳门特别行政区的法律体系中处于最高地位，反映的是澳门特别行政区同胞的意志

312． 2014/1/23/单
根据《宪法》和法律的规定，关于特别行政区，下列哪一选项是正确的？
A. 澳门特别行政区财政收入全部由其自行支配，不上缴中央人民政府
B. 澳门特别行政区立法会举行会议的法定人数为不少于全体议员的三分之二
C. 非中国籍的香港特别行政区永久性居民不得当选为香港特别行政区立法会议员
D. 香港特别行政区廉政公署独立工作，对香港特别行政区立法会负责

313． 2013/1/61/多
根据《香港特别行政区基本法》和《澳门特别行政区基本法》的规定，下列哪些选项是正确的？
A. 对世界各国或各地区的人入境、逗留和离境，特别行政区政府可以实行入境管制

B. 特别行政区行政长官依照法定程序任免各级法院法官、任免检察官
C. 香港特别行政区立法会议员因行为不检或违反誓言而经出席会议的议员三分之二通过谴责，由立法会主席宣告其丧失立法会议员资格
D. 基本法的解释权属于全国人大常委会

314． 2011/1/26/单
根据我国宪法和港、澳基本法规定，关于港、澳基本法的修改，下列哪一选项是不正确的？
A. 在不同港、澳基本法基本原则相抵触的前提下，全国人大常委会在全国人大闭会期间有权修改港、澳基本法
B. 港、澳基本法的修改提案权属于全国人大常委会、国务院和港、澳特别行政区
C. 港、澳特别行政区对基本法的修改议案，由港、澳特别行政区出席全国人大会议的代表团向全国人大会议提出
D. 港、澳基本法的任何修改，不得同我国对港、澳既定的基本方针政策相抵触

315． 2010/1/65/多
关于特别行政区制度，下列哪些说法是不正确的？
A. 香港特别行政区行政长官任职须年满四十五周岁
B. 香港特别行政区司法机关由其法院和检察院组成
C. 香港和澳门特别行政区的各级法院都有权解释本特别行政区基本法
D. 国务院有权对香港和澳门特别行政区的部分地区宣布进入紧急状态

316． 2008/1/16/单
香港特别行政区的下列哪一项职务可由特区非永久性居民担任？
A. 行政长官　　　B. 政府主要官员
C. 立法会议员　　D. 法院法官

考点48 基层群众自治制度

317． 2020回忆/多
某村集体土地被征收，村民委员会制定了有关征地补偿费的使用和分配方案，但遭到了部分村民反对。关于该方案，下列哪些选项是正确的？
A. 反对的村民可以申请乡政府予以撤销
B. 反对的村民可以申请法院予以撤销
C. 需要经过村民会议讨论决定
D. 可以经村民会议授权，由村民代表会议讨论决定

318. 2017/1/93/任

杨某与户籍在甲村的村民王某登记结婚后,与甲村村委会签订了"不享受本村村民待遇"的"入户协议"。此后,杨某将户籍迁入甲村,但与王某长期在外务工。甲村村委会任期届满进行换届选举,杨某和王某要求参加选举。对此,下列说法正确的是:

A. 王某因未在甲村居住,故不得被列入参加选举的村民名单
B. 杨某因与甲村村委会签订了"入户协议",故不享有村委会选举的被选举权
C. 杨某经甲村村民会议或村民代表会议同意之后方可参加选举
D. 选举前应当对杨某进行登记,将其列入参加选举的村民名单

319. 2016/1/26/单

某乡政府为有效指导、支持和帮助村民委员会的工作,根据相关法律法规,结合本乡实际作出了下列规定,其中哪一规定是合法的?

A. 村委会的年度工作报告由乡政府审议
B. 村民会议制定和修改的村民自治章程和村规民约,报乡政府备案
C. 对登记参加选举的村民名单有异议并提出申诉的,由乡政府作出处理并公布处理结果
D. 村委会组成人员违法犯罪不能继续任职的,由乡政府任命新的成员暂时代理至本届村委会任期届满

320. 2015/1/64/多

某村村委会未经村民会议讨论,制定了土地承包经营方案,侵害了村民的合法权益,引发了村民的强烈不满。根据《村民委员会组织法》的规定,下列哪些做法是正确的?

A. 村民会议有权撤销该方案
B. 由该村所在地的乡镇级政府责令改正
C. 受侵害的村民可以申请法院予以撤销
D. 村民代表可以就此联名提出罢免村委会成员的要求

321. 2014/1/25/单

根据《宪法》和法律的规定,关于基层群众自治,下列哪一选项是正确的?

A. 村民委员会的设立、撤销,由乡镇政府提出,经村民会议讨论同意,报县级政府批准
B. 有关征地补偿费用的使用和分配方案,经村民会议讨论通过后,报乡镇政府批准
C. 居民公约由居民会议讨论通过后,报不设区的市、市辖区或者它的派出机关批准
D. 居民委员会的设立、撤销,由不设区的市、市辖区政府提出,报市政府批准

322. 2012/1/26/单

根据《村民委员会组织法》的规定,下列哪一选项是正确的?

A. 村民委员会每届任期3年,村民委员会成员连续任职不得超过2届
B. 罢免村民委员会成员,须经投票的村民过半数通过
C. 村民委员会选举由乡镇政府主持
D. 村民委员会成员丧失行为能力的,其职务自行终止

323. 2011/1/63/多

根据《宪法》和《村民委员会组织法》的规定,下列哪些选项是正确的?

A. 村民会议由本村18周岁以上,没有被剥夺政治权利的村民组成
B. 乡、民族乡、镇的人民政府不得干预依法属于村民自治范围内的事项
C. 罢免村民委员会成员,须经参加投票的村民过半数通过
D. 村民委员会成员实行任期和离任经济责任审计

324. 2010/1/21/单

关于村民委员会,下列哪一说法是正确的?

A. 村民委员会实行村务公开制度,涉及财务的事项至少每年公布一次
B. 村民委员会决定问题,采取村民委员会主任负责制
C. 村民委员会根据需要设人民调解、治安保卫、公共卫生委员会
D. 村民委员会由主任、副主任和村民小组长若干人组成

325. 2008/1/15/单

根据我国《村民委员会组织法》的规定,关于村民委员会的范围调整,下列哪一选项是正确的?

A. 由村民委员会主任提出,经村民会议讨论同意后,报乡级人民政府批准
B. 由村民委员会主任提出,经村民会议讨论同意后,报乡级人民代表大会批准
C. 由乡级人民政府提出,经村民会议讨论同意后,报县级人民政府批准
D. 由乡级人民政府提出,经村民会议讨论同意后,报县级人民代表大会批准

专题十三 公民的基本权利和义务

考点49 公民的基本权利

326． 2017/1/25/单

某市执法部门发布通告："为了进一步提升本市市容和环境卫生整体水平，根据相关规定，全市范围内禁止设置各类横幅标语。"根据该通告，关于禁设横幅标语，下列哪一说法是正确的？
A．涉及公民的出版自由
B．不构成对公民基本权利的限制
C．在目的上具有正当性
D．涉及宪法上的合理差别问题

327． 2017/1/61/多

我国《宪法》第13条规定："公民的合法的私有财产不受侵犯。国家依照法律规定保护公民的私有财产权和继承权。"关于这一规定，下列哪些说法是正确的？
A．国家不得侵犯公民的合法的私有财产权
B．国家应当保护公民的合法的私有财产权不受他人侵犯
C．对公民私有财产权和继承权的保护和限制属于法律保留的事项
D．国家保护公民的合法的私有财产权，是我国基本经济制度的重要内容之一

328． 2017/1/94/任

基本权利的效力是指基本权利规范所产生的拘束力。关于基本权利效力，下列选项正确的是：
A．基本权利规范对立法机关产生直接的拘束力
B．基本权利规范对行政机关的活动和公务员的行为产生拘束力
C．基本权利规范只有通过司法机关的司法活动才产生拘束力
D．一些国家的宪法一定程度上承认基本权利规范对私人产生拘束力

329． 2016/1/63/多

张某对当地镇政府干部王某的工作提出激烈批评，引起群众热议，被公安机关以诽谤他人为由行政拘留5日。张某的精神因此受到严重打击，事后相继申请行政复议和提起行政诉讼，法院依法撤销了公安机关《行政处罚决定书》。随后，张某申请国家赔偿。根据《宪法》和法律的规定，关于本案的分析，下列哪些选项是正确的？
A．王某因工作受到批评，人格尊严受到侵犯
B．张某的人身自由受到侵犯
C．张某的监督权受到侵犯
D．张某有权获得精神损害抚慰金

330． 2016/1/92/任

我国宪法明确规定："国家为了公共利益的需要，可以依照法律规定对公民的私有财产实行征收或者征用并给予补偿。"关于公民财产权限制的界限，下列选项正确的是：
A．对公民私有财产的征收或征用构成对公民财产权的外部限制
B．对公民私有财产的征收或征用必须具有明确的法律依据
C．只要满足合目的性原则即可对公民的财产权进行限制
D．对公民财产权的限制应具有宪法上的正当性

331． 2015/1/25/单

中华人民共和国公民在法律面前一律平等。关于平等权，下列哪一表述是错误的？
A．我国宪法中存在一个关于平等权规定的完整规范系统
B．犯罪嫌疑人的合法权利应该一律平等地受到法律保护
C．在选举权领域，性别和年龄属于宪法所列举的禁止差别理由
D．妇女享有同男子平等的权利，但对其特殊情况可予以特殊保护

332． 2015/1/92/多

某县政府以较低补偿标准进行征地拆迁。张某因不同意该补偿标准，拒不拆迁自己的房屋。为此，县政府责令张某的儿子所在中学不为其办理新学期注册手续，并通知财政局解除张某的女婿李某（财政局工勤人员）与该局的劳动合同。张某最终被迫签署了拆迁协议。关于当事人被侵犯的权利，下列选项正确的是：
A．张某的住宅不受侵犯权
B．张某的财产权
C．李某的劳动权
D．张某儿子的受教育权

333． 2013/1/25/单

关于《宪法》对人身自由的规定，下列哪一选项是不正确的？
A．禁止用任何方法对公民进行侮辱、诽谤和诬告陷害
B．生命权是《宪法》明确规定的公民基本权利，属于广义的人身自由权
C．禁止非法搜查公民身体
D．禁止非法搜查或非法侵入公民住宅

334. 2012/1/61/多
根据我国宪法规定,关于公民住宅不受侵犯,下列哪些选项是正确的?
A. 该规定要求国家保障每个公民获得住宅的权利
B. 《治安管理处罚法》第40条规定,非法侵入他人住宅的,视情节给予不同时日的行政拘留和罚款。该条规定体现了宪法保障住宅不受侵犯的精神
C. 《刑事诉讼法》第69条规定,被取保候审的犯罪嫌疑人、被告人未经执行机关批准不得离开所居住的市、县。该条规定是对《宪法》规定的公民住宅不受侵犯的合理限制
D. 住宅自由不是绝对的,公安机关、检察机关为了收集犯罪证据、查获犯罪嫌疑人,严格依法对公民住宅进行搜查并不违宪

335. 2012/1/63/多
根据《宪法》和法律的规定,下列哪些选项是不正确的?
A. 生命权是我国宪法明确规定的公民基本权利
B. 监督权包括批评建议权、控告检举权和申诉权
C. 《宪法》第43条第1款规定,中华人民共和国公民有休息的权利
D. 受教育既是公民的权利也是公民的义务

336. 2011/1/62/多
公民基本权利也称宪法权利。关于公民基本权利,下列哪些选项是正确的?
A. 人权是基本权利的来源,基本权利是人权宪法化的具体表现
B. 基本权利的主体主要是公民,在我国法人也可以作为基本权利的主体
C. 我国公民在行使自由和权利的时候,不得损害国家的、社会的、集体的利益和其他公民的合法的自由和利益
D. 权利和义务的平等性是我国公民基本权利和义务的重要特点

337. 2010/1/17/单
根据我国宪法关于公民基本权利的规定,下列哪一说法是正确的?
A. 我国公民在年老、疾病或者遭受自然灾害时有获得物质帮助的权利
B. 我国公民被剥夺政治权利,其出版自由也被剥夺
C. 我国公民有信仰宗教与公开传教的自由
D. 我国公民有任意休息的权利

338. 2009/1/23/单
关于文化教育权利是公民在教育和文化领域享有的权利和自由的说法,下列哪一选项是错误的?
A. 受教育既是公民的权利,又是公民的义务
B. 宪法规定的文化教育权利是公民的基本权利
C. 我国公民有进行科学研究、文学艺术创作和其他文化活动的自由
D. 同社会经济权利一样,文化教育权利属于公民的积极收益权

339. 2009/1/64/多
根据《宪法》规定,下列哪些权利是公民享有的监督权?
A. 罢免权
B. 集会、游行、示威自由
C. 批评和建议的权利
D. 申诉、控告或者检举的权利

340. 2008/1/17/单
根据现行《宪法》规定,关于公民权利和自由,下列哪一选项是正确的?
A. 劳动、受教育和依法服兵役既是公民的基本权利又是公民的基本义务
B. 休息权的主体是全体公民
C. 公民在年老、疾病或者未丧失劳动能力的情况下,有从国家和社会获得物质帮助的权利
D. 2004年《宪法修正案》规定,国家尊重和保障人权

341. 2008/1/60/多
我国《宪法》规定公民的住宅不受侵犯。下列哪些选项属于侵犯公民住宅的行为?
A. 非法侵入公民住宅
B. 非法搜查公民住宅
C. 非法买卖公民住宅
D. 非法出租公民住宅

考点50 公民的基本义务

342. 2014/1/24/单
王某为某普通高校应届毕业生,23岁,尚未就业。根据《宪法》和法律的规定,关于王某的权利义务,下列哪一选项是正确的?
A. 无需承担纳税义务
B. 不得被征集服现役
C. 有选举权和被选举权
D. 有休息的权利

343. 2012/1/62/多
根据《宪法》的规定,关于公民纳税义

务,下列哪些选项是正确的?
A. 国家在确定公民纳税义务时,要保证税制科学合理和税收负担公平
B. 要坚持税收法定原则,税收基本制度实行法律保留
C. 纳税义务直接涉及公民个人财产权,宪法纳税义务具有防止国家权力侵犯其财产权的属性
D. 履行纳税义务是公民享有其他权利的前提条件

专题十四 国家机构

考点51 我国国家机构的组织和活动原则

344. 2009/1/65/多

根据《宪法》和法律规定,下列哪些选项是正确的?
A. 中华人民共和国主席对全国人大及其常委会负责
B. 国务院对全国人大负责并报告工作,在全国人大闭会期间对全国人大常委会负责并报告工作
C. 最高人民法院、最高人民检察院对全国人大及其常委会负责
D. 中央军事委员会对全国人大负责并报告工作,在全国人大闭会期间对全国人大常委会负责并报告工作

考点52 全国人大及其常委会

345. 2021回忆/多

关于国家勋章和国家荣誉称号,下列说法哪些是正确的?
A. 国家勋章和国家荣誉称号是国家最高荣誉
B. 国务院可以向全国人大常委会提出授予国家勋章和国家荣誉称号的议案
C. 国家勋章与国家荣誉称号由全国人大常委会决定授予
D. 国家勋章和国家荣誉称号可以由全国人大常委会决定撤销

346. 2019回忆/多

2019年是中华人民共和国成立70周年,根据宪法,我国特赦了一批服刑人员。关于我国宪法规定的特赦制度,下列说法错误的是:
A. 我国2018年宪法修正案将特赦写进了宪法
B. 特赦由国家主席决定
C. 特赦令由最高人民法院院长发布
D. 特赦是法治原则的例外

347. 2017/1/26/单

根据《国家勋章和国家荣誉称号法》规定,下列哪一选项是正确的?
A. 共和国勋章由全国人大常委会提出授予议案,由全国人大决定授予
B. 国家荣誉称号为其获得者终身享有
C. 国家主席进行国事活动,可直接授予外国政要、国际友人等人士"友谊勋章"
D. 国家功勋簿是记载国家勋章和国家荣誉称号获得者的名录

348. 2016/1/64/多

根据《宪法》和法律的规定,关于全国人大代表的权利,下列哪些选项是正确的?
A. 享有绝对的言论自由
B. 有权参加决定国务院各部部长、各委员会主任的人选
C. 非经全国人大主席团或者全国人大常委会许可,一律不受逮捕或者行政拘留
D. 有五分之一以上的全国人大代表提议,可以临时召集全国人民代表大会会议

349. 2015/1/91/任

我国《宪法》第二条明确规定:"人民行使国家权力的机关是全国人民代表大会和地方各级人民代表大会。"关于全国人大和地方各级人大,下列选项正确的是:
A. 全国人大代表全国人民统一行使国家权力
B. 全国人大和地方各级人大是领导与被领导的关系
C. 全国人大在国家机构体系中居于最高地位,不受任何其他国家机关的监督
D. 地方各级人大设立常务委员会,由主任、副主任若干人和委员若干人组成

350. 2013/1/26/单

根据《宪法》规定,关于全国人大的专门委员会,下列哪一选项是正确的?
A. 各专门委员会在其职权范围内所作决议,具有全国人大及其常委会所作决定的效力
B. 各专门委员会的主任委员、副主任委员由全国人大及其常委会任命
C. 关于特定问题的调查委员会的任期与全国人大及其常委会的任期相同
D. 全国人大及其常委会领导专门委员会的工作

351. 2011/1/24/单

根据《宪法》和法律规定,关于人民代表大会制度,下列哪一选项是不正确的?

A. 人民代表大会制度体现了一切权力属于人民的原则
B. 地方各级人民代表大会是地方各级国家权力机关
C. 全国人民代表大会是最高国家权力机关
D. 地方各级国家权力机关对最高国家权力机关负责,并接受其监督

352. 2011/1/61/多
根据《宪法》和《立法法》规定,关于全国人大常委会委员长会议,下列哪些选项是正确的?
A. 委员长会议可以向常委会提出法律案
B. 列入常委会会议议程的法律案,一般应当经3次委员长会议审议后再交付常委会表决
C. 经委员长会议决定,可以将列入常委会会议议程的法律案草案公布,征求意见
D. 专门委员会之间对法律草案的重要问题意见不一致时,应当向委员长会议报告

353. 2010/1/20/单 新法改编
在必要的时候,下列哪一机构有权决定全国人民代表大会会议秘密举行?
A. 十个以上代表团联名
B. 全国人大常委会委员长会议
C. 全国人大主席团会议
D. 全国人大常委会和全国人大主席团

354. 2010/1/64/多
关于全国人大职权,下列哪些说法是正确的?
A. 选举国家主席、副主席
B. 选举国务院总理、副总理
C. 选举最高人民法院院长、最高人民检察院检察长
D. 决定特别行政区的设立与建置

355. 2010/1/93/任
关于全国人大及其常委会的质询权,下列说法正确的是:
A. 全国人大会议期间,一个代表团可书面提出对国务院的质询案
B. 全国人大会议期间,三十名以上代表联名可书面提出对国务院各部的质询案
C. 全国人大常委会会议期间,常委会组成人员十人以上可书面提出对国务院各委员会的质询案
D. 全国人大常委会会议期间,委员长会议可书面提出对国务院的质询案

356. 2009/1/20/单
根据《全国人大组织法》规定,下列关于全国人大代表团的哪一说法是正确的?
A. 代表团团长、副团长由各代表团全体成员选举产生
B. 两个代表团以上可以向全国人大提出属于全国人大职权范围内的议案
C. 三个以上的代表团可以提出对于全国人大常委会的组成人员,国家主席、副主席,国务院和中央军事委员会的组成人员,最高人民法院院长和最高人民检察院检察长的罢免案
D. 一个代表团和三十名以上的代表可以联合提出对国务院及其各部、各委员会的质询案

357. 2008/1/63/多
根据我国《立法法》的规定,下列哪些主体既可以向全国人民代表大会,也可以向全国人民代表大会常务委员会提出法律案?
A. 国务院
B. 中央军事委员会
C. 全国人民代表大会各专门委员会
D. 三十名以上全国人民代表大会代表联名

358. 2008/1/64/多
全国人民代表大会宪法和法律委员会以及其他有关专门委员会经审认为报全国人大常委会备案的司法解释与法律相抵触,而有关解释机关不予修改或废止的,宪法和法律委员会以及其他有关专门委员会可依法采取下列哪些措施?
A. 可以决定撤销该司法解释
B. 可以提出要求作出司法解释的机关予以修改、废止的议案
C. 可以提出由全国人大常委会作出立法解释的议案
D. 将该司法解释发回,发回后立即失效,但失效不具有溯及力

359. 2008/1/94/任
根据《宪法》和法律的规定,下列表述错误的是:
A. 全国人大代表在全国人大各种会议上的活动不受法律追究
B. 在全国人大闭会期间,全国人大代表未经选举单位人大常委会批准,不受逮捕和刑事审判
C. 全国人大代表受原选举单位的监督
D. 全国人大代表在全国人民代表大会开会期间,有权提出对国务院或者国务院各部、各委员会的质询案

考点 53 国家主席

360． 2011/1/86/任

根据《宪法》和《组织法》的规定,下列选项正确的是：

A. 地方各级人大代表非经本级人大主席团许可,在大会闭会期间非经本级人大常委会许可,不受逮捕或刑事审判

B. 乡、民族乡、镇的人大主席、副主席不得担任国家行政机关的职务

C. 审计机关依照法律独立行使审计权,不受行政机关、社会团体和个人的干涉

D. 中华人民共和国主席根据全国人大常委会的决定,进行国事活动

考点 54 中央军委

361． 2015/1/26/单

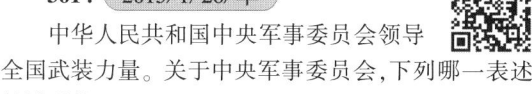

中华人民共和国中央军事委员会领导全国武装力量。关于中央军事委员会,下列哪一表述是错误的？

A. 实行主席负责制
B. 每届任期与全国人大相同
C. 对全国人大及其常委会负责
D. 副主席由全国人大选举产生

考点 55 国务院

362． 2015/1/93/任

预算制度的目的是规范政府收支行为,强化预算监督。根据《宪法》和法律的规定,关于预算,下列表述正确的是：

A. 政府的全部收入和支出都应当纳入预算
B. 经批准的预算,未经法定程序,不得调整
C. 国务院有权编制和执行国民经济和社会发展计划、国家预算
D. 全国人大常委会有权审查和批准国家的预算和预算执行情况的报告

363． 2010/1/61/多

根据《宪法》规定,关于国务院的说法,下列哪些选项是正确的？

A. 国务院由总理、副总理、国务委员、秘书长组成
B. 国务院常务会议由总理、副总理、国务委员、秘书长组成
C. 国务院有权改变或者撤销地方各级国家行政机关的不适当的决定和命令
D. 国务院依法决定省、自治区、直辖市的范围内部分地区进入紧急状态

364． 2008/1/65/多

根据我国《宪法》和法律的规定,下列哪些人员是国务院组成人员？

A. 外交部副部长
B. 国家发展和改革委员会主任
C. 国有资产监督管理委员会主任
D. 审计署审计长

考点 56 地方各级人大与政府

365． 2023 回忆/多

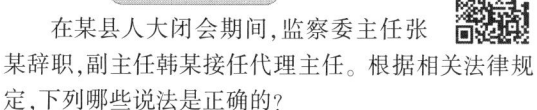

在某县人大闭会期间,监察委主任张某辞职,副主任韩某接任代理主任。根据相关法律规定,下列哪些说法是正确的？

A. 张某应当向县人大常委会提出辞职
B. 张某辞职应当由县人大常委会全体组成人员的过半数通过
C. 韩某应当由县人大常委会任命
D. 韩某被任命后,应当报市监察委备案

366． 2022 回忆/多

关于区域协同立法与区域合作,下列哪些说法是正确的？

A. 可以开展区域协同立法的主体限于省、自治区、直辖市的人民代表大会及其常委会
B. 区域协同立法不能同宪法、法律、行政法规相抵触
C. 县级以上人民政府可以共同建立跨行政区划的区域协同发展工作机制,加强区域合作
D. 上级人民政府领导下级人民政府的区域合作工作

367． 2016/1/65/多

国家实行审计监督制度。为加强国家的审计监督,全国人大常委会于1994年通过了《审计法》,并于2006年进行了修正。关于审计监督制度,下列哪些理解是正确的？

A.《审计法》的制定与执行是在实施宪法的相关规定
B. 地方各级审计机关对本级人大常委会和上一级审计机关负责
C. 国务院各部门和地方各级政府的财政收支当依法接受审计监督
D. 国有的金融机构和企业事业组织的财务收支应当依法接受审计监督

368． 2016/1/66/多

甲市政府对某行政事业性收费项目的依据和标准迟迟未予公布,社会各界意见较大。关于这一问题的表述,下列哪些选项是正确的？

A. 市政府应当主动公开该收费项目的依据和标准
B. 市政府可向市人大常委会要求就该类事项作

专项工作报告
C. 市人大常委会组成人员可依法向常委会书面提出针对市政府不公开信息的质询案
D. 市人大举行会议时,市人大代表可依法书面提出针对市政府不公开信息的质询案

369． 2014/1/26/单
根据《监督法》的规定,关于监督程序,下列哪一选项是不正确的?
A. 政府可委托有关部门负责人向本级人大常委会作专项工作报告
B. 以口头答复的质询案,由受质询机关的负责人到会答复
C. 特定问题调查委员会在调查过程中,应当公布调查的情况和材料
D. 撤职案的表决采用无记名投票的方式,由常委会全体组成人员的过半数通过

370． 2014/1/60/多
根据《宪法》和法律的规定,关于国家机构,下列哪些选项是正确的?
A. 全国人民代表大会代表受原选举单位的监督
B. 中央军事委员会实行主席负责制
C. 地方各级审计机关依法独立行使审计监督权,对上一级审计机关负责
D. 市辖区的政府经本级人大批准可设立若干街道办事处,作为派出机关

371． 2013/1/91/任
根据《宪法》和《监督法》的规定,关于各级人大常委会依法行使监督权,下列选项正确的是:
A. 各级人大常委会行使监督权的情况,应当向本级人大报告,接受监督
B. 全国人大常委会可以委托下级人大常委会对有关法律、法规在本行政区域内的实施情况进行检查
C. 质询案以书面答复的,由受质询的机关的负责人签署
D. 依法设立的特定问题调查委员会在调查过程中,可以不公布调查的情况和材料

372． 2011/1/88/任
根据《宪法》和《监督法》的规定,下列选项正确的是:
A. 县级以上地方各级政府应当在每年6月至9月期间,将上一年度的本级决算草案提请本级人大常委会审查和批准
B. 人大常委会认为必要时,可以对审计工作报告作出决议;本级政府应在决议规定的期限内,将执行决议的情况向常委会报告
C. 最高法院作出的属于审判工作中具体应用法律的解释,应当在公布之日起30日内报全国人大常委会备案
D. 撤职案的表决采取记名投票的方式,由常委会全体组成人员的过半数通过

373． 2010/1/22/单
根据《宪法》和《地方组织法》规定,下列哪一选项是正确的?
A. 县级以上的地方各级人民代表大会常务委员会由主任、副主任若干人,秘书长、委员若干人组成
B. 县级以上的地方各级人民代表大会常务委员会根据需要,可以设法制(政法)委员会等专门委员会
C. 县级以上的地方各级人民代表大会可以组织关于特定问题的调查委员会
D. 县级以上的地方各级人民代表大会会议由本级人民代表大会常务委员会召集并主持

374． 2009/1/61/多
关于撤职案的审议和决定,下列哪些选项符合《监督法》规定?
A. 县长可以向县人大常委会提出撤销个别副县长职务的撤职案
B. 县级以上地方各级人大常委会主任会议可以依法向本级人大常委会提出撤职案
C. 撤职案应当写明撤职的对象和理由并提供有关材料
D. 撤职案由人大常委会全体组成人员的三分之二以上的多数通过

375． 2009/1/94/任
根据《地方组织法》规定,关于地方各级人民政府工作部门的设立,下列选项正确的是?
A. 县人民政府设立审计机关
B. 县人民政府工作部门的设立、增加、减少或者合并由县人大批准,并报上一级人民政府备案
C. 县人民政府在必要时,经上级人民政府批准,可以设立若干公所作为派出机关
D. 县人民政府的工作部门受县人民政府统一领导,并且依照法律或者行政法规的规定受上级人民政府主管部门的业务指导或者领导

376． 2008/1/18/单
根据《各级人民代表大会常务委员会监督法》的规定,各级人大常务委员会对属于其职权范围内的事项,需要作出决议、决定,但对有关重大事实不清的,可以组织特定问题的调查委员会。关于特

定问题的调查委员会,下列哪一选项是正确的?
- A. 经五分之一以上常务委员会组成人员书面联名提议或有关专门委员会提议,可以组织关于特定问题的调查委员会
- B. 经调查委员会聘请,有关专家可以作为调查委员会的委员参加调查工作
- C. 调查委员会在调查过程中,可以不公布调查的情况和材料
- D. 调查委员会应当向有关专门委员会提出调查报告

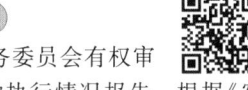

377． 2008/1/93/任
各级人民代表大会常务委员会有权审查和批准决算、听取预算的执行情况报告。根据《宪法》和《监督法》的规定,下列表述正确的是:
- A. 县级以上地方各级人民政府应当在每年六月至九月期间,将上一年度的本级决算草案提请本级人大常委会审查和批准
- B. 国务院应当在每年六月至九月期间向全国人大常委会报告本年度上一阶段预算的执行情况
- C. 预算安排的农业、教育、科技、文化、卫生、社会保障等资金需要调减的,国务院和县级以上地方各级人民政府应当提请本级人大常委会审查和批准
- D. 上级财政补助资金的安排和使用情况,是地方各级人大常委会对决算草案和预算执行情况重点审查的内容之一

考点57 监察委员会

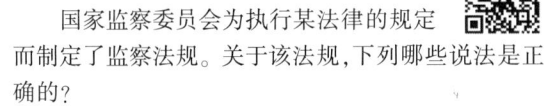

378． 2022 回忆/多
国家监察委员会为执行某法律的规定而制定了监察法规。关于该法规,下列哪些说法是正确的?
- A. 应当经国家监察委员会全体会议决定
- B. 需报全国人大常委会批准
- C. 需报全国人大常委会备案
- D. 由国家监察委员会报全国人大常委会发布公告予以公布

379． 2019 回忆/多
关于国家监察机关,下列说法错误的是:
- A. 国家监察委员会是最高国家监察机关,负责全国监察工作
- B. 国家监察委员会对全国人大及其常委会负责并报告工作
- C. 监察委员会依照法律规定独立行使监察权,不受任何机关的干涉
- D. 监察机关办理职务违法和职务犯罪案件,应当与审判机关、检察机关、执法部门互相配合,互相制约

考点58 司法机关

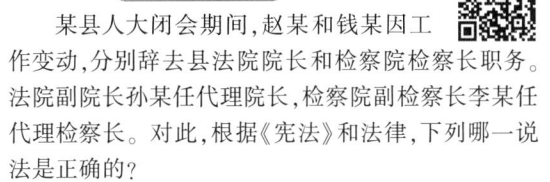

380． 2017/1/27/单
某县人大闭会期间,赵某和钱某因工作变动,分别辞去县法院院长和检察院检察长职务。法院副院长孙某任代理院长,检察院副检察长李某任代理检察长。对此,根据《宪法》和法律,下列哪一说法是正确的?
- A. 赵某的辞职请求向县人大常委会提出,由县人大常委会决定接受辞职
- B. 钱某的辞职请求由上一级检察院检察长向该级人大常委会提出
- C. 孙某出任代理院长由县人大常委会决定,报县人大批准
- D. 李某出任代理检察长由人大常委会决定,报上一级检察院和人大常委会批准

专题十五　宪法的实施与监督

考点59 宪法实施、宪法解释与宪法监督

381． 2020 回忆/单
关于合宪性审查和备案审查,下列哪一项说法是正确的?
- A. 备案审查是指对规范性文件的事前审查
- B. 全国人大常委会备案审查的对象包括行政法规、规章、司法解释
- C. 合宪性审查的主体是全国人大宪法和法律委员会
- D. 合宪性审查的对象包括规范性文件和具体行为

382． 2018 回忆/多
关于合宪性审查,下列哪些说法是正确的?
- A. 合宪性审查的对象是规范性法律文件,不涉及具体行为
- B. 2018年宪法修正案将"法律委员会"更名为"宪法和法律委员会",其在法律草案的审议中发挥着合宪性审查的功能
- C. 我国合宪性审查的主体是全国人大及其常委会
- D. 我国采取附带性审查的宪法监督制度

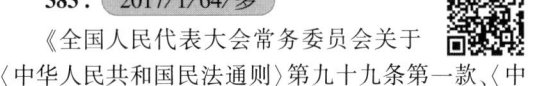

383． 2017/1/64/多
《全国人民代表大会常务委员会关于〈中华人民共和国民法通则〉第九十九条第一款、〈中

华人民共和国婚姻法〉第二十二条的解释》规定:"公民依法享有姓名权。公民行使姓名权,还应当尊重社会公德,不得损害社会公共利益。"关于该解释,下列哪些选项是正确的?

A. 我国宪法明确规定了姓名权,故该解释属于宪法解释
B. 与《民法通则》和《婚姻法》具有同等效力
C. 由全国人大常委会发布公告予以公布
D. 法院可在具体审判过程中针对个案对该解释进行解释

384. 2017/1/66/多

根据《立法法》,关于规范性文件的备案审查制度,下列哪些选项是正确的?

A. 全国人大有关的专门委员会可对报送备案的规范性文件进行主动审查
B. 自治县人大制定的自治条例与单行条例应按程序报全国人大常委会和国务院备案
C. 设区的市市政府制定的规章应报本级人大常委会、市所在的省级人大常委会和政府、国务院备案
D. 全国人大宪法和法律委员会经审查认为地方性法规同宪法相抵触而制定机关不予修改的,应向委员长会议提出予以撤销的议案或者建议

385. 2016/1/94/任

根据《宪法》和法律,关于我国宪法监督方式的说法,下列选项正确的是:

A. 地方性法规报全国人大常委会和国务院备案,属于事后审查
B. 自治区人大制定的自治条例报全国人大常委会批准后生效,属于事先审查
C. 全国人大常委会应国务院的书面审查要求对某地方性法规进行审查,属于附带性审查
D. 全国人大常委会只有在相关主体提出对某规范性文件进行审查的要求或建议时才启动审查程序

386. 2015/1/94/任

宪法解释是保障宪法实施的一种手段和措施。关于宪法解释,下列选项正确的是:

A. 由司法机关解释宪法的做法源于美国,也以美国为典型代表
B. 德国的宪法解释机关必须结合具体案件对宪法含义进行说明
C. 我国的宪法解释机关对宪法的解释具有最高的、普遍的约束力

D. 我国国务院在制定行政法规时,必然涉及对宪法含义的理解,但无权解释宪法

387. 2012/1/22/单

关于宪法实施,下列哪一选项是不正确的?

A. 宪法的遵守是宪法实施最基本的形式
B. 制度保障是宪法实施的主要方式
C. 宪法解释是宪法实施的一种方式
D. 宪法适用是宪法实施的重要途径

388. 2009/1/17/单

由专门机关负责保障宪法实施的规定始于下列哪一部宪法?

A. 1958年法国宪法
B. 1787年美国宪法
C. 1799年法国宪法
D. 1908年苏俄宪法

389. 2008/1/14/单

关于改变或者撤销法律、法规、自治条例和单行条例、规章的权限,下列哪一选项符合《立法法》的规定?

A. 全国人民代表大会有权改变或者撤销全国人民代表大会常务委员会批准的违背《宪法》和《立法法》相关规定的自治条例和单行条例
B. 省、自治区、直辖市的人民代表大会有权改变或者撤销其常务委员会制定的和批准的不适当的地方性法规
C. 地方人民代表大会常务委员会有权改变或者撤销本级人民政府制定的不适当的规章
D. 授权机关有权改变被授权机关制定的超越授权范围或者违背授权目的的法规

考点60 宪法宣誓

390. 2016/1/61/多

《全国人民代表大会常务委员会关于实行宪法宣誓制度的决定》于2016年1月1日起实施。关于宪法宣誓制度的表述,下列哪些选项是正确的?

A. 该制度的建立有助于树立宪法的权威
B. 宣誓场所应当悬挂中华人民共和国国旗或者国徽
C. 宣誓主体限于各级政府、法院和检察院任命的国家工作人员
D. 最高法院副院长、审判委员会委员进行宣誓的仪式由最高法院组织

司法制度和法律职业道德 [试题]

扫一扫,"码"上做题

微信扫码,即可线上做题、看解析。
多种做题模式:章节自测、单科集训、随机演练等。

专题十六 中国特色社会主义司法制度

考点61 中国特色社会主义司法制度概述

391. 〔2023 回忆/单〕
公正是法治的生命线,公正司法是维护社会公平正义的最后一道防线。下列哪一论断符合公正司法的要求?
A. 保障犯罪嫌疑人的辩护权利体现了司法的参与性
B. 法院杜绝不正之风体现了司法的公开性
C. 检察院禁止收受礼金体现了司法结果的正确性
D. 禁止司法人员与诉讼参与人私下接触体现了司法的中立性

392. 〔2017/1/46/单〕
中国特色社会主义司法制度是一个科学系统,既包括体制机制运行体系,也包括理念文化等丰富内容。关于我国司法制度的理解,下列哪一选项是正确的?
A. 我国司法制度主要由四个方面的体系构成:司法规范体系、司法组织体系、司法制度体系、司法文化体系
B. 司法组织体系主要包括审判组织体系、律师组织体系、公证组织体系
C. 人民调解制度和死刑复核制度是独具中国特色的司法制度,司法解释制度和案例指导制度是中外通行的司法制度
D. 各项司法制度既是司法机关职责分工、履行职能的依据和标准,也是监督和规范司法行为的基本规则

393. 〔2017/1/98/任〕 改编
建立领导干部、司法机关内部人员过问案件记录和责任追究制度,规范司法人员与当事人、律师、特殊关系人、中介组织接触交往行为,有利于保障依法独立行使审判权和检察权。据此,下列做法正确的是:
A. 某案承办检察官告知其同事可按规定为案件当事人转递涉案材料
B. 某法官在参加法官会议时,提醒承办法官充分考虑某案被告家庭现状
C. 某检察院副检察长依职权对其他检察官的在办案件提出书面指导性意见
D. 某法官在参加研讨会中偶遇在办案件当事人的律师,拒绝其研讨案件的要求并向法院纪检部门报告

394. 〔2016/1/45/单〕
司法活动的公开性是体现司法公正的重要方面,要求司法程序的每一阶段和步骤都应以当事人和社会公众看得见的方式进行。据此,按照有关文件和规定精神,下列哪一说法是正确的?
A. 除依法不在互联网公布的裁判文书外,法院的生效裁判文书均应在互联网公布
B. 检察院应通过互联网、电话、邮件、检察窗口等方式向社会提供案件程序性信息查询服务
C. 监狱狱务因特殊需要不属于司法公开的范围
D. 律师作为诉讼活动的重要参与者,其制作的代理词、辩护词等法律文书应向社会公开

395. 〔2016/1/98/任〕
司法人员恪守司法廉洁,是司法公正与公信的基石和防线。违反有关司法廉洁及禁止规定将受到严肃处分。下列属于司法人员应完全禁止的行为是:
A. 为当事人推荐、介绍诉讼代理人、辩护人
B. 为律师、中介组织介绍案件
C. 在非工作场所接触当事人、律师、特殊关系人
D. 向当事人、律师、特殊关系人借用交通工具

396. 〔2015/1/45/单〕
保证公正司法,提高司法公信力,一个重要的方面是加强对司法活动的监督。下列哪一做法属于司法机关内部监督?
A. 建立生效法律文书统一上网和公开查询制度
B. 逐步实行人民陪审员只参与审理事实认定、不再审理法律适用问题
C. 检察院办案中主动听取并重视律师意见
D. 完善法官、检察官办案责任制,落实谁办案谁负责

理论法 [试题] · 55 ·

397． 2014/1/45/单

司法公正体现在司法活动各个方面和对司法人员的要求上。下列哪一做法体现的不是司法公正的内涵？

A. 甲法院对社会关注的重大案件通过微博直播庭审过程

B. 乙法院将本院公开审理后作出的判决书在网上公布

C. 丙检察院为辩护人查阅、摘抄、复制案卷材料提供便利

D. 丁检察院为暴力犯罪的被害人提供医疗和物质救助

398． 2013/1/83/多

我国司法承担着实现公平正义的使命,据此,下列哪些说法能够成立？

A. 中国特色社会主义司法制度是我国实现公平正义的重要保障

B. 司法通过解决纠纷这一主要功能,维持社会秩序和正义

C. 没有司法效率,谈不上司法公正,公平正义也将难以实现,因此应当选择"公正优先,兼顾效率"的价值目标

D. 在符合法律基本原则的前提下,司法兼顾法理和情理更利于公平正义的实现

399． 2011/1/46/单

关于我国司法制度,下列哪一选项是错误的？

A. 我国实行两审终审、人民陪审员、审判公开等审判制度,促进实现审判活动科学化、规范化

B. 基层法院除审判案件外,还处理不需要开庭审判的民事纠纷和轻微的刑事案件,但不能指导人民调解委员会的工作

C. 我国实行立案监督、侦查监督、审判监督等检察制度,实现对诉讼活动的法律监督

D. 检察官独立不同于"除了法律没有上司"的法官独立,要受到"检察一体化"的限制

400． 2011/1/84/多

关于司法公正及实体公正、程序公正问题的理解,下列哪些表述是正确的？

A. 司法公正是法治的组成部分和基本内容,是民众对法制的必然要求,司法公正包括实体公正和程序公正两个方面

B. 追求实体公正,是我国司法制度和法律职业道德的基本准则,主要指努力发现案件事实真相和正确适用实体法律

C. 程序公正包括当事人平等地参与、严格遵循法定程序及法官的居中裁判等,保证当事人受到公平对待

D. 根据形势及效率需要,可在有关司法过程中将"类推"和"自由心证"作为司法公正的补充手段

401． 2010/1/47/单

关于司法功能的表述,下列哪一选项是错误的？

A. 司法具有解决纠纷、调整社会关系的直接功能和解释、补充法律及形成公共政策、秩序维持、文化支持等间接功能

B. 司法要求司法活动的公开性、裁判人员的中立性、当事人地位的平等性、司法过程的参与性、司法活动的合法性、案件处理的正确性

C. 我国晋代刘颂认为应该严格区分君臣在实现司法公正方面的职责

D. 英国哲学家培根强调司法公正的重要性："一次不公的判断比多次不平的举动为祸尤烈。因为这些不平的举动不过弄脏了水流,而不公的判断则把水源败坏了"

402． 2009/1/47/单

关于司法和司法制度,下列哪一选项是错误的？

A. 现代社会,司法构成社会纠纷解决体系中最具普适性的方式,法院已成为最主要的纠纷解决主体

B. 法官自由裁量应力求达到合法与合理高度统一,尽可能地减少法律适用过程中的不确定性,防止司法擅断与专横

C. 通过对不同的案件采用不同的诉讼费用分担机制,能够影响诉讼各方的行为方式,实现诉讼费用的"配置效率"

D. 司法机关特别是最高法院参与公共政策的制定,表现出司法权在国家权力配置与运作中的越位

403． 2009/1/48/单

效率与公正都是理想型司法追求的目标,同时也是理想型司法应具备的两个基本要素。关于两者的关系,下列哪一说法是错误的？

A. 司法效率和司法公正是相辅相成的

B. 根据我国司法现状应当作出"公正优先、兼顾效率"的价值选择

C. 细化诉讼程序通常导致效率低下,效率和公正难以兼得

D. 司法工作人员提高业务水平,勤勉敬业,有利于促进司法公正和效率

404． 2008/1/47/单

关于司法和司法制度,下列哪一选项是正确的?

A. 效率是司法的内在要求和本质反映,是法治的灵魂和核心,强调的是尽可能地快速解决纠纷、多解决纠纷,尽可能地节省和充分利用各种司法资源

B. 从总体上看,司法具有解决纠纷的直接功能和调整社会关系、解释和补充法律、形成公共政策、秩序维持、文化支持等间接功能

C. 根据现代司法的特点,一切案件或纠纷,一旦进入司法程序,由司法机关依法作出生效的判决、裁定或决定,任何机关和个人都不应再作处理

D. 德国和法国虽然政治制度相同,但德国建立了联邦和州两套法院机构,法国则建立了全国统一的法院机构

考点62 法律职业道德

405． 2017/1/83/多

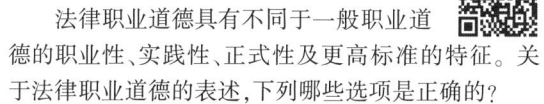

法律职业道德具有不同于一般职业道德的职业性、实践性、正式性及更高标准的特征。关于法律职业道德的表述,下列哪些选项是正确的?

A. 法律职业人员专业水平的发挥与职业道德水平的高低具有密切联系

B. 法律职业道德基本原则和规范的形成,与法律职业实践活动紧密相连

C. 纵观伦理发展史和法律思想史,法律职业道德的形成与"实证法"概念的阐释密切相关

D. 法律职业道德基本原则是对每个法律从业人员职业行为进行职业道德评价的标准

406． 2016/1/83/多

法律在社会中负有分配社会资源、维持社会秩序、解决社会冲突、实现社会正义的功能,这就要求法律职业人员具有更高的法律职业道德水准。据此,关于提高法律职业道德水准,下列哪些表述是正确的?

A. 法律职业道德主要是法律职业本行业在职业活动中的内部行为规范,不是本行业对社会所负的道德责任和义务

B. 通过长期有效的职业道德教育,使法律职业人员形成正确的职业道德认识、信念、意志和习惯,促进道德内化

C. 以法律、法规、规范性文件等形式赋予法律职业道德以更强的约束力和强制力,加强道德监督,形成他律机制

D. 法律职业人员违反法律职业道德和纪律的,应当依照有关规定予以惩处,通过惩处教育本人及其他人员

407． 2014/1/85/多

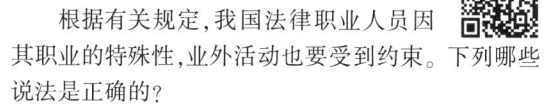

根据有关规定,我国法律职业人员因其职业的特殊性,业外活动也要受到约束。下列哪些说法是正确的?

A. 法律职业人员在本职工作和业外活动中均应严格要求自己,维护法律职业形象和司法公信力

B. 业外活动是法官、检察官行为的重要组成部分,在一定程度上也是司法职责的延伸

C.《律师执业行为规范》规定了律师在业外活动中不得为的行为

D.《公证员职业道德基本准则》要求公证员应当具有良好的个人修养和品行,妥善处理个人事务

408． 2013/1/45/单

关于法律职业道德,下列哪一表述是不正确的?

A. 基于法律和法律职业的特殊性,法律职业人员被要求承担更多的社会义务,具有高于其他职业的职业道德品行

B. 互相尊重、相互配合为法律职业道德的基本原则,这就要求检察官、律师尊重法官的领导地位,在法庭上听从法官的指挥

C. 选择合适的内化途径和适当的内化方法,才能使法律职业人员将法律职业道德规范融进法律职业精神中

D. 法律职业道德教育的途径和方法,包括提高法律职业人员道德认识、陶冶法律职业人员道德情感、养成法律职业人员道德习惯等

409． 2012/1/46/单

关于法律职业道德的理解,下列哪一说法不能成立?

A. 法律职业道德与其他职业道德相比,具有更强的公平正义象征和社会感召作用

B. 法律职业道德与一般社会道德相比,具有更强的约束性

C. 法律职业道德的内容多以纪律规范形式体现,具有更强的操作性

D. 法律职业道德通过严格程序实现,具有更强的外在强制性

410． 2012/1/47/单

法官、检察官、律师等法律职业主管机关就3个职业在诉讼活动中的相互关系,出台了一系列规定。下列哪一说法是正确的?

A. 这些规定的目的是加强职业纪律约束,促进维护司法公正
B. 这些规定具有弥补履行职责上地位不平等,利于发挥各自作用的意义
C. 这些规定允许必要时适度突破职权限制、提高司法效率
D. 这些规定主要强调配合,不涉及互相制约关系的内容

411. 2010/1/49/单
关于司法制度与法律职业的表述,下列哪一选项不能成立?
A. 为了客观、中立、公正地进行事实判断、解决纷争,在组织技术上,司法机关只服从法律,不受上级机关、行政机关的干涉
B. 根据检察权统一行使原则,我国各级检察机关构成不可分割的统一整体,其特点是在行使职权、执行职务时实行"上命下从";每个检察机关和检察官的活动是检察机关全部活动的有机组成部分,均需依照法律赋予的权力进行
C. 法律职业以法官、检察官、律师为代表,法律职业之间具备同质性而无行业属性,因此多数国家规定担任法官、检察官、律师须通过专门培养和训练
D. 法律职业道德的基本原则是指法律职业道德的基本尺度、基本纲领和基本要求。法律职业道德的基本原则主要包括忠实执行宪法和法律、互相尊重互相配合、清正廉洁遵纪守法等方面

考点63 审判制度

412. 2019回忆/多
关于法官的惩戒,下列哪些项说法是正确的?
A. 某省高级人民法院欲设立法官惩戒委员会,负责对违反审判职责的法官进行惩戒
B. 法官惩戒委员会由法官代表,其他从事法律职业的人员和有关方面代表组成,其中法官代表不少于半数
C. 惩戒委员会依照有关规定对法官作出是否予以惩戒的决定,人民法院依照惩戒委员会的决定给予相应处理
D. 法官惩戒委员会审议惩戒事项时,当事人有权申请有关人员回避,有权进行陈述、举证、辩解

413. 2019回忆/多
孙某和钱某系夫妻,下列哪些说法是错误的?

A. 孙某担任民一庭庭长,则钱某不得担任同一法院民二庭的审判员
B. 孙某担任甲市中级人民法院院长,则钱某不得担任甲市乙县人民法院的审判员
C. 孙某在钱某任职法官的人民法院辖区内的律师事务所担任合伙人,则钱某应当实行任职回避
D. 孙某在钱某任职法官的人民法院辖区内担任诉讼代理人,则钱某应当实行任职回避

414. 2017/1/47/单
随着法院案件受理制度改革的落实,当事人诉权得到进一步保障。关于行政诉讼立案登记制的理解和执行,下列哪一选项是正确的?
A. 立案登记制有助于实现司法效率,更有助于强化司法的应然功能
B. 对当事人提交的起诉状存在的欠缺和错误,法院应主动给予指导和释明,并一次性告知需要补正的内容
C. 如不能当场判定起诉是否符合规定,法院应接收起诉状,并口头告知当事人注意接听电话通知
D. 对法院既不立案也不做出不予立案裁定的,当事人可以向上一级法院投诉,但不可向上一级法院起诉

415. 2017/1/48/单
张法官与所承办案件当事人的代理律师系某业务培训班同学,偶有来往,为此张法官向院长申请回避,经综合考虑院长未予批准。张法官办案中与该律师依法沟通,该回避事项虽被对方代理人质疑,但审判过程和结果受到一致肯定。对照《法官职业道德基本准则》,张法官的行为直接体现了下列哪一要求?
A. 严格遵守审限
B. 约束业外活动
C. 坚持司法便民
D. 保持中立地位

416. 2017/1/99/任
最高法院设立巡回法庭有利于方便当事人诉讼、保证案件审理更加公平公正。关于巡回法庭的性质及职权,下列说法正确的是:
A. 巡回法庭是最高法院的派出机构、常设审判机构
B. 巡回法庭作出的一审判决当事人不服的,可向最高法院申请复议一次
C. 巡回法庭受理本巡回区内不服高级法院一审民事、行政裁决提起的上诉

D. 巡回区内应由最高法院受理的死刑复核、国家赔偿等案件仍由最高法院本部审理或者办理

417． 2016/1/84/多

法院的下列哪些做法是符合审判制度基本原则的？

A. 某法官因病住院，甲法院决定更换法官重新审理此案
B. 某法官无正当理由超期结案，乙法院通知其三年内不得参与优秀法官的评选
C. 对某社会高度关注案件，当地媒体多次呼吁法院尽快结案，丙法院依然坚持按期审结
D. 因人身损害纠纷，原告要求被告赔付医疗费，丁法院判决被告支付全部医疗费及精神损害赔偿金

418． 2015/1/46/单

职业保障是确保法官、检察官队伍稳定、发展的重要条件，是实现司法公正的需要。根据中央有关改革精神和《法官法》、《检察官法》规定，下列哪一说法是错误的？

A. 对法官、检察官的保障由工资保险福利和职业（履行职务）两方面保障构成
B. 完善职业保障体系，要建立符合职业特点的法官、检察官管理制度
C. 完善职业保障体系，要建立法官、检察官专业职务序列和工资制度
D. 合理的退休制度也是保障制度的重要组成部分，应予高度重视

419． 2014/1/46/单

关于法官在司法活动中如何理解司法效率，下列哪一说法是不正确的？

A. 司法效率包括司法的时间效率、资源利用效率和司法活动的成本效率
B. 在遵守审理期限义务上，对法官职业道德上的要求更加严格，应力求在有限内尽快完成职责
C. 法官采取程序性措施时，应严格依法并考虑效率方面的代价
D. 法官应恪守中立，不主动督促当事人或其代理人完成诉讼活动

420． 2014/1/83/多

司法与行政都是国家权力的表现形式，但司法具有一系列区别于行政的特点。下列哪些选项体现了司法区别于行政的特点？

A. 甲法院审理一起民事案件，未按照上级法院的指示作出裁判
B. 乙法院审理一起刑事案件，发现被告人另有罪行并建议检察院补充起诉，在检察院补充起诉后对所有罪行一并作出判决
C. 丙法院邀请人大代表对其审判活动进行监督
D. 丁法院审理一起行政案件，经过多次开庭审理，在原告、被告及其他利害关系人充分举证、质证、辩论的基础上作出判决

421． 2013/1/46/单

关于法官任免和法官行为，下列哪一说法是正确的？

A. 唐某系某省高院副院长，其子系该省某县法院院长。对唐某父子应适用任职回避规定
B. 楼法官以交通肇事罪被判处有期徒刑一年、缓刑一年。对其无须免除法官职务
C. 白法官将多年办案体会整理为《典型案件法庭审理要点》，被所在中级法院推广到基层法院，收效显著。对其应予以奖励
D. 陆法官在判决书送达后，发现误将上诉期15日写成了15月，立即将判决收回，做出新判决书次日即交给当事人。其行为不违反法官职业规范规定

考点64 检察制度

422． 2018 回忆/多

关于法官、检察官的任职条件，下列哪些说法是错误的？

A. 张律师的律师执业证书被注销，则张律师不得担任法官
B. 王法官可以担任仲裁员，但不得收取任何费用
C. 周检察官从检察院离任后2年内，任何情况下均不得担任原任职检察院办理案件的诉讼代理人或者辩护人
D. 郑检察官被辞退后，不得担任诉讼代理人或者辩护人，但是作为当事人的监护人或者近亲属代理诉讼或者进行辩护的除外

423． 2016/1/47/单

检察一体原则是指各级检察机关、检察官依法构成统一的整体，下级检察机关、下级检察官应当根据上级检察机关、上级检察官的批示和命令开展工作。据此，下列哪一表述是正确的？

A. 各级检察院实行检察委员会领导下的检察长负责制
B. 上级检察院可建议而不可直接变更、撤销下级检察院的决定
C. 在执行检察职能时，相关检察院有协助办案检察院的义务
D. 检察官之间在职务关系上可相互承继而不可相互移转和代理

424． 2015/1/47/单

根据中央司法体制改革要求及有关检察制度规定,人民监督员制度得到进一步完善和加强。关于深化人民监督员制度,下列哪一表述是错误的?

A. 是为确保职务犯罪侦查、起诉权的正确行使,根据有关法律结合实际确定的一种社会民主监督制度
B. 重点监督检察机关查办职务犯罪的立案、羁押、扣押冻结财物、起诉等环节的执法活动
C. 人民监督员由司法行政机关负责选任管理
D. 参与具体案件监督的人民监督员,由选任机关从已建立的人民监督员信息库中随机挑选

425． 2014/1/84/多

《中共中央关于全面深化改革若干重大问题的决定》提出,应当改革司法管理体制,推动省以下地方检察院人财物统一管理,探索建立与行政区划适当分离的司法管辖制度。关于上述改革措施,下列哪些理解是正确的?

A. 有助于检察权独立行使
B. 有助于检察权统一行使
C. 有助于检务公开
D. 有助于强化检察机关的法律监督作用

考点65 律师制度

426． 2023 回忆/单

关于法律从业人员的行为,下列哪一选项符合相关法律规定?

A. 在一起民事诉讼中,由于本所另一律师是该案件中对方当事人的近亲属,律师甲立即解除了与王某的委托代理关系
B. 乙未取得律师执业证书即以律师身份提供法律咨询服务,应由其所在县司法局予以警告处罚
C. 某县检察官丙被遴选为市检察院检察官,应参加统一职前培训
D. 经所在高校批准,丁教授可申请担任兼职律师

427． 2017/1/45/单

加强人权司法保障是司法机关的重要职责,也是保证公正司法的必然要求。下列哪一做法符合上述要求?

A. 某公安机关第一次讯问犯罪嫌疑人时告知其有权委托辩护人,但未同时告知其如有经济困难可申请法律援助
B. 某省法院修订进入法庭的安检流程,明确"禁止对律师进行歧视性安检"
C. 某法官在一伤害案判决书中,对被告人及律师"构成正当防卫"的证据和意见不采信而未做回应和说明
D. 某法庭对辩护律师在辩论阶段即将结束时提出的"被告人庭前供述系非法取得"的意见及线索,未予调查

428． 2017/1/49/单

律师事务所应当建立健全执业管理和各项内部管理制度,履行监管职责,规范本所律师执业行为。根据《律师事务所管理办法》,某律师事务所下列哪一做法是正确的?

A. 委派钟律师担任该所出资成立的某信息咨询公司的总经理
B. 合伙人会议决定将年度考核不称职的刘律师除名,报县司法局和律协备案
C. 对本所律师执业表现和遵守职业道德情况进行考核,报律协批准后给予奖励
D. 对受到6个月停止执业处罚的祝律师,在其处罚期满1年后,决定恢复其合伙人身份

429． 2017/1/85/多

律师在推进全面依法治国进程中具有重要作用,律师应依法执业、诚信执业、规范执业。根据《律师执业管理办法》,下列哪些做法是正确的?

A. 甲律师依法向被害人收集被告人不在聚众斗殴现场的证据,提交检察院要求其及时进行审查
B. 乙律师对当事人及家属准备到法院门口静坐、举牌、声援的做法,予以及时有效的劝阻
C. 丙律师在向一方当事人提供法律咨询中致电对方当事人,告知对方诉讼请求缺乏法律和事实依据
D. 丁律师在社区普法宣传中,告知群众诉讼是解决继承问题的唯一途径,并称其可提供最专业的诉讼代理服务

430． 2016/1/48/单

法院、检察院、公安机关、国家安全机关、司法行政机关应当尊重律师,健全律师执业权利保障制度。下列哪一做法是符合有关律师执业权利保障制度的?

A. 县公安局仅告知涉嫌罪名,而以有碍侦查为由拒绝告知律师已经查明的该罪的主要事实
B. 看守所为律师提供网上预约会见平台服务,并提示律师如未按期会见必须重新预约方可会见
C. 国家安全机关在侦查危害国家安全犯罪期间,多次不批准律师会见申请并且说明理由

D. 在庭审中,作无罪辩护的律师请求就被告量刑问题发表辩护意见,合议庭经合议后当庭拒绝律师请求

431． 2016/1/49/单
某律师事务所律师代理原告诉被告买卖合同纠纷案件,下列哪一做法是正确的?
A. 该律师接案时,得知委托人同时接触他所律师,私下了解他所报价后以较低收费接受委托
B. 在代书起诉状中,律师提出要求被告承担精神损害赔偿20万元的诉讼请求
C. 在代理合同中约定,如胜诉,在5万元律师代理费外,律师事务所可按胜诉金额的一定比例另收办案费用
D. 因律师代理意见未被法庭采纳,原告要求律师承担部分诉讼请求损失,律师事务所予以拒绝

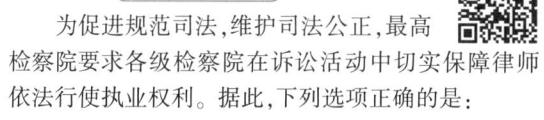

432． 2015/1/100/任
为促进规范司法,维护司法公正,最高检察院要求各级检察院在诉讼活动中切实保障律师依法行使执业权利。据此,下列选项正确的是:
A. 检察院在律师会见犯罪嫌疑人时,不得派员在场
B. 检察院在案件移送审查起诉后律师阅卷时,不得派员在场
C. 律师收集到犯罪嫌疑人不在犯罪现场的证据,告知检察院的,其相关办案部门应及时审查
D. 法律未作规定的事项,律师要求听取意见的,检察院可以安排听取

433． 2013/1/48/单
下列哪一情形下律师不得与当事人建立或维持委托关系?
A. 律师与委托当事人系多年好友
B. 接受民事诉讼一方当事人委托,同一律师事务所其他律师系该案件对方当事人的近亲属,但委托人知悉且同意
C. 同一律师事务所不同律师同时担任同一民事案件争议双方当事人代理人
D. 委托关系停止后二年,律师就同一法律业务接受与原委托人有利害关系的对方当事人委托

考点66 法律援助制度

434． 2017/1/100/任
来某县打工的农民黄某欲通过法律援助帮其讨回单位欠薪。根据《法律援助条例》等规定,有关部门下列做法正确的是:
A. 县法律援助中心以黄某户籍不在本县为由拒绝受理其口头申请,黄某提出异议
B. 县司法局受理黄某异议后函令县法律援助中心向其提供法律援助
C. 县某律所拒绝接受县法律援助中心指派,县司法局对该所给予警告的行政处罚
D. 县法院驳回了黄某以"未能指派合格律师、造成损失应予赔偿"为由对县法律援助中心的起诉

435． 2016/1/85/多
根据《法律援助条例》和《关于刑事诉讼法律援助工作的规定》,下列哪些表述是正确的?
A. 区检察院提起抗诉的案件,区法院应当通知区法律援助中心为被告人甲提供法律援助
B. 家住A县的乙在邻县涉嫌犯罪被邻县检察院批准逮捕,其因经济困难可向A县法律援助中心申请法律援助
C. 县公安局没有通知县法律援助中心为可能被判处无期徒刑的丙提供法律援助,丙可向市检察院提出申诉
D. 县法院应当准许强制医疗案件中的被告丁以正当理由拒绝法律援助,并告知其可另行委托律师

436． 2015/1/49/单
某检察院对王某盗窃案提出二审抗诉,王某未委托辩护人,欲申请法律援助。对此,下列哪一说法是正确的?
A. 王某申请法律援助只能采用书面形式
B. 法律援助机构应当严格审查王某的经济状况
C. 法律援助机构只能委派律师担任王某的辩护人
D. 法律援助机构决定不提供法律援助时,王某可以向该机构提出异议

437． 2014/1/50/单
某法律援助机构实施法律援助的下列做法,哪一项是正确的?
A. 经审查后指派律师担任甲的代理人,并根据甲的经济情况免除其80%的律师服务费
B. 指派律师担任乙的辩护人以后,乙自行另外委托辩护人,故决定终止对乙的法律援助
C. 为未成年人丙指派熟悉未成年人身心特点但无律师执业证的本机构工作人员担任辩护人
D. 经审查后认为丁的经济状况较好,不符合法律援助的经济条件,故拒绝向其提供法律咨询

438． 2013/1/50/单

根据《法律援助条例》等规定,下列关于法律援助的哪一说法是不能成立的?

A. 在共同犯罪案件中,其他犯罪嫌疑人、被告人已委托辩护人的,本人及其近亲属可向法律援助机构提出法律援助申请,法律援助机构无须进行经济状况审查

B. 律师事务所拒绝法律援助机构的指派,不安排本所律师办理法律援助案件的,由司法行政部门给予警告,责令改正

C. 我国的法律援助实行部分无偿服务、部分为"缓交费"或"减费"形式有偿服务的制度

D. 检察院审查批准逮捕时,认为公安机关对犯罪嫌疑人应当通知辩护而没有通知的,应当通知公安机关予以纠正,公安机关应当将纠正情况通知检察院

439． 2011/1/49/单

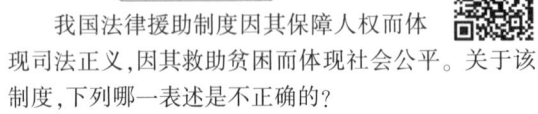

我国法律援助制度因其保障人权而体现司法正义,因其救助贫困而体现社会公平。关于该制度,下列哪一表述是不正确的?

A. 我国法律援助是政府的一项重要职责,在性质上是一种社会保障制度

B. 实施法律援助的既有律师、法援机构,也有社会组织,形式上包括诉讼法律援助、非诉讼法律援助及公证、法律咨询

C. 对公民的法律援助申请和法院指派的法律援助案件,由法援机构统一受理、审查、指派、监督,必要时可以委托慈善机构协助受理事宜

D. 法援对象包括符合法定受援条件的经济困难者、残疾者、弱者,及符合规定的外国公民及无国籍人

440． 2010/1/90/多

根据司法制度的有关规定,下列哪些选项是正确的?

A. 沈律师从2003年至今专职从事律师业务,未受过停止执业处罚,可成为律师事务所的设立人

B. 孙检察官工作勤奋,业务水平高,是检察院公认的业务骨干,虽然曾经为办案而违反有关警车、警械、警具管理规定,年终考核仍可得到优秀的考核结果

C. 郭法官认真总结审判经验,成果突出,对审判工作有指导作用,根据《法官法》的规定,他应受到奖励

D. 曾某为刑事被告人,四十六岁且有身孕,因经济困难未聘请辩护律师,可通过申请获得法律援助

考点67 公证制度

441． 2021回忆/单

甲商场销售侵犯乙公司知识产权的假冒伪劣产品。为收集证据以追究其法律责任,乙公司的代理律师亲自去甲商场购买侵权产品,并让公证机构派公证员全程录像后出具公证书。公证书提交法院后,甲商场认为该公证书不具有法律效力。对此,甲商场下列哪一理由可以成立?

A. 公证事项超出了公证业务范围

B. 公证机构跨区域办理公证业务

C. 乙公司代理律师的行为违反律师职业道德,导致公证书无效

D. 甲商场提供的监控录像显示公证的时间内律师和公证员并未进入甲商场

442． 2017/1/50/单

公证制度是司法制度重要组成部分,设立公证机构、担任公证员具有严格的条件及程序。关于公证机构和公证员,下列哪一选项是正确的?

A. 公证机构可接受易某申请为其保管遗嘱及遗产并出具相应公证书

B. 设立公证机构应由省级司法行政机关报司法部依规批准后,颁发公证机构执业证书

C. 贾教授在高校讲授法学11年,离职并经考核合格,可以担任公证员

D. 甄某交通肇事受过刑事处罚,因此不具备申请担任公证员的条件

443． 2016/1/50/单

关于公证制度和业务,下列哪一选项是正确的?

A. 依据统筹规划、合理布局设立的公证处,其名称中的字号不得与国内其他公证处的字号相同或者相近

B. 省级司法行政机关有权任命公证员并颁发公证员执业证书,变更执业公证处

C. 黄某委托其子代为办理房屋买卖手续,其住所地公证处可受理其委托公证的申请

D. 王某认为公证处为其父亲办理的放弃继承证书错误,向该公证处提出复议的申请

444． 2015/1/50/单

关于我国公证的业务范围、办理程序和效力,下列哪一选项符合《公证法》的规定?

A. 申请人向公证机关提出保全网上交易记录,公证机关以不属于公证事项为由拒绝

B. 自然人委托他人办理财产分割、赠与、收养关系公证的,公证机关不得拒绝

C. 因公证具有较强的法律效力,要求公证机关

在办理公证业务时不能仅作形式审查

D. 法院发现当事人申请执行的公证债权文书确有错误的，应裁定不予执行并撤销该公证书

445． 2011/1/50/单

甲病危，欲将部分财产留给保姆，咨询如何处理。下列哪一意见是正确的？

A. 甲行走不便，可由身为公证员的侄子办理公证遗嘱

B. 甲提出申请，可由公证机构到医院办理公证遗嘱

C. 公证机构无权办理甲的遗嘱文书及财产保管事务

D. 甲如对该财产曾有其他形式遗嘱，以后公证的遗嘱无效

446． 2008/1/49/单

根据我国《公证法》规定，对下列哪一事项公证机关可予办理公证？

A. 马某拿着一份合同复印件到公证机关要求公证，经公证人员审查发现该合同有多处涂改痕迹

B. 女青年李某29岁，至今未婚，到公证机关办理处女公证

C. 张某与王某大学毕业工作多年，各自都有些积蓄，为避免婚后因财产问题发生纠纷，双方决定到公证机关办理婚前财产公证

D. 杨父因正在读初中的儿子整天沉迷于网络游戏，多次劝说无效，遂决定与儿子解除父子关系，到公证机关申请公证

专题十七　法官职业道德

考点68　法官职业道德

447． 2022 回忆/多

为了防止利益输送和利益勾连，切实维护司法廉洁和司法公正，法官、检察官应杜绝与律师进行不正当的接触交往。据此，下列哪些行为不违反法律职业道德？

A. 陈检察官办理某未成年人犯罪案件，告知其监护人聘请熟悉未成年人心智的辩护律师

B. 卢法官将同事吴法官的家庭住址、电话号码告知郑律师

C. 赵律师代理某疑难案件，向其同学冯法官咨询，冯法官收取1万元咨询费

D. 李法官、郑检察官和孙律师同堂培训后一起在食堂进行研讨

448． 2016/1/46/单

根据法官、检察官纪律处分有关规定，下列哪一说法是正确的？

A. 张法官参与迷信活动，在社会中造成了不良影响，可予提醒劝阻，其不应受到纪律处分

B. 李法官乘车时对正在实施的盗窃行为视而不见，小偷威胁失主仍不出面制止，其应受到纪律处分

C. 何检察官在讯问犯罪嫌疑人时，反复提醒犯罪嫌疑人注意其聘请的律师执业不足2年，其行为未违反有关规定

D. 刘检察官接访时，让来访人前往国土局信访室举报他人骗取宅基地使用权证的问题，其做法是恰当的

449． 2016/1/100/任

银行为孙法官提供了利率优惠的房屋抵押贷款，银行王经理告知孙法官，是感谢其在一年前的合同纠纷中作出的公正判决而进行的特殊安排，孙法官接受该笔贷款。关于法院对孙法官行为的处理，下列说法正确的是：

A. 法院认为孙法官的行为系违反廉政纪律的行为

B. 如孙法官主动交代，并主动采取措施有效避免损失的，法院应从轻给予处分

C. 由于孙法官行为情节轻微，如经过批评教育后改正，法院可免予处分

D. 确认属于违法所得的部分，法院可根据情况作出责令退赔的决定

450． 2015/1/84/多

法律职业人员在业内、业外均应注重清正廉洁，严守职业道德和纪律规定。下列哪些行为违反了相关职业道德和纪律规定？

A. 赵法官参加学术研讨时无意透露了未审结案件的内部讨论意见

B. 钱检察官相貌堂堂，免费出任当地旅游局对外宣传的"形象大使"

C. 孙律师在执业中了解到委托人公司存在严重的涉嫌偷税犯罪行为，未向税务机关举报

D. 李公证员代其同学在自己工作的公证处申办学历公证

451． 2015/1/85/多

法律职业人员应自觉遵守回避制度，确保司法公正。关于法官、检察官、律师和公证员等四类法律职业人员的回避规定，下列哪些判断是正确的？

A. 与当事人（委托人）有近亲属关系，是法律职业人员共同的回避事由

B. 法律职业人员的回避，在其《职业道德基本准

则》中均有明文规定
C. 法官和检察官均有任职回避的规定,公证员则无此要求
D. 不同于其他法律职业,律师回避要受到委托人意思的影响

452. 2015/1/99/任

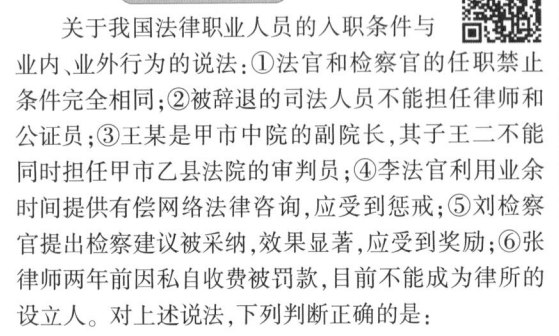

关于我国法律职业人员的入职条件与业内、业外行为的说法:①法官和检察官的任职禁止条件完全相同;②被辞退的司法人员不能担任律师和公证员;③王某是甲市中院的副院长,其子王二不能同时担任甲市乙县法院的审判员;④李法官利用业余时间提供有偿网络法律咨询,应受到惩戒;⑤刘检察官提出检察建议被采纳,效果显著,应受到奖励;⑥张律师两年前因私自收费被罚款,目前不能成为律所的设立人。对上述说法,下列判断正确的是:
A. ①⑤正确　　　　B. ②④错误
C. ②⑤正确　　　　D. ③⑥错误

453. 2012/1/48/单

根据《法官法》及《人民法院工作人员处分条例》对法官奖惩的有关规定,下列哪一选项不能成立?
A. 高法官在审判中既严格程序,又为群众行使权利提供便利;既秉公执法,又考虑情理,案结事了成绩显著。法院给予其嘉奖奖励
B. 黄法官就民间借贷提出司法建议被采纳,对当地政府完善金融管理、改善服务秩序发挥了显著作用。法院给予其记功奖励
C. 许法官违反规定会见案件当事人及代理人,此事被对方当事人上网披露,造成不良影响。法院给予其撤职处分
D. 孙法官顺带某同学(律师)参与本院法官聚会,半年后该同学为承揽案件向聚会时认识的某法官行贿。法院领导严告孙法官今后注意

454. 2012/1/83/多

法院领导在本院初任法官任职仪式上,就落实法官职业道德准则中的"文明司法"和践行执法为民理念的"理性文明执法"提出要求。下列哪些选项属于"文明执法"范围?
A. 提高素质和修养,遵守执法程序,注重执法艺术
B. 仪容整洁、举止得当、言行文明
C. 杜绝与法官职业形象不相称的行为
D. 严守办案时限,禁止拖延办案

455. 2012/1/84/多

某非法吸收公众存款刑事案件,因涉及人数众多,影响面广,当地领导私下曾有"必须重判"的说法。①主审李法官听此说法即向院长汇报。②开庭时,李法官对律师提出的非法证据排除的请求不予理睬。③李法官对刘检察官当庭反驳律师无罪辩护意见、严斥该律师立场问题的做法不予制止。④李法官几次打断律师用方言发言,让其慢速并重复。⑤律师对法庭上述做法提出异议,遭阻后当即退庭抗议。⑥刘检察官大声对律师说:"你太不成熟,本地没你的饭吃了。"⑦律师担心报复,向当事人提出解除委托关系。⑧李法官、刘检察官应邀参加该律师所在律所的十周年所庆,该律师向李、刘赠送礼品。关于法律职业人员的不当行为,下列哪些选项是正确的?
A. ①④⑤　　　　B. ②③④
C. ②⑥⑦　　　　D. ③⑦⑧

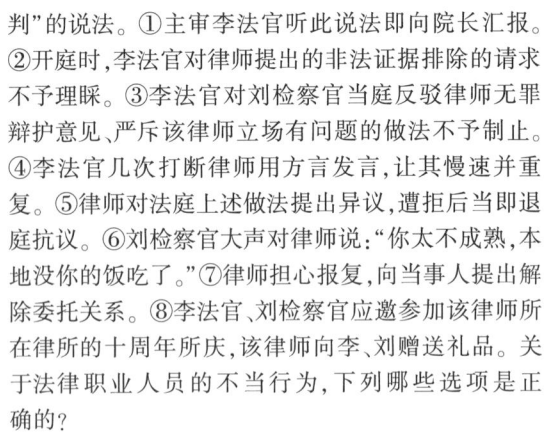

456. 2011/1/47/单

下列哪一选项属于违反法官职业道德规范的情形?
A. 甲市中级法院陈法官的妹妹接到乙县法院开庭传票,晚上到哥哥家咨询开庭注意事项。陈法官只叮嘱其庭上发言要有针对性,不要滔滔不绝
B. 乙市某法学院针对甲市中级法院在审案件组织模拟法庭,乙市中级法院钱法官应邀担任审判长。庭审后,钱法官就该案件审理和判决向同学们谈了看法
C. 林法官担任某法学院兼职博士生导师,每年招收法学博士研究生1名
D. 某省高级法院朱院长担任法学会法律文书学研究会副会长

457. 2010/1/89/多

法官李某的下列哪些行为违反了法官职业道德规范?
A. 庭审时,发现当事人高某聘请的律师赵某明显不负责任,提醒高某可另行委托律师钱某
B. 办案时,发现原告律师程某系自己高中同学,主动提出回避申请
C. 庭审前,向所办案件当事人委托的张律师指出某一证据效力不足
D. 讲座时,提出司法腐败主要是当事人行贿所致

458. 2008/1/50/单

邱法官在出席会议期间,参加会议组织的联欢活动,发现会务组安排她与自己正在审理的案件的被告代理律师同桌相邻而坐。此时全体代表已就坐,除了给邱法官安排的座位之外已无空位。在这种情况下,邱法官的下列哪一做法最符合法官职业道德规范?

A. 按号就坐,但装作与律师不认识,与其不说一句话
B. 按号就坐,可以与律师寒暄,但是不交谈案件事务
C. 仅与同桌的人调换座位,但桌号不变
D. 马上与会务人员联系调换座位,不与律师同坐一桌

459. 2008/1/89/多

依据法官职业道德规范,关于法官行为,下列哪些评论是正确的?
A. 徐法官在接待当事人的过程中,针对当事人对判决书提出的质疑,以不屑的口吻说:"你一个文盲加法盲,有什么资格来质问我?"评论:徐法官的行为不符合司法礼仪
B. 蓝法官在开庭调解时,为营造轻松和谐的气氛,身着便装,谈笑风生。评论:蓝法官的行为违反法庭规则
C. 周法官在当地出席大学同学私人投资的公司开业典礼,并在被公开介绍法官身份后登台致贺辞。评论:周法官的此行为违反了不得以职业、身份、声誉谋取利益的义务
D. 谢法官正在承办一宗合同纠纷案件。该案被告向谢法官的配偶林某任职的A公司表示,愿将一个工程项目发包给该公司,条件是让林某任该项目的主管。林某将此事告诉了谢法官,并提及发包人是该案的被告。谢法官听后未置一词。评论:谢法官的行为违反了约束家庭成员的义务

专题十八 检察官职业道德

考点69 检察官职业道德

460. 2022 回忆/多

吕检察官办理未成年人卫某故意伤害案,主动向其阐明法律规定,积极劝说引导其认罪认罚,组织双方自愿达成和解。关于吕检察官的行为,体现了下列哪些检察官职业道德的基本要求?
A. 担当   B. 忠诚
C. 为民   D. 公正

461. 2017/1/84/多

2016年10月20日,《检察人员纪律处分条例》修订通过。关于规范检察人员的行为,下列哪些说法是正确的?
A. 领导干部违反有关规定组织、参加自发成立的老乡会、校友会、战友会等,属于违反组织纪律行为

B. 擅自处置案件线索,随意初查或者在初查中对被调查对象采取限制人身自由强制措施的,属于违反办案纪律行为
C. 在分配、购买住房中侵犯国家、集体利益的,属于违反廉洁纪律行为
D. 对群众合法诉求消极应付、推诿扯皮,损害检察机关形象的,属于违反群众纪律行为

462. 2014/1/47/单

关于检察官职业道德和纪律,下列哪一做法是正确的?
A. 甲检察官出于个人对某类案件研究的需要,私下要求邻县检察官为其提供正在办理的某案情况
B. 乙检察官与其承办案件的被害人系来往密切的邻居,因此提出回避申请
C. 丙检察官发现所办案件存在应当排除的证据而未排除,仍将其作为起诉意见的依据
D. 丁检察官为提高效率,在家里会见本人所承办案件的被告方律师

463. 2013/1/85/多

下列哪些行为违反了相关法律职业规范规定?
A. 某律师事务所明知李律师的伯父是甲市中院领导,仍指派其到该院代理诉讼
B. 检察官高某在办理一起盗车并杀害车内行动不便的老人案件时,发现网上民愤极大,即以公诉人身份跟帖向法院建议判处被告死刑立即执行
C. 在法庭上,公诉人车某发现李律师发微博,当庭予以训诫,审判长法官未表明态度
D. 公证员张某根据甲公司董事长申请,办理了公司章程公证,张某与该董事长系大学同学

464. 2012/1/49/单

关于检察官的行为,下列哪一观点是正确的?
A. 房检察官在同乡聚会时向许法官打听其在办案件审理情况,并请其估计判处结果。根据我国国情,房检察官的行为可以被理解
B. 关检察长以暂停工作要挟江检察官放弃个人意见,按照陈科长的判断处理某案。关检察长的行为与依法独立行使检察权的要求相一致
C. 容检察官在本地香蕉滞销,蕉农面临重大损失时,多方奔走将10万斤香蕉销往外地,为蕉农挽回了损失,本人获辛苦费5000元。容检察官没有违反有关经商办企业、违法违规营利

活动的规定

D. 成检察官从检察院离任 5 年后,以律师身份担任各类案件的诉讼代理人或者辩护人,受到当事人及其家属的一致肯定。成检察官的行为符合《检察官法》的有关规定

465. 2011/1/48/单

王检察官的下列哪一行为符合检察官职业道德的要求?

A. 穿着检察正装、佩戴检察标识参加单位组织的慰问孤寡老人的公益活动

B. 承办一起两村械斗引起的伤害案,受害人系密切近邻,但为早日结案未主动申请回避

C. 参加朋友聚会,谈及在办案件犯罪嫌疑人梁某交代包了 4 个情人,但嘱咐朋友不要外传

D. 业余时间在某酒吧任萨克斯管主奏,对其检察官身份不予否认,收取适当报酬

466. 2009/1/49/单

关于检察官的行为,下列哪一选项是正确的?

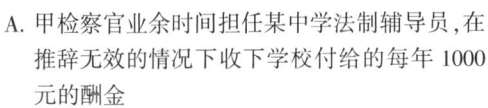

A. 甲检察官业余时间担任某中学法制辅导员,在推辞无效的情况下收下学校付给的每年 1000 元的酬金

B. 乙检察官办理余某涉嫌贪污案时,针对余某所在单位财务管理方面的问题以个人名义向该单位领导提出了改进建议

C. 丙检察官下班后未及换下检察官制服即赶往饭店宴请来访的外地检察院同学

D. 丁检察官办理一起交通肇事案件时,对不配合调查的目击证人周某实施了拘传

专题十九 律师职业道德

考点70 律师职业道德

467. 2022 回忆/单

秦律师在甲律师事务所执业期间,以乙法律服务中心的名义在某网络平台发布视频,配字"提供法律咨询、代写文书等服务",用于个人宣传。关于秦律师的行为,下列哪一评价是正确的?

A. 在网络平台进行业务推广,违反律师执业规范

B. 干扰了正常的诉讼和仲裁活动

C. 属于以不正当方式承揽业务

D. 以非律师身份宣传,并不违反律师执业规范

468. 2021 回忆/单

甲公司因乙公司拖欠其工程款申请仲裁,委托某律师事务所的王律师担任诉讼代理人。后因无法挽回全部工程款,甲公司将律师事务所诉至法院,认为王律师在仲裁期间存在执业过错导致其遭受损失。对此,王律师的下列哪一行为可支持甲公司的主张?

A. 3 年前曾担任外地某检察院的检察官

B. 将其代理仲裁期间与甲公司的相关合同提交法院

C. 代理仲裁期间违规会见仲裁员被处以停止执业 1 年的行政处罚

D. 仲裁中未主张甲公司对工程款优先受偿,未告知甲公司任何风险

469. 2015/1/48/单

王某和李某斗殴,李某与其子李二将王某打伤。李某在王某提起刑事自诉后聘请省会城市某律师事务所赵律师担任辩护人。关于本案,下列哪一做法符合相关规定?

A. 赵律师同时担任李某和李二的辩护人,该所钱律师担任本案王某代理人

B. 该所与李某商定辩护事务按诉讼结果收取律师费

C. 该所要求李某另外预交办案费

D. 该所指派实习律师代赵律师出庭辩护

470. 2014/1/48/单

某律师事务所一审代理了原告张某的案件。一年后,该案再审。该所的下列哪一做法与律师执业规范相冲突?

A. 在代理原告案件时,拒绝与该案被告李某建立委托代理关系

B. 在拒绝与被告李某建立委托代理关系时,承诺可在其他案件中为其代理

C. 得知该案再审后,主动与原告张某联系

D. 张某表示再审不委托该所,该所遂与被告李某建立委托代理关系

471. 2009/1/50/单

下列哪一法律职业人员的行为不违背相应职业纪律要求?

A. 金法官向自己审理案件中受尽屈辱的原告推荐社会知名律师为其代理诉讼

B. 闻律师在办理无偿的法律援助案件后,收取受援人交通费

C. 公证员黄某在派发的名片上印有"法学硕士、法学副教授"的头衔

D. 曾律师发起举办了"金融危机下律师业的挑战"研讨会并邀请一些教授、法官、检察官、公证员朋友出席

472. 2009/1/88/多

刘律师出身建筑世家并曾就读建筑专业,现主要从事施工纠纷法律服务。开发商李某因开发的楼房倒塌被诉至法院,欲委托刘律师代理诉讼。关于接受委托和代理案件,刘律师的下列哪些做法符合律师职业有关规定?

A. 接受委托,了解并运用建筑和房地产知识分析案件,寻求对李某有利的理由
B. 接受委托,告知李某楼房倒塌系建筑风水原因,使其接受败诉结果
C. 明知不懂房地产开发业务会影响代理效果,但为经济效益极力宣扬建筑世家背景并接受委托
D. 考虑到不懂房地产业务会影响代理效果,决定不接受委托

473. 2008/1/48/单

根据我国《律师法》的规定,下列哪一选项是正确的?

A. 律师事务所变更名称、负责人、章程、合伙协议的,应当报原审核部门备案
B. 律师服务机构一般采用公司形式,但在经济社会发展欠发达地区仍可保留少数合作制律师事务所
C. 个人律师事务所实行无限责任,因此在成立条件上比合伙律师事务所要宽松
D. 律师事务所采用特殊的普通合伙形式的,当个别合伙人因故意或重大过失造成对外债务时,其他合伙人不承担对外责任

474. 2008/1/88/多

2007年10月28日第十届全国人民代表大会常务委员会第三十次会议对《律师法》进行了修订。根据修订后的《律师法》,下列哪些选项是错误的?

A. 受委托的律师自案件审查起诉之日起,有权查阅、摘抄和复制与案件有关的所有材料
B. 犯罪嫌疑人被侦查机关第一次讯问或者采取强制措施之日起,受委托的律师凭律师执业证书、律师事务所证明和委托书或者法律援助公函,有权会见犯罪嫌疑人、被告人并了解有关案件情况。律师会见犯罪嫌疑人、被告人,不被监听
C. 律师在法庭上发表的代理、辩护意见不受法律追究。但是,发表危害国家安全、恶意诽谤他人、严重扰乱法庭秩序、泄露商业秘密的言论除外
D. 律师是维护当事人合法权益、维护法律正确实施、维护社会公平和正义的国家法律工作人员

专题二十 公证员职业道德

考点71 公证员职业道德

475. 2014/1/49/单

关于法律职业人员职业道德,下列哪一说法是不正确的?

A. 法官职业道德更强调法官独立性、中立地位
B. 检察官职业道德是检察官职业义务、职业责任及职业行为上道德准则的体现
C. 律师职业道德只规范律师的执业行为,不规范律师事务所的行为
D. 公证员职业道德应得到重视,原因在于公证证明活动最大的特点是公信力

476. 2012/1/50/单

下列哪一选项属于违反律师或公证有关制度及执业规范规定的情形?

A. 刘律师受当事人甲委托为其追索1万元欠款,因该事项与另一委托事项时间冲突,经甲同意后另交本所律师办理,但未告其支出增加
B. 李律师承办当事人乙的继承纠纷案,表示乙依法可以继承2间房屋,并作为代理意见提交法庭,未被采纳,乙仅分得万元存款
C. 林公证员对丙以贵重金饰用于抵押的事项,办理了抵押登记
D. 王公证员对丁代理他人申办合同和公司章程公证的事项,出具了公证书

477. 2011/1/85/多

法学院同学就我国法律职业道德规范进行讨论。

甲认为:①法律职业道德一般包括职业道德意识、职业道德行为和职业道德规范3个层次;②法官职业道德的核心是公正、廉洁、为民。乙认为:①如果缺乏无私奉献、敬业献身的精神,法律职业人员很容易进行"权力寻租";②加强公证员职业道德建设是维护和增强公证公信力的保障。丙认为:①法律职业人员的社会义务和道德要求不应高于一般社会成员;②直接影响律师职业形象的执业外行为受到律师职业道德的约束。对此,下列哪些选项是不能成立的?

A. 甲①和乙②的说法均正确
B. 甲②和丙②的说法均错误
C. 甲①、乙①和丙①的说法均正确
D. 甲②、乙①和丙①的说法均错误

专题二十一 其他法律职业人员职业道德

考点72 其他法律职业人员职业道德

478. 仿真模拟

下列关于其他法律职业人员道德的表述,不正确的有:

A. 法律顾问应当维护本单位的合法权益,因此无需保持独立
B. 对于从事行政处罚决定审核的公务人员,除涉及国家秘密、职业秘密或个人隐私外,其执法内容应一律向行政相对人和社会公开
C. 执法具有单方性,从事行政复议的公务人员无需听取行政相对人的辩解
D. 负责行政裁决的人员张某告知行政相对人,行政裁决属于终局裁决,不得提起行政复议

法 理 学 [考点法条]

专题二 法的运行

考点14 立法

(一)立法权限

《立法法》

第十条 全国人民代表大会和全国人民代表大会常务委员会根据宪法规定行使国家立法权。

全国人民代表大会制定和修改刑事、民事、国家机构的和其他的基本法律。

全国人民代表大会常务委员会制定和修改除应当由全国人民代表大会制定的法律以外的其他法律;在全国人民代表大会闭会期间,对全国人民代表大会制定的法律进行部分补充和修改,但是不得同该法律的基本原则相抵触。

全国人民代表大会可以授权全国人民代表大会常务委员会制定相关法律。

(二)法律保留事项

《立法法》

第十一条 下列事项只能制定法律:

(一)国家主权的事项;

(二)各级人民代表大会、人民政府、监察委员会、人民法院和人民检察院的产生、组织和职权;

(三)民族区域自治制度、特别行政区制度、基层群众自治制度;

(四)犯罪和刑罚;

(五)对公民政治权利的剥夺、限制人身自由的强制措施和处罚;

(六)税种的设立、税率的确定和税收征收管理等税收基本制度;

(七)对非国有财产的征收、征用;

(八)民事基本制度;

(九)基本经济制度以及财政、海关、金融和外贸的基本制度;

(十)诉讼制度和仲裁基本制度;

(十一)必须由全国人民代表大会及其常务委员会制定法律的其他事项。

(三)授权立法

《立法法》

第十二条 本法第十一条规定的事项尚未制定法律的,全国人民代表大会及其常务委员会有权作出决定,授权国务院可以根据实际需要,对其中的部分事项先制定行政法规,但是有关犯罪和刑罚、对公民政治权利的剥夺和限制人身自由的强制措施和处罚、司法制度等事项除外。

第十三条 授权决定应当明确授权的目的、事项、范围、期限以及被授权机关实施授权决定应当遵循的原则等。

授权的期限不得超过五年,但是授权决定另有规定的除外。

被授权机关应当在授权期限届满的六个月以前,向授权机关报告授权决定实施的情况,并提出是否需要制定有关法律的意见;需要继续授权的,可以提出相关意见,由全国人民代表大会及其常务委员会决定。

第十四条 授权立法事项,经过实践检验,制定法律的条件成熟时,由全国人民代表大会及其常务委员会及时制定法律。法律制定后,相应立法事项的授权终止。

第十五条 被授权机关应当严格按照授权决定行使被授予的权力。

被授权机关不得将被授予的权力转授给其他机关。

(四)全国人大的立法程序

《立法法》

第十七条 全国人民代表大会主席团可以向全国人民代表大会提出法律案,由全国人民代表大会会议审议。

全国人民代表大会常务委员会、国务院、中央军事委员会、国家监察委员会、最高人民法院、最高人民检察院、全国人民代表大会各专门委员会,可以向全国人民代表大会提出法律案,由主席团决定列入会议议程。

第十八条 一个代表团或者三十名以上的代表联名,可以向全国人民代表大会提出法律案,由主席团决定是否列入会议议程,或者先交有关的专门委员会审议、提出是否列入会议议程的意见,再决定是否列入会议议程。

专门委员会审议的时候,可以邀请提案人列席会议,发表意见。

第二十三条 列入全国人民代表大会会议议程的法律案,由宪法和法律委员会根据各代表团和有关的专门委员会的审议意见,对法律案进行统一审议,向主席团提出审议结果报告和法律草案修改稿,对涉及的合宪性问题以及重要的不同意见应当在审议结果报告中予以说明,经主席团会议审议通过后,印发会议。

第二十五条 列入全国人民代表大会会议议程的法律案,在交付表决前,提案人要求撤回的,应当说明理由,经主席团同意,并向大会报告,对该法律案的审议即行终止。

第二十六条 法律案在审议中有重大问题需要进一步研究的,经主席团提出,由大会全体会议决定,可以授权常务委员会根据代表的意见进一步审议,作出决定,并将决定情况向全国人民代表大会下次会议报告;也可以授权常务委员会根据代表的意见进一步审议,提出修改方案,提请全国人民代表大会下次会议审议决定。

(五)全国人大常委会的立法程序
《立法法》
第二十九条　委员长会议可以向常务委员会提出法律案,由常务委员会会议审议。

国务院、中央军事委员会、国家监察委员会、最高人民法院、最高人民检察院、全国人民代表大会各专门委员会,可以向常务委员会提出法律案,由委员长会议决定列入常务委员会会议议程,或者先交有关的专门委员会审议、提出报告,再决定列入常务委员会会议议程。如果委员长会议认为法律案有重大问题需要进一步研究,可以建议提案人修改完善后再向常务委员会提出。

第三十条　常务委员会组成人员十人以上联名,可以向常务委员会提出法律案,由委员长会议决定是否列入常务委员会会议议程,或者先交有关的专门委员会审议、提出是否列入会议议程的意见,再决定是否列入常务委员会会议议程。不列入常务委员会会议议程的,应当向常务委员会会议报告或者向提案人说明。

专门委员会审议的时候,可以邀请提案人列席会议,发表意见。

第三十二条　列入常务委员会会议议程的法律案,一般应当经三次常务委员会会议审议后再交付表决。

常务委员会会议第一次审议法律案,在全体会议上听取提案人的说明,由分组会议进行初步审议。

常务委员会会议第二次审议法律案,在全体会议上听取宪法和法律委员会关于法律草案修改情况和主要问题的汇报,由分组会议进一步审议。

常务委员会会议第三次审议法律案,在全体会议上听取宪法和法律委员会关于法律草案审议结果的报告,由分组会议对法律草案修改稿进行审议。

常务委员会审议法律案时,根据需要,可以召开联组会议或者全体会议,对法律草案中的主要问题进行讨论。

第三十三条　列入常务委员会会议议程的法律案,各方面的意见比较一致的,可以经两次常务委员会会议审议后交付表决;调整事项较为单一或者部分修改的法律案,各方面的意见比较一致,或者遇有紧急情形的,也可以经一次常务委员会会议审议即交付表决。

第四十条　列入常务委员会会议议程的法律案,应当在常务委员会会议后将法律草案及其起草、修改的说明等向社会公布,征求意见,但是经委员长会议决定不公布的除外。向社会公布征求意见的时间一般不少于三十日。征求意见的情况应当向社会通报。

第四十六条　对多部法律中涉及同类事项的个别条款进行修改,一并提出法律案的,经委员长会议决定,可以合并表决,也可以分别表决。

(六)法律解释
《立法法》
第四十八条　法律解释权属于全国人民代表大会常务委员会。

法律有以下情况之一的,由全国人民代表大会常务委员会解释:

(一)法律的规定需要进一步明确具体含义的;

(二)法律制定后出现新的情况,需要明确适用法律依据的。

第四十九条　国务院、中央军事委员会、国家监察委员会、最高人民法院、最高人民检察院、全国人民代表大会各专门委员会,可以向全国人民代表大会常务委员会提出法律解释要求或者提出相关法律案。

省、自治区、直辖市的人民代表大会常务委员会可以向全国人民代表大会常务委员会提出法律解释要求。

第五十二条　法律解释草案表决稿由常务委员会全体组成人员的过半数通过,由常务委员会发布公告予以公布。

第五十三条　全国人民代表大会常务委员会的法律解释同法律具有同等效力。

宪法 [考点法条]①

专题十　宪法基本理论

考点37　宪法的基本原则

（一）人民主权原则

第一条第一款　〔国体〕中华人民共和国是工人阶级领导的、以工农联盟为基础的人民民主专政的社会主义国家。

第二条　〔政体〕中华人民共和国的一切权力属于人民。

人民行使国家权力的机关是全国人民代表大会和地方各级人民代表大会。

人民依照法律规定，通过各种途径和形式，管理国家事务，管理经济和文化事业，管理社会事务。

（二）法治原则

第五条第一款　〔法治原则〕中华人民共和国实行依法治国，建设社会主义法治国家。

（三）权制约原则

第三条第二、三款　〔民主集中制原则〕全国人民代表大会和地方各级人民代表大会都由民主选举产生，对人民负责，受人民监督。

国家行政机关、监察机关、审判机关、检察机关都由人民代表大会产生，对它负责，受它监督。

第一百四十条　〔司法机关之间的分工与制衡〕人民法院、人民检察院和公安机关办理刑事案件，应当分工负责，互相配合，互相制约，以保证准确有效地执行法律。

考点39　宪法的制定与修改

第六十四条　〔宪法的修改及法律案的通过〕宪法的修改，由全国人民代表大会常务委员会或者五分之一以上的全国人民代表大会代表提议，并由全国人民代表大会以全体代表的三分之二以上的多数通过。

法律和其他议案由全国人民代表大会以全体代表的过半数通过。

《宪法修正案》（总结）

（1）1988年第一次修正：

①土地使用权可以依照法律的规定转让。

②国家允许私营经济在法律规定的范围存在和发展。

（2）1993年第二次修正：

①把"国营"改为"国有"，国有企业"有权自主经营"。

②家庭联产承包责任制作为农村集体经济组织的基本形式。

③国家实行社会主义市场经济；国家加强经济立法，完善宏观调控。

④明确"我国正处于社会主义初级阶段""建设有中国特色社会主义""坚持改革开放"。

⑤县级人大任期由3年改为5年。

⑥增加"中国共产党领导的多党合作和政治协商制度将长期存在和发展"。

（3）1999年第三次修正：

①明确规定"中华人民共和国实行依法治国，建设社会主义法治国家"。

②明确"我国将长期处于社会主义初级阶段""沿着建设有中国特色社会主义的道路"、在"邓小平理论指引下""发展社会主义市场经济"。

③将镇压"反革命活动"修改为镇压"危害国家安全的犯罪活动"。

④明确个体经济、私营经济称为"非公有制经济"，国家对其实行"引导、监督和管理"。

⑤规定"农村集体经济组织实行家庭承包经营为基础、统分结合的双层经营体制"。

⑥规定"公有制为主体、多种所有制经济共同发展""按劳分配为主体、多种分配方式并存"。

（4）2004年第四次修正：

①在宪法序言的第七自然段中增写"三个代表"重要思想。

②乡镇人大的任期由3年改为5年。

③增加规定"国家尊重和保障人权"。

④规定"公民的合法的私有财产不受侵犯"，"国家为了公共利益的需要，可以依照法律规定对公民的私有财产实行征收或者征用并给予补偿"。

⑤将"戒严"改为"紧急状态"。

⑥增加规定"国家建立健全同经济发展水平相适应的社会保障制度"。

⑦在爱国统一战线中增加"社会主义事业的建设者"。

⑧第四章章名中增加"国歌"，增加规定"中华人民共和国国歌是《义勇军进行曲》"。

⑨在第81条国家主席职权中增加"进行国事活动"的规定。

⑩在全国人大代表中增加特别行政区全国人大代表。

⑪《宪法》序言中增加规定"推动物质文明、政治文明和精神文明协调发展"。

（5）2018年第五次修正：

①宪法序言中增加规定"科学发展观、习近平新时代

---

① 本部分中未注明法规名称的条文均为《宪法》条文。

中国特色社会主义思想"作为指导思想。

②宪法序言中将"健全社会主义法制"修改为"健全社会主义法治"。

③宪法序言中写入"贯彻新发展理念"。

④宪法序言中"物质文明、政治文明、精神文明"后增加"社会文明、生态文明"。

⑤宪法序言中写入"和谐美丽""现代化强国"。

⑥宪法序言中写入"实现中华民族伟大复兴"。

⑦宪法序言中"革命和建设"修改为"革命、建设、改革"。

⑧宪法序言在爱国统一战线的组成中增加"致力于中华民族伟大复兴的爱国者"。

⑨宪法序言和正文有关社会主义民族关系中增加"和谐"。

⑩对外政策中增加"坚持和平发展道路,坚持互利共赢开放战略""推动构建人类命运共同体"。

⑪增加"中国共产党领导是中国特色社会主义最本质的特征"。

⑫增加"宪法宣誓"。

⑬增加"设区的市的人民代表大会和它们的常务委员会,在不同宪法、法律、行政法规和本省、自治区的地方性法规相抵触的前提下,可以依照法律规定制定地方性法规,报本省、自治区人民代表大会常务委员会批准后施行"。

⑭增加国家倡导"社会主义核心价值观"。

⑮增加国家监察委员会。

专题十一 国家的基本制度(上)

考点42 我国的政治、经济、文化、社会基本制度

(一)基本经济制度

第六条 〔经济制度和分配制度〕中华人民共和国的社会主义经济制度的基础是生产资料的社会主义公有制,即全民所有制和劳动群众集体所有制。社会主义公有制消灭人剥削人的制度,实行各尽所能、按劳分配的原则。

国家在社会主义初级阶段,坚持公有制为主体、多种所有制经济共同发展的基本经济制度,坚持按劳分配为主体、多种分配方式并存的分配制度。

第七条 〔国有经济〕国有经济,即社会主义全民所有制经济,是国民经济中的主导力量。国家保障国有经济的巩固和发展。

第八条 〔集体经济〕农村集体经济组织实行家庭承包经营为基础、统分结合的双层经营体制。农村中的生产、供销、信用、消费等各种形式的合作经济,是社会主义劳动群众集体所有制经济。参加农村集体经济组织的劳动者,有权在法律规定的范围内经营自留地、自留山、家庭副业和饲养自留畜。

城镇中的手工业、工业、建筑业、运输业、商业、服务业等行业的各种形式的合作经济,都是社会主义劳动群众集体所有制经济。

国家保护城乡集体经济组织的合法的权利和利益,鼓励、指导和帮助集体经济的发展。

第九条 〔自然资源〕矿藏、水流、森林、山岭、草原、荒地、滩涂等自然资源,都属于国家所有,即全民所有;由法律规定属于集体所有的森林和山岭、草原、荒地、滩涂除外。

国家保障自然资源的合理利用,保护珍贵的动物和植物。禁止任何组织或者个人用任何手段侵占或者破坏自然资源。

第十条 〔土地制度〕城市的土地属于国家所有。

农村和城市郊区的土地,除由法律规定属于国家所有的以外,属于集体所有;宅基地和自留地、自留山,也属于集体所有。

国家为了公共利益的需要,可以依照法律规定对土地实行征收或者征用并给予补偿。

任何组织或者个人不得侵占、买卖或者以其他形式非法转让土地。土地的使用权可以依照法律的规定转让。

一切使用土地的组织和个人必须合理地利用土地。

第十一条 〔非公有制经济〕在法律规定范围内的个体经济、私营经济等非公有制经济,是社会主义市场经济的重要组成部分。

国家保护个体经济、私营经济等非公有制经济的合法的权利和利益。国家鼓励、支持和引导非公有制经济的发展,并对非公有制经济依法实行监督和管理。

第十二条 〔公共财产不可侵犯〕社会主义的公共财产神圣不可侵犯。

国家保护社会主义的公共财产。禁止任何组织或个人用任何手段侵占或者破坏国家的和集体的财产。

第十三条 〔保护私有财产〕公民的合法的私有财产不受侵犯。

国家依照法律规定保护公民的私有财产权和继承权。

国家为了公共利益的需要,可以依照法律规定对公民的私有财产实行征收或者征用并给予补偿。

第十五条 〔市场经济〕国家实行社会主义市场经济。

国家加强经济立法,完善宏观调控。

国家依法禁止任何组织或者个人扰乱社会经济秩序。

(二)基本社会制度

(1)社会保障制度

第十四条第四款 〔生产、积累和消费〕国家建立健全同经济发展水平相适应的社会保障制度。

第四十五条 〔获得救济的权利〕中华人民共和国公民在年老、疾病或者丧失劳动能力的情况下,有从国家和社会获得物质帮助的权利。国家发展为公民享受这些权利所需要的社会保险、社会救济和医疗卫生事业。

国家和社会保障残废军人的生活,抚恤烈士家属,优待军人家属。

国家和社会帮助安排盲、聋、哑和其他有残疾的公民

的劳动、生活和教育。

第四十八条 〔男女平等〕中华人民共和国妇女在政治的、经济的、文化的、社会的和家庭的生活等各方面享有同男子平等的权利。

国家保护妇女的权利和利益，实行男女同工同酬，培养和选拔妇女干部。

第四十九条第一款 〔婚姻家庭制度〕婚姻、家庭、母亲和儿童受国家的保护。

(2)劳动保障制度

第四十二条第二、四款 〔劳动权利与义务〕国家通过各种途径，创造劳动就业条件，加强劳动保护，改善劳动条件，并在发展生产的基础上，提高劳动报酬和福利待遇。

国家对就业前的公民进行必要的劳动就业训练。

(3)医疗卫生事业

第二十一条第一款 〔医疗、卫生与体育事业〕国家发展医疗卫生事业，发展现代医药和我国传统医药，鼓励和支持农村集体经济组织、国家企业事业组织和街道组织举办各种医疗卫生设施，开展群众性的卫生活动，保护人民健康。

(4)社会人才培养制度

第二十三条 〔人才培养〕国家培养为社会主义服务的各种专业人才，扩大知识分子的队伍，创造条件，充分发挥他们在社会主义现代化建设中的作用。

(5)社会秩序及安全维护制度

第二十八条 〔维护社会秩序〕国家维护社会秩序，镇压叛国和其他危害国家安全的犯罪活动，制裁危害社会治安、破坏社会主义经济和其他犯罪的活动，惩办和改造犯罪分子。

第二十九条 〔武装力量〕中华人民共和国的武装力量属于人民。它的任务是巩固国防，抵抗侵略，保卫祖国，保卫人民的和平劳动，参加国家建设事业，努力为人民服务。

国家加强武装力量的革命化、现代化、正规化的建设，增强国防力量。

专题十二　国家的基本制度(下)

考点43　选举制度

(一)选举权

《选举法》

第三条 〔直接选举与间接选举〕全国人民代表大会的代表，省、自治区、直辖市、设区的市、自治州的人民代表大会的代表，由下一级人民代表大会选举。

不设区的市、市辖区、县、自治县、乡、民族乡、镇的人民代表大会的代表，由选民直接选举。

第四条 〔选举权的条件〕中华人民共和国年满十八周岁的公民，不分民族、种族、性别、职业、家庭出身、宗教信仰、教育程度、财产状况和居住期限，都有选举权和被选举权。

依照法律被剥夺政治权利的人没有选举权和被选举权。

第六条 〔人民解放军单独选举原则〕人民解放军单独进行选举，选举办法另订。

(二)各级人大选举的主持者

《选举法》

第九条 〔各级选举的主持机构〕全国人民代表大会常务委员会主持全国人民代表大会代表的选举。省、自治区、直辖市、设区的市、自治州的人民代表大会常务委员会主持本级人民代表大会代表的选举。

不设区的市、市辖区、县、自治县、乡、民族乡、镇设立选举委员会，主持本级人民代表大会代表的选举。不设区的市、市辖区、县、自治县的选举委员会受本级人民代表大会常务委员会的领导。乡、民族乡、镇的选举委员会受不设区的市、市辖区、县、自治县的人民代表大会常务委员会的领导。

省、自治区、直辖市、设区的市、自治州的人民代表大会常务委员会指导本行政区域内县级以下人民代表大会代表的选举工作。

(三)各级人大代表的名额确定

《选举法》

第十二条第三款 〔地方各级人大代表的名额确定〕自治区、聚居的少数民族多的省，经全国人民代表大会常务委员会决定，代表名额可以另加百分之五。聚居的少数民族多或者人口居住分散的县、自治县、乡、民族乡，经省、自治区、直辖市的人民代表大会常务委员会决定，代表名额可以另加百分之五。

第十三条 〔地方各级人大代表具体名额的确定〕省、自治区、直辖市的人民代表大会代表的具体名额，由全国人民代表大会常务委员会依照本法确定。设区的市、自治州和县级人民代表大会代表的具体名额，由省、自治区、直辖市的人民代表大会常务委员会依照本法确定，报全国人民代表大会常务委员会备案。乡级的人民代表大会代表的具体名额，由县级的人民代表大会常务委员会依照本法确定，报上一级人民代表大会常务委员会备案。

(四)代表名额的分配

《选举法》

第十五条 〔地方人大代表的名额的分配原则〕地方各级人民代表大会代表名额，由本级人民代表大会常务委员会或者本级选举委员会根据本行政区域所辖的下一级各行政区域或者各选区的人口数，按照每一代表所代表的城乡人口数相同的原则，以及保证各地区、各民族、各方面都有适当数量代表的要求进行分配。在县、自治县的人民代表大会中，人口特少的乡、民族乡、镇，至少应有代表一人。

地方各级人民代表大会代表名额的分配办法，由省、自治区、直辖市人民代表大会常务委员会参照全国人民代表大会代表名额分配的办法，结合本地区的具体情况规定。

第十七条 〔全国人大代表名额的分配〕全国人民代表大会代表名额，由全国人民代表大会常务委员会根据各省、自治区、直辖市的人口数，按照每一代表所代表的城乡人口数相同的原则,以及保证各地区、各民族、各方面都有适当数量代表的要求进行分配。

省、自治区、直辖市应选全国人民代表大会代表名额,由根据人口数计算确定的名额数、相同的地区基本名额数和其他应选名额数构成。

全国人民代表大会代表名额的具体分配,由全国人民代表大会常务委员会决定。

第十九条 〔聚居少数民族人大代表的确定〕有少数民族聚居的地方,每一聚居的少数民族都应有代表参加当地的人民代表大会。

聚居境内同一少数民族的总人口数占境内总人口数百分之三十以上的,每一代表所代表的人口数应相当于当地人民代表大会每一代表所代表的人口数。

聚居境内同一少数民族的总人口数不足境内总人口数百分之十五的,每一代表所代表的人口数可以适当少于当地人民代表大会每一代表所代表的人口数,但不得少于二分之一;实行区域自治的民族人口特少的自治县,经省、自治区的人民代表大会常务委员会决定,可以少于二分之一。人口特少的其他聚居民族,至少应有代表一人。

聚居境内同一少数民族的总人口数占境内总人口数百分之十五以上,不足百分之三十的,每一代表所代表的人口数,可以适当少于当地人民代表大会每一代表所代表的人口数,但分配给该少数民族的应代表名额不得超过代表总名额的百分之三十。

第二十一条 〔散居少数民族选举办法〕散居的少数民族应当地人民代表大会的代表,每一代表所代表的人口数可以少于当地人民代表大会每一代表所代表的人口数。

自治区、自治州、自治县和有少数民族聚居的乡、民族乡、镇的人民代表大会,对于散居的其他少数民族和汉族代表的选举,适用前款的规定。

第二十五条 〔直接选举选区的划分〕不设区的市、市辖区、县、自治县、乡、民族乡、镇的人民代表大会的代表名额分配到选区,按选区进行选举。选区可以按居住状况划分,也可以按生产单位、事业单位、工作单位划分。

选区的大小,按照每一选区选一名至三名代表划分。

(五)选民登记
《选举法》
第二十七条 〔选民登记〕选民登记按选区进行,经登记确认的选民资格长期有效。每次选举前对上次选民登记以后新满十八周岁的、被剥夺政治权利期满后恢复政治权利的选民,予以登记。对选民经登记后迁出原选区的,列入新迁入的选区的选民名单;对死亡的和依照法律被剥夺政治权利的人,从选民名单上除名。

精神病患者不能行使选举权利的,经选举委员会确认,不列入选民名单。

第二十八条 〔选民名单的公布〕选民名单应在选举日的二十日以前公布,实行凭选民证参加投票选举的,并应当发给选民证。

第二十九条 〔选民名单异议处理〕对于公布的选民名单有不同意见的,可以在选民名单公布之日起五日内向选举委员会提出申诉。选举委员会对申诉意见,应在三日内作出处理决定。申诉人如果对处理决定不服,可以在选举日的五日以前向人民法院起诉,人民法院应在选举日以前作出判决。人民法院的判决为最后决定。

(六)代表候选人的产生
《选举法》
第三十条 〔代表候选人的产生〕全国和地方各级人民代表大会的代表候选人,按选区或者选举单位提名产生。

各政党、各人民团体,可以联合或者单独推荐代表候选人。选民或者代表,十人以上联名,也可以推荐代表候选人。推荐者应向选举委员会或者大会主席团介绍代表候选人的情况。接受推荐的代表候选人应当向选举委员会或者大会主席团如实提供个人身份、简历等基本情况。提供的基本情况不实的,选举委员会或者大会主席团应当向选民或者代表通报。

各政党、各人民团体联合或者单独推荐的代表候选人的人数,每一选民或者代表参加联名推荐的代表候选人的人数,均不得超过本选区或者选举单位应选代表的名额。

第三十一条 〔差额选举〕全国和地方各级人民代表大会代表实行差额选举,代表候选人的人数应多于应选代表的名额。

由选民直接选举人民代表大会代表的,代表候选人的人数应多于应选代表名额三分之一至一倍;由县级以上的地方各级人民代表大会选举上一级人民代表大会代表的,代表候选人的人数应多于应选代表名额五分之一至二分之一。

第三十二条 〔代表候选人、正式代表候选人〕由选民直接选举人民代表大会代表的,代表候选人由各选区选民和各政党、各人民团体提名推荐。选举委员会汇总后,将代表候选人名单及代表候选人的基本情况在选举日的十五日以前公布,并交各该选区的选民小组讨论、协商,确定正式代表候选人名单。如果所提代表候选人的人数超过本法第三十一条规定的最高差额比例,由选举委员会交各该选区的选民小组讨论、协商,根据较多数选民的意见,确定正式代表候选人名单;对正式代表候选人不能形成较为一致意见的,进行预选,根据预选时得票多少的顺序,确定正式代表候选人名单。正式代表候选人名单及代表候选人的基本情况应当在选举日的七日以前公布。

县级以上的地方各级人民代表大会在选举上一级人民代表大会代表时,提名、酝酿代表候选人的时间不得少于两天。各该级人民代表大会主席团将依法提出的代表候选人名单及代表候选人的基本情况印发全体代表,由全体代表酝酿、讨论。如果所提代表候选人的人数符合本法第三十一条规定的差额比例,直接进行投票选举。如果所提代表候选人的人数超过本法第三十一条规定的最高差额比例,进行预选,根据预选时得票多少的顺序,按照本级人民代表大会的选举办法根据本法确定的具体差额比例,确定正式代表候选人名单,进行投票选举。

第三十三条 〔间接选举中的代表候选人〕县级以上的地方各级人民代表大会在选举上一级人民代表大会代表时,代表候选人不限于各该级人民代表大会的代表。

第三十四条 〔代表候选人的介绍〕选举委员会或者人民代表大会主席团应当向选民或者代表介绍代表候选人的情况。推荐代表候选人的政党、人民团体和选民、代表可以在选民小组或者代表小组会议上介绍所推荐的代表候选人的情况。选举委员会根据选民的要求,应当组织代表候选人与选民见面,由代表候选人介绍本人的情况,回答选民的问题。但是,在选举日必须停止代表候选人的介绍。

第三十五条 〔不得接受境外资助〕公民参加各级人民代表大会代表的选举,不得直接或者间接接受境外机构、组织、个人提供的与选举有关的任何形式的资助。

违反前款规定的,不列入代表候选人名单;已经列入代表候选人名单的,从名单中除名;已经当选的,其当选无效。

第三十六条 〔依法选举制度〕全国人民代表大会和地方各级人民代表大会代表的选举,应当严格依照法定程序进行,并接受监督。任何组织或者个人都不得以任何方式干预选民或者代表自由行使选举权。

第三十八条 〔方便投票原则〕选举委员会应当根据各选区选民分布状况,按照方便选民投票的原则设立投票站,进行选举。选民居住比较集中的,可以召开选举大会,进行选举;因患有疾病等原因行动不便或者居住分散并且交通不便的选民,可以流动票箱投票。

第三十九条 〔间接选举的主持机关〕县级以上的地方各级人民代表大会在选举上一级人民代表大会代表时,由各该级人民代表大会主席团主持。

(七)投票与当选

《选举法》

第四十条 〔秘密投票原则〕全国和地方各级人民代表大会代表的选举,一律采用无记名投票的方法。选举时应当设有秘密写票处。

选民如果是文盲或者因残疾不能写选票的,可以委托他信任的人代写。

第四十一条 〔选举权行使方式〕选举人对于代表候选人可以投赞成票,可以投反对票,可以另选其他任何选民,也可以弃权。

第四十二条 〔委托选举〕选民如果在选举期间外出,经选举委员会同意,可以书面委托其他选民代为投票。每一选民接受的委托不得超过三人,并应当按照委托人的意愿代为投票。

第四十四条 〔投票的效力〕每次选举所投的票数,多于投票人数的无效,等于或者少于投票人数的有效。

每一选票所选的人数,多于规定应选代表人数的作废,等于或者少于规定应选代表人数的有效。

第四十五条 〔人大代表的当选〕在选民直接选举人民代表大会代表时,选区全体选民的过半数参加投票,选举有效。代表候选人获得参加投票的选民过半数的选票时,始得当选。

县级以上的地方各级人民代表大会在选举上一级人民代表大会代表时,代表候选人获得全体代表过半数的选票时,始得当选。

获得过半数选票的代表候选人的人数超过应选代表名额时,以得票多的当选。如遇票数相等不能确定当选人时,应当就票数相等的候选人再次投票,以得票多的当选。

获得过半数选票的当选代表的人数少于应选代表的名额时,不足的名额另行选举。另行选举时,根据在第一次投票时得票多少的顺序,按照本法第三十一条规定的差额比例,确定候选人名单。如果只选一人,候选人应为二人。

依照前款规定另行选举县级和乡级的人民代表大会代表时,代表候选人以得票多的当选,但是得票数不得少于选票的三分之一;县级以上的地方各级人民代表大会在另行选举上一级人民代表大会代表时,代表候选人获得全体代表过半数的选票,始得当选。

(八)对代表的监督和罢免

(1)对直接选举的代表的罢免

《选举法》

第五十条 〔直接选举罢免程序〕对于县级的人民代表大会代表,原选区选民五十人以上联名,对于乡级的人民代表大会代表,原选区选民三十人以上联名,可以向县级的人民代表大会常务委员会书面提出罢免要求。

罢免要求应当写明罢免理由。被提出罢免的代表有权在选民会议上提出申辩意见,也可以书面提出申辩意见。

县级的人民代表大会常务委员会应当将罢免要求和被提出罢免的代表的书面申辩意见印发原选区选民。

表决罢免要求,由县级的人民代表大会常务委员会派有关负责人员主持。

(2)对间接选举的代表的罢免

《选举法》

第五十一条 〔间接选举罢免程序〕县级以上的地方各级人民代表大会举行会议的时候,主席团或者十分之一以上代表联名,可以提出对由该级人民代表大会选出的上一级人民代表大会代表的罢免案。在人民代表大会闭会期间,县级以上的地方各级人民代表大会常务委员会主任会议或者常务委员会五分之一以上组成人员联名,可以向常务委员会提出对由该级人民代表大会选出的上一级人民代表大会代表的罢免案。罢免案应当写明罢免理由。

县级以上的地方各级人民代表大会举行会议的时候,被提出罢免的代表有权在主席团会议和大会全体会议上提出申辩意见,或者书面提出申辩意见,由主席团印发会议。罢免案经会议审议后,由主席团提请全体会议表决。

县级以上的地方各级人民代表大会常务委员会举行会议的时候,被提出罢免的代表有权在主任会议和常务委员会全体会议上提出申辩意见,或者书面提出申辩见,由主任会议印发会议。罢免案经会议审议后,由主任会议提请全体会议表决。

(3)罢免的表决及法定人数

《选举法》

第五十二条 〔罢免代表的表决方式〕罢免代表采用无记名的表决方式。

第五十三条 〔罢免代表的通过〕罢免县级和乡级的人民代表大会代表,须经原选区过半数的选民通过。

罢免由县以上的地方各级人民代表大会选出的代表,须经各该级人民代表大会过半数的代表通过;在代表大会闭会期间,须经常务委员会组成人员的过半数通过。罢免的决议,须报送上一级人民代表大会常务委员会备案、公告。

(4)对特殊代表的罢免

《选举法》

第五十四条 〔被罢免代表职务的撤销及公告〕县级以上的各级人民代表大会常务委员会组成人员,县级以上的各级人民代表大会专门委员会成员的代表职务被罢免的,其常务委员会组成人员或者专门委员会成员的职务相应撤销,由主席团或者常务委员会予以公告。

乡、民族乡、镇的人民代表大会主席、副主席的代表职务被罢免的,其主席、副主席的职务相应撤销,由主席团予以公告。

(九)代表资格的终止及补选办法

《选举法》

第五十七条 〔代表的补选〕代表在任期内,因故出缺,由原选区或者原选举单位补选。

地方各级人民代表大会代表在任期内调离或者迁出本行政区域的,其代表资格自行终止,缺额另行补选。

县级以上的地方各级人民代表大会闭会期间,可以由本级人民代表大会常务委员会补选上一级人民代表大会代表。

补选出缺的代表时,代表候选人的名额可以多于应选代表的名额,也可以同应选代表的名额相等。补选的具体办法,由省、自治区、直辖市的人民代表大会常务委员会规定。

对补选产生的代表,依照本法第四十七条的规定进行代表资格审查。

考点46 民族区域自治制度

(一)民族自治地方的自治机关

《民族区域自治法》

第十五条 〔自治机关〕民族自治地方的自治机关是自治区、自治州、自治县的人民代表大会和人民政府。

民族自治地方的人民政府对本级人民代表大会和上一级国家行政机关负责并报告工作,在本级人民代表大会闭会期间,对本级人民代表大会常务委员会负责并报告工作。各民族自治地方的人民政府都是国务院统一领导下的国家行政机关,都服从国务院。

民族自治地方的自治机关的组织和工作,根据宪法和法律,由民族自治地方的自治条例或者单行条例规定。

第十六条 〔自治地方人代会的组成〕民族自治地方的人民代表大会中,除实行区域自治的民族的代表外,其他居住在本行政区域内的民族也应当有适当名额的代表。

民族自治地方的人民代表大会中,实行区域自治的民族和其他少数民族代表的名额和比例,根据法律规定的原则,由省、自治区、直辖市的人民代表大会常务委员会决定,并报全国人民代表大会常务委员会备案。

民族自治地方的人民代表大会常务委员会中应当有实行区域自治的民族的公民担任主任或者副主任。

第十七条 〔自治地方的政府首长〕自治区主席、自治州州长、自治县县长由实行区域自治的民族的公民担任。自治区、自治州、自治县的人民政府的其他组成人员,应当合理配备实行区域自治的民族和其他少数民族的人员。

民族自治地方的人民政府实行自治区主席、自治州州长、自治县县长负责制。自治区主席、自治州州长、自治县县长,分别主持本级人民政府工作。

第十八条 〔工作部门中的干部组成要求〕民族自治地方的自治机关所属工作部门的干部中,应当合理配备实行区域自治的民族和其他少数民族的人员。

《民族区域自治法》

第四十六条第三款 〔自治地方的司法机关〕民族自治地方的人民法院和人民检察院的领导成员和工作人员中,应当有实行区域自治的民族的人员。

(二)民族自治地方的自治权

《民族区域自治法》

第十九条 〔自治条例和单行条例〕民族自治地方的人民代表大会有权依照当地民族的政治、经济和文化的特点,制定自治条例和单行条例。自治区的自治条例和单行条例,报全国人民代表大会常务委员会批准后生效。自治州、自治县的自治条例和单行条例报省、自治区、直辖市的人民代表大会常务委员会批准后生效,并报全国人民代表大会常务委员会和国务院备案。

第二十条 〔变通执行权〕上级国家机关的决议、决定、命令和指示,如有不适合民族自治地方实际情况的,自治机关可以报经该上级国家机关批准,变通执行或者停止执行;该上级国家机关应当在收到报告之日起六十日内给予答复。

第二十三条 〔优先招收少数民族人员〕民族自治地方的企业、事业单位依照国家规定招收人员时,优先招收少数民族人员,并且可以从农村和牧区少数民族人口中招收。

第二十四条 〔自治地方的公安部队〕民族自治地方的自治机关依照国家的军事制度和当地的实际需要,经国务院批准,可以组织本地方维护社会治安的公安部队。

第三十一条 〔开展对外贸易权〕民族自治地方依照国家规定,可以开展对外经济贸易活动,经国务院批准,可以开辟对外贸易口岸。

与外国接壤的民族自治地方经国务院批准,开展边境贸易。

民族自治地方在对外经济贸易活动中,享受国家的优惠政策。

第三十二条 〔财政自主权〕民族自治地方的财政是一级财政,是国家财政的组成部分。

民族自治地方的自治机关有管理地方财政的自治权。凡是依照国家财政体制属于民族自治地方的财政收入,都应当由民族自治地方的自治机关<u>自主地安排使用</u>。

民族自治地方在全国统一的财政体制下,通过国家实行的规范的<u>财政转移支付制度</u>,享受上级财政的照顾。

民族自治地方的财政预算支出,按照国家规定,设机动资金,预备费在预算中所占比例高于一般地区。

民族自治地方的自治机关在执行财政预算过程中,自行安排使用收入的超收和支出的节余资金。

第三十三条 〔补充规定和具体办法〕民族自治地方的自治机关对本地方的各项开支标准、定员、定额,根据国家规定的原则,结合本地方的实际情况,可以制定补充规定和具体办法。自治区制定的补充规定和具体办法,报国务院备案;自治州、自治县制定的补充规定和具体办法,须报省、自治区、直辖市人民政府批准。

第三十四条 〔变通执行税收政策权〕民族自治地方的自治机关在执行国家税法的时候,除应由国家统一审批的减免税收项目以外,对属于地方财政收入的某些需要从税收上加以照顾和鼓励的,可以<u>实行减税或者免税</u>。自治州、自治县决定减税或者免税,须报省、自治区、直辖市人民政府批准。

第四十二条第二款 〔**对外进行经济、文化、教育等交流的自主权**〕<u>自治区、自治州</u>的自治机关依照国家规定,可以和国外进行教育、科学技术、文化艺术、卫生、体育等方面的交流。

考点 47 特别行政区制度

(一)中央和特别行政区的关系

《香港特别行政区基本法》

第十二条 〔行政隶属关系〕香港特别行政区是中华人民共和国的一个享有高度自治权的<u>地方行政区域</u>,直辖于中央人民政府。

第十七条 〔香港特别行政区的立法权〕香港特别行政区享有立法权。

香港特别行政区的立法机关制定的法律须报全国人民代表大会常务委员会备案。备案不影响该法律的生效。

全国人民代表大会常务委员会在征询其所属的香港特别行政区基本法委员会后,如认为香港特别行政区立法机关制定的任何法律不符合本法关于中央管理的事务及中央和香港特别行政区的关系的条款,可将有关法律发回,但<u>不作修改</u>。经全国人民代表大会常务委员会发回的法律<u>立即失效</u>。该法律的失效,除香港特别行政区的法律另有规定外,无溯及力。

第十八条 〔在行政区内实施的法律种类〕在香港特别行政区实行的法律为本法以及本法第八条规定的香港原有法律和香港特别行政区立法机关制定的法律。

全国性法律除列于本法附件三者外,不在香港特别行政区实施。凡列于本法附件三之法律,由香港特别行政区在当地公布或立法实施。

全国人民代表大会常务委员会在征询其所属的香港特别行政区基本法委员会和香港特别行政区政府的意见后,可对列于本法附件三的法律作出增减,任何列入附件三的法律,限于有关国防、外交和其他按本法规定不属于香港特别行政区自治范围的法律。

<u>全国人民代表大会常务委员会决定宣布战争状态或因香港特别行政区内发生香港特别行政区政府不能控制的危及国家统一或安全的动乱而决定香港特别行政区进入紧急状态,中央人民政府可发布命令将有关全国性法律在香港特别行政区实施</u>。

第十九条 〔独立的司法权和终审权〕香港特别行政区享有独立的司法权和终审权。

香港特别行政区法院除继续保持香港原有法律制度和原则对法院审判权所作的限制外,对香港特别行政区所有的案件均有审判权。

香港特别行政区法院对国防、<u>外交</u>等国家行为无<u>管辖权</u>。香港特别行政区法院在审理案件中遇有涉及国防、外交等国家行为的事实问题,应取得行政长官就该等问题发出的证明文件,上述文件对法院<u>有约束力</u>。行政长官在发出证明文件前,须取得中央人民政府的证明书。

(二)行政长官

《香港特别行政区基本法》

第四十四条 〔行政长官的任职条件〕香港特别行政区行政长官由年满四十周岁,在香港通常居住连续满二十年并在<u>外国无居留权</u>的香港特别行政区永久性居民中的<u>中国公民</u>担任。

第四十九条 〔对法案的否决权〕香港特别行政区行政长官如认为立法会通过的法案不符合香港特别行政区的整体利益,可在三个月内将法案发回立法会重议,立法会如以不少于全体议员三分之二多数再次通过原案,行政长官必须在一个月内签署公布或按本法第五十条的规定处理。

第五十条 〔解散立法会的权利〕香港特别行政区行政长官如拒绝签署立法会再次通过的法案或立法会拒绝通过政府提出的财政预算案或其他重要法案,经协商仍不能取得一致意见,行政长官可解散立法会。

行政长官在解散立法会前,须征询行政会议的意见。行政长官在其一任任期内只能解散立法会<u>一次</u>。

第五十二条 〔行政长官必须辞职的情形〕香港特别行政区行政长官如有下列情况之一者必须辞职:

(一)因严重疾病或其他原因无力履行职务;

(二)因<u>两次拒绝签署</u>立法会通过的法案而解散立法会,重选的立法会仍以全体议员三分之二多数通过所争议的原案,而行政长官仍拒绝签署;

(三)因立法会拒绝通过财政预算案或其他重要法案而解散立法会,重选的立法会继续拒绝通过所争议的原案。

《澳门特别行政区基本法》

第四十六条 〔行政长官的任职条件〕澳门特别行政区行政长官由年满四十周岁，在澳门通常居住连续满二十年的澳门特别行政区永久性居民中的中国公民担任。

(三)立法会

《香港特别行政区基本法》

第六十七条 〔立法会成员的任职条件〕香港特别行政区立法会由在外国无居留权的香港特别行政区永久性居民中的中国公民组成。但非中国籍的香港特别行政区永久性居民和在外国有居留权的香港特别行政区永久性居民也可以当选为香港特别行政区立法会议员，其所占比例不得超过立法会全体议员的百分之二十。

第六十九条 〔立法会的任期〕香港特别行政区立法会除第一届任期为两年外，每届任期四年。

第七十一条 〔立法会主席的产生方式和任职条件〕香港特别行政区立法会主席由立法会议员互选产生。

香港特别行政区立法会主席由年满四十周岁，在香港通常居住连续满二十年并在外国无居留权的香港特别行政区永久性居民中的中国公民担任。

《澳门特别行政区基本法》

第六十八条第一款 〔立法会成员的任职条件〕澳门特别行政区立法会议员由澳门特别行政区永久性居民担任。

第七十二条 〔立法会主席的产生方式和任职条件〕澳门特别行政区立法会设主席、副主席各一人。主席、副主席由立法会议员互选产生。

澳门特别行政区立法会主席、副主席由在澳门通常居住连续满十五年的澳门特别行政区永久性居民中的中国公民担任。

(四)司法机关

《香港特别行政区基本法》

第八十一条第一款 〔法院体系〕香港特别行政区设立终审法院、高等法院、区域法院、裁判署法庭和其他专门法庭。高等法院设上诉法庭和原讼法庭。

第八十二条 〔终审法院〕香港特别行政区的终审权属于香港特别行政区终审法院。终审法院可根据需要邀请其他普通法适用地区的法官参加审判。

第九十条 〔首席法官的产生方式〕香港特别行政区终审法院和高等法院的首席法官，应由在外国无居留权的香港特别行政区永久性居民中的中国公民担任。

除本法第八十八条和第八十九条规定的程序外，香港特别行政区终审法院的法官和高等法院首席法官的任命或免职，还须由行政长官征得立法会同意，并报全国人民代表大会常务委员会备案。

《澳门特别行政区基本法》

第八十四条 〔法院体系〕澳门特别行政区设立初级法院、中级法院和终审法院。

澳门特别行政区终审权属于澳门特别行政区终审法院。

澳门特别行政区法院的组织、职权和运作由法律规定。

第八十五条第一款 〔专门法院〕澳门特别行政区初级法院可根据需要设立若干专门法院。

第八十六条 〔行政法院〕澳门特别行政区设立行政法院。行政法院是管辖行政诉讼和税务诉讼的法院。不服行政法院裁决者，可向中级法院上诉。

第八十八条 〔院长的选任方式〕澳门特别行政区各级法院的院长由行政长官从法官中选任。

终审法院院长由澳门特别行政区永久性居民中的中国公民担任。

终审法院院长的任命和免职须报全国人民代表大会常务委员会备案。

第九十条 〔独立行使检察权原则〕澳门特别行政区检察院独立行使法律赋予的检察职能，不受任何干涉。

澳门特别行政区检察长由澳门特别行政区永久性居民中的中国公民担任，由行政长官提名，报中央人民政府任命。

检察官经检察长提名，由行政长官任命。

检察院的组织、职权和运作由法律规定。

(五)基本法的解释

《香港特别行政区基本法》

第一百五十八条 〔本法的解释权〕本法的解释权属于全国人民代表大会常务委员会。

全国人民代表大会常务委员会授权香港特别行政区法院在审理案件时对本法关于香港特别行政区自治范围内的条款自行解释。

香港特别行政区法院在审理案件时对本法的其他条款也可解释。但如香港特别行政区法院在审理案件时需要对本法关于中央人民政府管理的事务或中央和香港特别行政区关系的条款进行解释，而该条款的解释又影响到案件的判决，在对该案件作出不可上诉的终局判决前，应由香港特别行政区终审法院请全国人民代表大会常务委员会对有关条款作出解释。如全国人民代表大会常务委员会作出解释，香港特别行政区法院在引用该条款时，应以全国人民代表大会常务委员会的解释为准。但在此以前作出的判决不受影响。

全国人民代表大会常务委员会在对本法进行解释前，征询其所属的香港特别行政区基本法委员会的意见。

(六)基本法的修改

《香港特别行政区基本法》

第一百五十九条 〔本法的修改权〕本法的修改权属于全国人民代表大会。

本法的修改提案权属于全国人民代表大会常务委员会、国务院和香港特别行政区。香港特别行政区的修改议案，须经香港特别行政区的全国人民代表大会代表三分之二多数，香港特别行政区立法会全体议员三分之二多数和香港特别行政区行政长官同意后，交由香港特别行政区出席全国人民代表大会的代表团向全国人民代表大会提出。

本法的修改议案在列入全国人民代表大会的议程前，先由香港特别行政区基本法委员会研究并提出意见。

本法的任何修改，均不得同中华人民共和国对香港既定的基本方针政策相抵触。

考点48 基层群众自治制度

（一）村民委员会组织法

(1)村民委员会的设立

《村民委员会组织法》

第三条 〔村委会的设立、撤销、范围〕村民委员会根据村民居住状况、人口多少，按照便于群众自治，有利于经济发展和社会管理的原则设立。

村民委员会的设立、撤销、范围调整，由乡、民族乡、镇的人民政府提出，经村民会议讨论同意，报县级人民政府批准。

村民委员会可以根据村民居住状况、集体土地所有权关系等分设若干村民小组。

第五条 〔独立开展工作的原则〕乡、民族乡、镇的人民政府对村民委员会的工作给予指导、支持和帮助，但是不得干预依法属于村民自治范围内的事项。

村民委员会协助乡、民族乡、镇的人民政府开展工作。

(2)村民委员会的组成

《村民委员会组织法》

第六条 〔村委会的成员〕村民委员会由主任、副主任和委员共三至七人组成。

村民委员会成员中，应当有妇女成员，多民族村民居住的村应当有人数较少的民族的成员。

对村民委员会成员，根据工作情况，给予适当补贴。

第七条 〔村委会机构设置〕村民委员会根据需要设人民调解、治安保卫、公共卫生与计划生育等委员会。村民委员会成员可以兼任下属委员会的成员。人口少的村的村民委员会可以不设下属委员会，由村民委员会成员分工负责人民调解、治安保卫、公共卫生与计划生育等工作。

(3)村民委员会的选举

《村民委员会组织法》

第十一条 〔成员产生方式和任期〕村民委员会主任、副主任和委员，由村民直接选举产生。任何组织或者个人不得指定、委派或者撤换村民委员会成员。

村民委员会每届任期五年，届满应当及时举行换届选举。村民委员会成员可以连选连任。

第十二条 〔村民选举委员会〕村民委员会的选举，由村民选举委员会主持。

村民选举委员会由主任和委员组成，由村民会议、村民代表会议或者各村民小组会议推选产生。

村民选举委员会成员被提名为村民委员会成员候选人，应当退出村民选举委员会。

村民选举委员会成员退出村民选举委员会或者因其他原因出缺的，按照原推选结果依次递补，也可以另行推选。

第十三条 〔选举权和选民名单〕年满十八周岁的村民，不分民族、种族、性别、职业、家庭出身、宗教信仰、教育程度、财产状况、居住期限，都有选举权和被选举权；但是，依照法律被剥夺政治权利的人除外。

村民委员会选举前，应当对下列人员进行登记，列入参加选举的村民名单：

（一）户籍在本村并且在本村居住的村民；

（二）户籍在本村，不在本村居住，本人表示参加选举的村民；

（三）户籍不在本村，在本村居住一年以上，本人申请参加选举，并且经村民会议或者村民代表会议同意参加选举的公民。

已在户籍所在村或者居住村登记参加选举的村民，不得再参加其他地方村民委员会的选举。

第十四条 〔选民名单异议的处理〕登记参加选举的村民名单应当在选举日的二十日前由村民选举委员会公布。

对登记参加选举的村民名单有异议的，应当自名单公布之日起五日内向村民选举委员会申诉，村民选举委员会应当自收到申诉之日起三日内作出处理决定，并公布处理结果。

第十六条 〔罢免村委会成员的程序〕本村五分之一以上有选举权的村民或者三分之一以上的村民代表联名，可以提出罢免村民委员会成员的要求，并说明要求罢免的理由。被提出罢免的村民委员会成员有权提出申辩意见。

罢免村民委员会成员，须有登记参加选举的村民过半数投票，并须经投票的村民过半数通过。

第十八条 〔村委会成员的职务终止〕村民委员会成员丧失行为能力或者被判处刑罚的，其职务自行终止。

第十九条 〔村委会成员的补选〕村民委员会成员出缺，可以由村民会议或者村民代表会议进行补选。补选程序参照本法第十五条的规定办理。补选的村民委员会成员的任期到本届村民委员会任期届满时止。

(4)村民会议

《村民委员会组织法》

第二十一条 〔村民会议的组成和召集〕村民会议由本村十八周岁以上的村民组成。

村民会议由村民委员会召集。有十分之一以上的村民或者三分之一以上的村民代表提议，应当召集村民会议。召集村民会议，应当提前十天通知村民。

第二十二条 〔村民会议的召开〕召开村民会议，应当有本村十八周岁以上村民的过半数，或者本村三分之二以上的户的代表参加，村民会议所作决定应当经到会人员的过半数通过。法律对召开村民会议及作出决定另有规定的，依照其规定。

召开村民会议，根据需要可以邀请驻本村的企业、事业单位和群众组织派代表列席。

第二十三条 〔村民会议的职权〕村民会议审议村民委员会的年度工作报告，评议村民委员会成员的工作；有权撤销或者变更村民委员会不适当的决定；有权撤销或者变更村民代表会议不适当的决定。

村民会议可以授权村民代表会议审议村民委员会的年度工作报告，评议村民委员会成员的工作，撤销或者变更村民委员会不适当的决定。

第二十七条 〔制定有关文件的权利〕村民会议可以制定和修改村民自治章程、村规民约，并报乡、民族乡、镇的人民政府备案。

村民自治章程、村规民约以及村民会议或者村民代表会议的决定不得与宪法、法律、法规和国家的政策相抵触，不得有侵犯村民的人身权利、民主权利和合法财产权利的内容。

村民自治章程、村规民约以及村民会议或者村民代表会议的决定违反前款规定的，由乡、民族乡、镇的人民政府责令改正。

(5) 村民代表会议

《村民委员会组织法》

第二十五条 〔村民代表会议及代表〕人数较多或者居住分散的村，可以设立村民代表会议，讨论决定村民会议授权的事项。村民代表会议由村民委员会成员和村民代表组成，村民代表应当占村民代表会议组成人员的五分之四以上，妇女村民代表应当占村民代表会议组成人员的三分之一以上。

村民代表由村民按每五户至十五户推选一人，或者由各村民小组推选若干人。村民代表的任期与村民委员会的任期相同。村民代表可以连选连任。

村民代表应当向其推选户或者村民小组负责，接受村民监督。

第二十六条 〔村民代表会议的召集和召开〕村民代表会议由村民委员会召集。村民代表会议每季度召开一次。有五分之一以上的村民代表提议，应当召集村民代表会议。

村民代表会议有三分之二以上的组成人员参加方可召开，所作决定应当经到会人员的过半数同意。

(6) 村民小组会议

《村民委员会组织法》

第二十八条 〔村民小组会议〕召开村民小组会议，应当有本村民小组十八周岁以上的村民三分之二以上，或者本村民小组三分之二以上的户的代表参加，所作决定应当经到会人员的过半数同意。

村民小组组长由村民小组会议推选。村民小组组长任期与村民委员会的任期相同，可以连选连任。

属于村民小组的集体所有的土地、企业和其他财产的经营管理以及公益事项的办理，由村民小组会议依照有关法律的规定讨论决定，所作决定及实施情况应当及时向本村民小组的村民公布。

(7) 民主管理与监督

《村民委员会组织法》

第三十条 〔村务公开制度〕村民委员会实行村务公开制度。

村民委员会应当及时公布下列事项，接受村民的监督：

(一) 本法第二十三条、第二十四条规定的由村民会议、村民代表会议讨论决定的事项及其实施情况；

(二) 国家计划生育政策的落实方案；

(三) 政府拨付和接受社会捐赠的救灾救助、补贴补助等资金、物资的管理使用情况；

(四) 村民委员会协助人民政府开展工作的情况；

(五) 涉及本村村民利益，村民普遍关心的其他事项。

前款规定事项中，一般事项至少每季度公布一次；集体财务往来较多的，财务收支情况应当每月公布一次；涉及村民利益的重大事项应当随时公布。

村民委员会应当保证所公布事项的真实性，并接受村民的查询。

第三十一条 〔违反村务公开制度的责任〕村民委员会不及时公布应当公布的事项或者公布的事项不真实的，村民有权向乡、民族乡、镇的人民政府或者县级人民政府及其有关主管部门反映，有关人民政府或者主管部门应当负责调查核实，责令依法公布；经查证确有违法行为的，有关人员应当依法承担责任。

第三十五条 〔村委会成员的经济责任审计制度〕村民委员会成员实行任期和离任经济责任审计，审计包括下列事项：

(一) 本村财务收支情况；

(二) 本村债权债务情况；

(三) 政府拨付和接受社会捐赠的资金、物资管理使用情况；

(四) 本村生产经营和建设项目的发包管理以及公益事业建设项目招标投标情况；

(五) 本村资金管理使用以及本村集体资产、资源的承包、租赁、担保、出让情况，征地补偿费的使用、分配情况；

(六) 本村五分之一以上的村民要求审计的其他事项。

村民委员会成员的任期和离任经济责任审计，由县级人民政府农业部门、财政部门或者乡、民族乡、镇的人民政府负责组织，审计结果应当公布，其中离任经济责任审计结果应当在下一届村民委员会选举之前公布。

(二) 居民委员会组织法

《居民委员会组织法》

第二条 〔居民委员会的性质及其与城市基层政府的关系〕居民委员会是居民自我管理、自我教育、自我服务的基层群众性自治组织。

不设区的市、市辖区的人民政府或者它的派出机关对居民委员会的工作给予指导、支持和帮助。居民委员会协助不设区的市、市辖区的人民政府或者它的派出机关开展工作。

第六条 〔居民委员会的设立原则〕居民委员会根据居民居住状况，按照便于居民自治的原则，一般在一百户至七百户的范围内设立。

居民委员会的设立、撤销、规模调整，由不设区的市、市辖区的人民政府决定。

第七条 〔居民委员会的组成〕居民委员会由主任、副主任和委员共五至九人组成。多民族居住地区，居民委员会中应当有人数较少的民族的成员。

第十五条 〔居民公约〕居民公约由居民会议讨论制

定,报不设区的市、市辖区的人民政府或者它的派出机关备案,由居民委员会监督执行。居民应当遵守居民会议的决议和居民公约。

居民公约的内容不得与宪法、法律、法规和国家的政策相抵触。

专题十三　公民的基本权利和义务

考点49 公民的基本权利

第三十三条　〔平等权〕凡具有中华人民共和国国籍的人都是中华人民共和国公民。

中华人民共和国公民在法律面前一律平等。

国家尊重和保障人权。

任何公民享有宪法和法律规定的权利,同时必须履行宪法和法律规定的义务。

第三十四条　〔选举权和被选举权〕中华人民共和国年满十八周岁的公民,不分民族、种族、性别、职业、家庭出身、宗教信仰、教育程度、财产状况、居住期限,都有选举权和被选举权;但是依照法律被剥夺政治权利的人除外。

第三十五条　〔政治自由〕中华人民共和国公民有言论、出版、集会、结社、游行、示威的自由。

第三十六条　〔宗教信仰自由〕中华人民共和国公民有宗教信仰自由。

任何国家机关、社会团体和个人不得强制公民信仰宗教或者不信仰宗教,不得歧视信仰宗教的公民和不信仰宗教的公民。

国家保护正常的宗教活动。任何人不得利用宗教进行破坏社会秩序、损害公民身体健康、妨碍国家教育制度的活动。

宗教团体和宗教事务不受外国势力的支配。

第三十七条　〔人身自由〕中华人民共和国公民的人身自由不受侵犯。

任何公民,非经人民检察院批准或者决定或者人民法院决定,并由公安机关执行,不受逮捕。

禁止非法拘禁和以其他方法非法剥夺或者限制公民的人身自由,禁止非法搜查公民的身体。

第三十八条　〔人格尊严及保护〕中华人民共和国公民的人格尊严不受侵犯。禁止用任何方法对公民进行侮辱、诽谤和诬告陷害。

第三十九条　〔住宅不受侵犯〕中华人民共和国公民的住宅不受侵犯。禁止非法搜查或者非法侵入公民的住宅。

第四十条　〔通信自由和秘密权〕中华人民共和国公民的通信自由和通信秘密受法律的保护。除因国家安全或者追查刑事犯罪的需要,由公安机关或者检察机关依照法律规定的程序对通信进行检查外,任何组织或者个人不得以任何理由侵犯公民的通信自由和通信秘密。

第四十一条　〔监督和取得赔偿权〕中华人民共和国公民对于任何国家机关和国家工作人员,有提出批评和建议的权利;对于任何国家机关和国家工作人员的违法

失职行为,有向有关国家机关提出申诉、控告或者检举的权利,但是不得捏造或者歪曲事实进行诬告陷害。

对于公民的申诉、控告或者检举,有关国家机关必须查清事实,负责处理。任何人不得压制和打击报复。

由于国家机关和国家工作人员侵犯公民权利而受到损失的人,有依照法律规定取得赔偿的权利。

第四十二条　〔劳动权利与义务〕中华人民共和国公民有劳动的权利和义务。

国家通过各种途径,创造劳动就业条件,加强劳动保护,改善劳动条件,并在发展生产的基础上,提高劳动报酬和福利待遇。

劳动是一切有劳动能力的公民的光荣职责。国有企业和城乡集体经济组织的劳动者都应当以国家主人翁的态度对待自己的劳动。国家提倡社会主义劳动竞赛,奖励劳动模范和先进工作者。国家提倡公民从事义务劳动。

国家对就业前的公民进行必要的劳动就业训练。

第四十三条　〔劳动者的休息权〕中华人民共和国劳动者有休息的权利。

国家发展劳动者休息和休养的设施,规定职工的工作时间和休假制度。

第四十四条　〔退休制度〕国家依照法律规定实行企业事业组织的职工和国家机关工作人员的退休制度。退休人员的生活受到国家和社会的保障。

第四十五条　〔获得救济的权利〕中华人民共和国公民在年老、疾病或者丧失劳动能力的情况下,有从国家和社会获得物质帮助的权利。国家发展为公民享受这些权利所需要的社会保险、社会救济和医疗卫生事业。

国家和社会保障残废军人的生活,抚恤烈士家属,优待军人家属。

国家和社会帮助安排盲、聋、哑和其他有残疾的公民的劳动、生活和教育。

专题十四　国家机构

考点52 全国人大及其常委会

(一)全国人民代表大会

(1)性质和地位

第五十七条　〔全国人大的性质及其常设机关〕中华人民共和国全国人民代表大会是最高国家权力机关。它的常设机关是全国人民代表大会常务委员会。

第五十八条　〔国家立法权行使主体〕全国人民代表大会和全国人民代表大会常务委员会行使国家立法权。

(2)组成和任期

第五十九条　〔全国人大的组成及选举〕全国人民代表大会由省、自治区、直辖市、特别行政区和军队选出的代表组成。各少数民族都应当有适当名额的代表。

全国人民代表大会代表的选举由全国人民代表大会常务委员会主持。

全国人民代表大会代表名额和代表产生办法由法律规定。

第六十条 〔全国人大的任期〕全国人民代表大会每届任期五年。

全国人民代表大会任期届满的两个月以前,全国人民代表大会常务委员会必须完成下届全国人民代表大会代表的选举。如果遇到不能进行选举的非常情况,由全国人民代表大会常务委员会以全体组成人员的三分之二以上的多数通过,可以推迟选举,延长本届全国人民代表大会的任期。在非常情况结束后一年内,必须完成下届全国人民代表大会代表的选举。

(3)会议制度

第六十一条 〔全国人大的会议制度〕全国人民代表大会会议每年举行一次,由全国人民代表大会常务委员会召集。如果全国人民代表大会常务委员会认为必要,或者有五分之一以上的全国人民代表大会代表提议,可以临时召集全国人民代表大会会议。

全国人民代表大会举行会议的时候,选举主席团主持会议。

《全国人民代表大会组织法》

第十一条 〔预备会议〕全国人民代表大会每次会议举行预备会议,选举本次会议的主席团和秘书长,通过本次会议的议程和其他准备事项的决定。

主席团和秘书长的名单草案,由全国人民代表大会常务委员会委员长会议提出,经常务委员会会议审议通过后,提交预备会议。

第十二条第一款 〔主席团〕主席团主持全国人民代表大会会议。

第十三条第一款 〔秘书处〕全国人民代表大会会议设立秘书处。秘书处由秘书长和副秘书长若干人组成。副秘书长的人选由主席团决定。

(4)职权

第六十二条 〔全国人大的职权〕全国人民代表大会行使下列职权:

(一)修改宪法;

(二)监督宪法的实施;

(三)制定和修改刑事、民事、国家机构的和其他的基本法律;

(四)选举中华人民共和国主席、副主席;

(五)根据中华人民共和国主席的提名,决定国务院总理的人选;根据国务院总理的提名,决定国务院副总理、国务委员、各部部长、各委员会主任、审计长、秘书长的人选;

(六)选举中央军事委员会主席;根据中央军事委员会主席的提名,决定中央军事委员会其他组成人员的人选;

(七)选举国家监察委员会主任;

(八)选举最高人民法院院长;

(九)选举最高人民检察院检察长;

(十)审查和批准国民经济和社会发展计划和计划执行情况的报告;

(十一)审查和批准国家的预算和预算执行情况的报告;

(十二)改变或者撤销全国人民代表大会常务委员会不适当的决定;

(十三)批准省、自治区和直辖市的建置;

(十四)决定特别行政区的设立及其制度;

(十五)决定战争和和平的问题;

(十六)应当由最高国家权力机关行使的其他职权。

第六十三条 〔全国人大的罢免权〕全国人民代表大会有权罢免下列人员:

(一)中华人民共和国主席、副主席;

(二)国务院总理、副总理、国务委员、各部部长、各委员会主任、审计长、秘书长;

(三)中央军事委员会主席和中央军事委员会其他组成人员;

(四)国家监察委员会主任;

(五)最高人民法院院长;

(六)最高人民检察院检察长。

(二)全国人大常委会

(1)性质和地位

第六十九条 〔全国人大与其常委会的关系〕全国人民代表大会常务委员会对全国人民代表大会负责并报告工作。

(2)组成和任期

第六十五条 〔全国人大常委会的组成〕全国人民代表大会常务委员会由下列人员组成:

委员长,

副委员长若干人,

秘书长,

委员若干人。

全国人民代表大会常务委员会组成人员中,应当有适当名额的少数民族代表。

全国人民代表大会选举并有权罢免全国人民代表大会常务委员会的组成人员。

全国人民代表大会常务委员会的组成人员不得担任国家行政机关、监察机关、审判机关和检察机关的职务。

第六十六条 〔全国人大常委会的任期〕全国人民代表大会常务委员会每届任期同全国人民代表大会每届任期相同,它行使职权到下届全国人民代表大会选出新的常务委员会为止。

委员长、副委员长连续任职不得超过两届。

(3)职权

第六十七条 〔全国人大常委会的职权〕全国人民代表大会常务委员会行使下列职权:

(一)解释宪法,监督宪法的实施;

(二)制定和修改除应当由全国人民代表大会制定的法律以外的其他法律;

(三)在全国人民代表大会闭会期间,对全国人民代表大会制定的法律进行部分补充和修改,但是不得同该法律的基本原则相抵触;

(四)解释法律;

(五)在全国人民代表大会闭会期间,审查和批准国民经济和社会发展计划、国家预算在执行过程中所必须作的部分调整方案；

（六）监督国务院、中央军事委员会、国家监察委员会、最高人民法院和最高人民检察院的工作；

（七）撤销国务院制定的同宪法、法律相抵触的行政法规、决定和命令；

（八）撤销省、自治区、直辖市国家权力机关制定的同宪法、法律和行政法规相抵触的地方性法规和决议；

（九）在全国人民代表大会闭会期间，根据国务院总理的提名，决定部长、委员会主任、审计长、秘书长的人选；

（十）在全国人民代表大会闭会期间，根据中央军事委员会主席的提名，决定中央军事委员会其他组成人员的人选；

（十一）根据国家监察委员会主任的提请，任免国家监察委员会副主任、委员；

（十二）根据最高人民法院院长的提请，任免最高人民法院副院长、审判员、审判委员会委员和军事法院院长；

（十三）根据最高人民检察院检察长的提请，任免最高人民检察院副检察长、检察员、检察委员会委员和军事检察院检察长，并且批准省、自治区、直辖市的人民检察院检察长的任免；

（十四）决定驻外全权代表的任免；

（十五）决定同外国缔结的条约和重要协定的批准和废除；

（十六）规定军人和外交人员的衔级制度和其他专门衔级制度；

（十七）规定和决定授予国家的勋章和荣誉称号；

（十八）决定特赦；

（十九）在全国人民代表大会闭会期间，如果遇到国家遭受武装侵犯或者必须履行国际间共同防止侵略的条约的情况，决定战争状态的宣布；

（二十）决定全国总动员或者局部动员；

（二十一）决定全国或者个别省、自治区、直辖市进入紧急状态；

（二十二）全国人民代表大会授予的其他职权。

《全国人民代表大会组织法》

第三十一条〔决定国务院和中央军委其他组成人员的任免〕常务委员会在全国人民代表大会闭会期间，根据国务院总理的提名，可以决定国务院其他组成人员的任免；根据中央军事委员会主席的提名，可以决定中央军事委员会其他组成人员的任免。

第三十二条〔撤销国务院和中央军委其他个别组成人员的职务〕常务委员会在全国人民代表大会闭会期间，根据委员长会议、国务院总理的提请，可以决定撤销国务院其他个别组成人员的职务；根据中央军事委员会主席的提请，可以决定撤销中央军事委员会其他个别组成人员的职务。

（4）会议制度

第六十八条〔全国人大常委会的会议制度〕全国人民代表大会常务委员会委员长主持全国人民代表大会常务委员会的工作，召集全国人民代表大会常务委员会会议。副委员长、秘书长协助委员长工作。

委员长、副委员长、秘书长组成委员长会议，处理全国人民代表大会常务委员会的重要日常工作。

《全国人民代表大会组织法》

第二十五条〔委员长会议〕常务委员会的委员长、副委员长、秘书长组成委员长会议，处理常务委员会的重要日常工作：

（一）决定常务委员会每次会议的会期，拟订会议议程草案，必要时提出调整会议议程的建议；

（二）对向常务委员会提出的议案和质询案，决定交由有关的专门委员会审议或者提请常务委员会全体会议审议；

（三）决定是否将议案和决定草案、决议草案提请常务委员会全体会议表决，对暂不交付表决的，提出下一步处理意见；

（四）通过常务委员会年度工作要点、立法工作计划、监督工作计划、代表工作计划、专项工作规划和工作规范性文件等；

（五）指导和协调各专门委员会的日常工作；

（六）处理常务委员会其他重要日常工作。

（三）全国人大专门委员会

第七十条〔全国人大专门委员会〕全国人民代表大会设立民族委员会、宪法和法律委员会、财政经济委员会、教育科学文化卫生委员会、外事委员会、华侨委员会和其他需要设立的专门委员会。在全国人民代表大会闭会期间，各专门委员会受全国人民代表大会常务委员会的领导。

各专门委员会在全国人民代表大会和全国人民代表大会常务委员会领导下，研究、审议和拟订有关议案。

《全国人民代表大会组织法》

第三十四条第三款〔专门委员会的设立及组成〕各专门委员会的主任委员、副主任委员和委员的人选由主席团在代表中提名，全国人民代表大会会议表决通过。在大会闭会期间，全国人民代表大会常务委员会可以任免专门委员会的副主任委员和委员，由委员长会议提名，常务委员会会议表决通过。

第三十六条〔主任委员、副主任委员职责；专门委员会顾问〕各专门委员会主任委员主持委员会会议和委员会的工作。副主任委员协助主任委员工作。

各专门委员会可以根据工作需要，任命专家若干人为顾问；顾问可以列席专门委员会会议，发表意见。

顾问由全国人民代表大会常务委员会任免。

第三十八条〔民族委员会〕民族委员会可以对加强民族团结问题进行调查研究，提出建议；审议自治区报请全国人民代表大会常务委员会批准的自治区的自治条例和单行条例，向全国人民代表大会常务委员会提出报告。

第三十九条〔宪法和法律委员会〕宪法和法律委员会承担推动宪法实施、开展宪法解释、推进合宪性审查、加强宪法监督、配合宪法宣传等工作职责。

宪法和法律委员会统一审议向全国人民代表大会或

者全国人民代表大会常务委员会提出的法律草案和有关法律问题的决定草案;其他专门委员会就有关草案向宪法和法律委员会提出意见。

(四)特定问题的调查委员会

第七十一条 〔特定问题的调查委员会〕全国人民代表大会和全国人民代表大会常务委员会认为必要的时候,可以组织关于特定问题的调查委员会,并且根据调查委员会的报告,作出相应的决议。

调查委员会进行调查的时候,一切有关的国家机关、社会团体和公民都有义务向它提供必要的材料。

《各级人民代表大会常务委员会监督法》

第三十九条 〔调查对象〕各级人民代表大会常务委员会对属于其职权范围内的事项,需要作出决议、决定,但有关重大事实不清的,可以组织关于特定问题的调查委员会。

第四十条 〔提议组成调查委员会的主体〕委员长会议或者主任会议可以向本级人民代表大会常务委员会提议组织关于特定问题的调查委员会,提请常务委员会审议。

五分之一以上常务委员会组成人员书面联名,可以向本级人民代表大会常务委员会提议组织关于特定问题的调查委员会,由委员长会议或者主任会议决定提请常务委员会审议,或者先交有关的专门委员会审议、提出报告,再决定提请常务委员会审议。

第四十一条 〔调查委员会成员〕调查委员会由主任委员、副主任委员和委员组成,由委员长会议或者主任会议在本级人民代表大会常务委员会组成人员和本级人民代表大会代表中提名,提请常务委员会审议通过。调查委员会可以聘请有关专家参加调查工作。

与调查的问题有利害关系的常务委员会组成人员和其他人员不得参加调查委员会。

第四十二条 〔材料要求〕调查委员会进行调查时,有关的国家机关、社会团体、企业事业组织和公民都有义务向其提供必要的材料。

提供材料的公民要求对材料来源保密的,调查委员会应当予以保密。

调查委员会在调查过程中,可以不公布调查的情况和材料。

第四十三条 〔报告对象〕调查委员会应当向产生它的常务委员会提出调查报告。常务委员会根据报告,可以作出相应的决议、决定。

(五)全国人大代表的权利

(1)提案权

第七十二条 〔提案权〕全国人民代表大会代表和全国人民代表大会常务委员会组成人员,有权依照法律规定的程序分别提出属于全国人民代表大会和全国人民代表大会常务委员会职权范围内的议案。

《全国人民代表大会组织法》

第十六条 〔单位提案〕全国人民代表大会主席团,全国人民代表大会常务委员会,全国人民代表大会各专门委员会,国务院,中央军事委员会,国家监察委员会,最高人民法院,最高人民检察院,可以向全国人民代表大会提出属于全国人民代表大会职权范围内的议案。

第十七条 〔代表提案〕一个代表团或者三十名以上的代表联名,可以向全国人民代表大会提出属于全国人民代表大会职权范围内的议案。

第二十条 〔罢免案〕全国人民代表大会主席团、三个以上的代表团或者十分之一以上的代表,可以提出对全国人民代表大会常务委员会的组成人员,中华人民共和国主席、副主席,国务院和中央军事委员会的组成人员,国家监察委员会主任,最高人民法院院长和最高人民检察院检察长的罢免案,由主席团提请大会审议。

第二十九条 〔提案〕委员长会议,全国人民代表大会各专门委员会,国务院,中央军事委员会,国家监察委员会,最高人民法院,最高人民检察院,常务委员会组成人员十人以上联名,可以向常务委员会提出属于常务委员会职权范围内的议案。

《全国人民代表大会和地方各级人民代表大会代表法》

第九条 〔代表的提案权及议案〕代表有权依照法律规定的程序向本级人民代表大会提出属于本级人民代表大会职权范围内的议案。议案应当有案由、案据和方案。

代表依法提出的议案,由本级人民代表大会主席团决定是否列入会议议程,或者先交有关的专门委员会审议、提出是否列入会议议程的意见,再决定是否列入会议议程。

列入会议议程的议案,在交付大会表决前,提出议案的代表要求撤回的,经主席团同意,会议对该项议案的审议即行终止。

(2)质询权

第七十三条 〔质询权〕全国人民代表大会代表在全国人民代表大会开会期间,全国人民代表大会常务委员会组成人员在常务委员会开会期间,有权依照法律规定的程序提出对国务院或者国务院各部、各委员会的质询案。受质询的机关必须负责答复。

《全国人民代表大会组织法》

第二十一条 〔质询案〕全国人民代表大会会议期间,一个代表团或者三十名以上的代表联名,可以书面提出对国务院以及国务院各部门、国家监察委员会、最高人民法院、最高人民检察院的质询案。

第三十条 〔质询案〕常务委员会会议期间,常务委员会组成人员十人以上联名,可以向常务委员会书面提出对国务院以及国务院各部门、国家监察委员会、最高人民法院、最高人民检察院的质询案。

《各级人民代表大会常务委员会监督法》

第三十五条 〔质询案的提出主体〕全国人民代表大会常务委员会组成人员十人以上联名,省、自治区、直辖市、自治州、设区的市人民代表大会常务委员会组成人员五人以上联名,县级人民代表大会常务委员会组成人员三人以上联名,可以向常务委员会书面提出对本级人民政府及其部门和人民法院、人民检察院的质询案。

质询案应当写明质询对象、质询的问题和内容。

第三十六条 〔答复机关〕质询案由委员长会议或者主任会议决定交由受质询的机关答复。

委员长会议或者主任会议可以决定由受质询机关在常务委员会会议上或者有关专门委员会会议上口头答复，或者由受质询机关书面答复。在专门委员会会议上答复的，提质询案的常务委员会组成人员有权列席会议，发表意见。委员长会议或者主任会议认为必要时，可以将答复质询案的情况报告印发常务委员会会议。

第三十七条 〔再次答复〕提质询案的常务委员会组成人员的过半数对受质询机关的答复不满意的，可以提出要求，经委员长会议或者主任会议决定，由受质询机关再作答复。

第三十八条 〔答复方式〕质询案以口头答复的，由受质询机关的负责人到会答复。质询案以书面答复的，由受质询机关的负责人签署。

(3) 人身特别保护权

第七十四条 〔人身特别保护权〕全国人民代表大会代表，非经全国人民代表大会会议主席团许可，在全国人民代表大会闭会期间非经全国人民代表大会常务委员会许可，不受逮捕或者刑事审判。

《全国人民代表大会和地方各级人民代表大会代表法》

第三十二条 〔代表的人身特别保护权及言论、表决豁免权〕县级以上的各级人民代表大会代表，非经本级人民代表大会主席团许可，在本级人民代表大会闭会期间，非经本级人民代表大会常务委员会许可，不受逮捕或者刑事审判。如果因为是现行犯被拘留，执行拘留的机关应当立即向该级人民代表大会主席团或者人民代表大会常务委员会报告。

对县级以上的各级人民代表大会代表，如果采取法律规定的其他限制人身自由的措施，应当经该级人民代表大会主席团或者人民代表大会常务委员会许可。

人民代表大会主席团或者常务委员会受理有关机关依照本条规定提请许可的申请，应当审查是否存在对代表在人民代表大会各种会议上的发言和表决进行法律追究，或者对代表提出建议、批评和意见等其他执行职务行为打击报复的情形，并据此作出决定。

乡、民族乡、镇的人民代表大会代表，如果被逮捕、受刑事审判，或者被采取法律规定的其他限制人身自由的措施，执行机关应当立即报告乡、民族乡、镇的人民代表大会。

(4) 言论、表决豁免权

第七十五条 〔言论、表决豁免权〕全国人民代表大会代表在全国人民代表大会各种会议上的发言和表决，不受法律追究。

(5) 时间和经费保障

《全国人民代表大会和地方各级人民代表大会代表法》

第三十三条 〔代表的时间保障〕代表在本级人民代表大会闭会期间，参加由本级人民代表大会常务委员会或者乡、民族乡、镇的人民代表大会主席团安排的代表活动，代表所在单位必须给予时间保障。

第三十四条 〔代表的经济保障〕代表按照本法第三十三条的规定执行代表职务，其所在单位按正常出勤对待，享受所在单位的工资和其他待遇。

无固定工资收入的代表执行代表职务，根据实际情况由本级财政给予适当补贴。

第三十五条 〔代表的活动经费保障〕代表的活动经费，应当列入本级财政预算予以保障，专款专用。

考点53 国家主席

第七十九条 〔主席、副主席的选举及任职〕中华人民共和国主席、副主席由全国人民代表大会选举。

有选举权和被选举权的年满四十五周岁的中华人民共和国公民可以被选为中华人民共和国主席、副主席。

中华人民共和国主席、副主席每届任期同全国人民代表大会每届任期相同。

第八十条 〔主席的职权〕中华人民共和国主席根据全国人民代表大会的决定和全国人民代表大会常务委员会的决定，公布法律，任免国务院总理、副总理、国务委员、各部部长、各委员会主任、审计长、秘书长，授予国家的勋章和荣誉称号，发布特赦令，宣布进入紧急状态，宣布战争状态，发布动员令。

第八十一条 〔主席的外交职权〕中华人民共和国主席代表中华人民共和国，进行国事活动，接受外国使节；根据全国人民代表大会常务委员会的决定，派遣和召回驻外全权代表，批准和废除同外国缔结的条约和重要协定。

第八十二条 〔副主席的职权〕中华人民共和国副主席协助主席工作。

中华人民共和国副主席受主席的委托，可以代行主席的部分职权。

第八十四条 〔主席、副主席缺位的处理〕中华人民共和国主席缺位的时候，由副主席继任主席的职位。

中华人民共和国副主席缺位的时候，由全国人民代表大会补选。

中华人民共和国主席、副主席都缺位的时候，由全国人民代表大会补选；在补选以前，由全国人民代表大会常务委员会委员长暂时代理主席职位。

考点55 国务院

(一) 性质和地位

第八十五条 〔国务院的性质、地位〕中华人民共和国国务院，即中央人民政府，是最高国家权力机关的执行机关，是最高国家行政机关。

第九十二条 〔国务院与全国人大及其常委会的关系〕国务院对全国人民代表大会负责并报告工作；在全国人民代表大会闭会期间，对全国人民代表大会常务委员会负责并报告工作。

《宪法》

第九十四条 〔中央军委主席向全国人大及其常委会负责〕中央军事委员会主席对全国人民代表大会和全国人民代表大会常务委员会负责。

(二)组成和任期

第八十六条 〔国务院的组织〕国务院由下列人员组成：

总理，

副总理若干人，

国务委员若干人，

各部部长，

各委员会主任，

审计长，

秘书长。

国务院实行总理负责制。各部、各委员会实行部长、主任负责制。

国务院的组织由法律规定。

第八十七条 〔国务院的任期〕国务院每届任期同全国人民代表大会每届任期相同。

总理、副总理、国务委员连续任职不得超过两届。

第九十一条 〔审计机关及其职权〕国务院设立审计机关，对国务院各部门和地方各级政府的财政收支，对国家的财政金融机构和企业事业组织的财务收支，进行审计监督。

审计机关在国务院总理领导下，依照法律规定独立行使审计监督权，不受其他行政机关、社会团体和个人的干涉。

《国务院组织法》

第五条　国务院由总理、副总理、国务委员、各部部长、各委员会主任、中国人民银行行长、审计长、秘书长组成。

国务院实行总理负责制。总理领导国务院的工作。

副总理、国务委员协助总理工作，按照分工负责分管领域工作；受总理委托，负责其他方面的工作或者专项任务；根据统一安排，代表国务院进行外事活动。

(三)会议制度

第八十八条 〔国务院的工作分工〕总理领导国务院的工作。副总理、国务委员协助总理工作。

总理、副总理、国务委员、秘书长组成国务院常务会议。

总理召集和主持国务院常务会议和国务院全体会议。

《国务院组织法》

第七条　国务院实行国务院全体会议和国务院常务会议制度。国务院全体会议由国务院全体成员组成。国务院常务会议由总理、副总理、国务委员、秘书长组成。总理召集和主持国务院全体会议和国务院常务会议。国务院工作中的重大问题，必须经国务院常务会议或者国务院全体会议讨论决定。

第八条　国务院全体会议的主要任务是讨论决定政府工作报告、国民经济和社会发展规划等国务院工作中的重大事项，部署国务院的重要工作。

国务院常务会议的主要任务是讨论法律草案、审议行政法规草案，讨论、决定、通报国务院工作中的重要事项。

国务院全体会议和国务院常务会议讨论决定的事项，除依法需要保密的外，应当及时公布。

国务院根据需要召开总理办公会议和国务院专题会议。

(四)国务院的职权

第八十九条 〔国务院的职权〕国务院行使下列职权：

（一）根据宪法和法律，规定行政措施，制定行政法规，发布决定和命令；

（二）向全国人民代表大会或者全国人民代表大会常务委员会提出议案；

（三）规定各部和各委员会的任务和职责，统一领导各部和各委员会的工作，并且领导不属于各部和各委员会的全国性的行政工作；

（四）统一领导全国地方各级国家行政机关的工作，规定中央和省、自治区、直辖市的国家行政机关的职权的具体划分；

（五）编制和执行国民经济和社会发展计划和国家预算；

（六）领导和管理经济工作和城乡建设、生态文明建设；

（七）领导和管理教育、科学、文化、卫生、体育和计划生育工作；

（八）领导和管理民政、公安、司法行政等工作；

（九）管理对外事务，同外国缔结条约和协定；

（十）领导和管理国防建设事业；

（十一）领导和管理民族事务，保障少数民族的平等权利和民族自治地方的自治权利；

（十二）保护华侨的正当的权利和利益，保护归侨和侨眷的合法的权利和利益；

（十三）改变或者撤销各部、各委员会发布的不适当的命令、指示和规章；

（十四）改变或者撤销地方各级国家行政机关的不适当的决定和命令；

（十五）批准省、自治区、直辖市的区域划分，批准自治州、县、自治县、市的建置和区域划分；

（十六）依照法律规定决定省、自治区、直辖市的范围内部分地区进入紧急状态；

（十七）审定行政机构的编制，依照法律规定任免、培训、考核和奖惩行政人员；

（十八）全国人民代表大会和全国人民代表大会常务委员会授予的其他职权。

考点56 地方各级人大与政府

(一)地方各级人民代表大会

第九十五条 〔地方人大及政府的设置和组织〕省、直辖市、县、市、市辖区、乡、民族乡、镇设立人民代表大会和人民政府。

地方各级人民代表大会和地方各级人民政府的组织由法律规定。

自治区、自治州、自治县设立自治机关。自治机关的组织和工作根据宪法第三章第五节、第六节规定的基本原则由法律规定。

第九十六条 〔地方人大的性质及常委会的设置〕地方各级人民代表大会是地方国家权力机关。

县级以上的地方各级人民代表大会设立常务委员会。

第九十七条 〔地方人大代表的选举〕省、直辖市、设区的市的人民代表大会代表由下一级的人民代表大会选举;县、不设区的市、市辖区、乡、民族乡、镇的人民代表大会代表由选民直接选举。

地方各级人民代表大会代表名额和代表产生办法由法律规定。

第九十八条 〔地方人大的任期〕地方各级人民代表大会每届任期五年。

第九十九条 〔地方人大的职权〕地方各级人民代表大会在本行政区域内,保证宪法、法律、行政法规的遵守和执行;依照法律规定的权限,通过和发布决议,审查和决定地方的经济建设、文化建设和公共事业建设的计划。

县级以上的地方各级人民代表大会审查和批准本行政区域内的国民经济和社会发展计划、预算以及它们的执行情况的报告;有权改变或者撤销本级人民代表大会常务委员会不适当的决定。

民族乡的人民代表大会可以依照法律规定的权限采取适合民族特点的具体措施。

第一百条 〔地方性法规的制定〕省、直辖市的人民代表大会和它们的常务委员会,在不同宪法、法律、行政法规相抵触的前提下,可以制定地方性法规,报全国人民代表大会常务委员会备案。

设区的市的人民代表大会和它们的常务委员会,在不同宪法、法律、行政法规和本省、自治区的地方性法规相抵触的前提下,可以依照法律规定制定地方性法规,报本省、自治区人民代表大会常务委员会批准后施行。

第一百零一条 〔地方人大的选举权、罢免权〕地方各级人民代表大会分别选举并且有权罢免本级人民政府的省长和副省长、市长和副市长、县长和副县长、区长和副区长、乡长和副乡长、镇长和副镇长。

县级以上的地方各级人民代表大会选举并且有权罢免本级监察委员会主任、本级人民法院院长和本级人民检察院检察长。选出或者罢免人民检察院检察长,须报上级人民检察院检察长提请该级人民代表大会常务委员会批准。

《地方各级人民代表大会和地方各级人民政府组织法》

第十四条 地方各级人民代表大会会议每年至少举行一次。乡、民族乡、镇的人民代表大会会议一般每年举行两次。会议召开的日期由本级人民代表大会常务委员会或者乡、民族乡、镇的人民代表大会主席团决定,并予以公布。

遇有特殊情况,县级以上的地方各级人民代表大会常务委员会或者乡、民族乡、镇的人民代表大会主席团可以决定适当提前或者推迟召开会议。提前或者推迟召开

会议的日期未能在当次会议上决定的,常务委员会或者其授权的主任会议,乡、民族乡、镇的人民代表大会主席团可以另行决定,并予以公布。

县级以上的地方各级人民代表大会常务委员会或者乡、民族乡、镇的人民代表大会主席团认为必要,或者经过五分之一以上代表提议,可以临时召集本级人民代表大会会议。

地方各级人民代表大会会议有三分之二以上的代表出席,始得举行。

第十八条 乡、民族乡、镇的人民代表大会设主席,并可以设副主席一人至二人。主席、副主席由本级人民代表大会从代表中选出,任期同本级人民代表大会每届任期相同。

乡、民族乡、镇的人民代表大会主席、副主席不得担任国家行政机关的职务;如果担任国家行政机关的职务,必须向本级人民代表大会辞去主席、副主席的职务。

乡、民族乡、镇的人民代表大会主席、副主席在本级人民代表大会闭会期间负责联系本级人民代表大会代表,根据主席团的安排组织代表开展活动,反映代表和群众对本级人民政府工作的建议、批评和意见,并负责处理主席团的日常工作。

第二十二条 地方各级人民代表大会举行会议的时候,主席团、常务委员会、各专门委员会、本级人民政府,可以向本级人民代表大会提出属于本级人民代表大会职权范围内的议案,由主席团决定提交人民代表大会会议审议,或者并交有关的专门委员会审议、提出报告,再由主席团审议决定提交大会表决。

县级以上的地方各级人民代表大会代表十人以上联名,乡、民族乡、镇的人民代表大会代表五人以上联名,可以向本级人民代表大会提出属于本级人民代表大会职权范围内的议案,由主席团决定是否列入大会议程,或者先交有关的专门委员会审议,提出是否列入大会议程的意见,再由主席团决定是否列入大会议程。

列入会议议程的议案,在交付大会表决前,提案人要求撤回的,经主席团同意,会议对该项议案的审议即行终止。

第二十四条 地方各级人民代表大会举行会议的时候,代表十人以上联名可以书面提出对本级人民政府和它所属各工作部门以及监察委员会、人民法院、人民检察院的质询案。质询案必须写明质询对象、质询的问题和内容。

质询案由主席团决定交由受质询机关在主席团会议、大会全体会议或者有关的专门委员会会议上口头答复,或者由受质询机关书面答复。在主席团会议或者专门委员会会议上答复的,提质询案的代表有权列席会议,发表意见;主席团认为必要的时候,可以将答复质询案的情况报告印发会议。

质询案以口头答复的,应当由受质询机关的负责人到会答复;质询案以书面答复的,应当由受质询机关的负责人签署,由主席团印发会议或者印发提质询案的代表。

第二十六条 县级以上的地方各级人民代表大会常

务委员会的组成人员，乡、民族乡、镇的人民代表大会主席、副主席，省长、副省长，自治区主席、副主席，市长、副市长，州长、副州长，县长、副县长，区长、副区长，乡长、副乡长，镇长、副镇长，监察委员会主任，人民法院院长，人民检察院检察长的人选，由本级人民代表大会主席团或者代表依照本法规定联合提名。

省、自治区、直辖市的人民代表大会代表三十人以上书面联名，设区的市和自治州的人民代表大会代表二十人以上书面联名，县级的人民代表大会代表十人以上书面联名，可以提出本级人民代表大会常务委员会组成人员，人民政府领导人员，监察委员会主任，人民法院院长，人民检察院检察长的候选人。乡、民族乡、镇的人民代表大会代表十人以上书面联名，可以提出本级人民代表大会主席、副主席，人民政府领导人员的候选人。不同选区或者选举单位选出的代表可以酝酿、联合提出候选人。

主席团提名的候选人人数，每一代表与其他代表联合提名的候选人人数，均不得超过应选名额。

提名人应当如实介绍所提的候选人的情况。

第三十一条　县级以上的地方各级人民代表大会举行会议的时候，主席团、常务委员会或者十分之一以上代表联名，可以提出对本级人民代表大会常务委员会组成人员、人民政府组成人员、监察委员会主任、人民法院院长、人民检察院检察长的罢免案，由主席团提请大会审议。

乡、民族乡、镇的人民代表大会举行会议的时候，主席团或者五分之一以上代表联名，可以提出对人民代表大会主席、副主席，乡长、副乡长，镇长、副镇长的罢免案，由主席团提请大会审议。

罢免案应当写明罢免理由。

被提出罢免的人员有权在主席团会议或者大会全体会议上提出申辩意见，或者书面提出申辩意见。在主席团会议上提出的申辩意见或者书面提出的申辩意见，由主席团印发会议。

向县级以上的地方各级人民代表大会提出的罢免案，由主席团交会议审议后，提请全体会议表决；或者由主席团提议，经全体会议决定，组织调查委员会，由本级人民代表大会下次会议根据调查委员会的报告审议决定。

第三十二条　县级以上的地方各级人民代表大会常务委员会组成人员、专门委员会组成人员和人民政府领导人员，监察委员会主任，人民法院院长，人民检察院检察长，可以向本级人民代表大会提出辞职，由大会决定是否接受辞职；大会闭会期间，可以向本级人民代表大会常务委员会提出辞职，由常务委员会决定是否接受辞职。常务委员会决定接受辞职后，报本级人民代表大会备案。人民检察院检察长的辞职，须经上一级人民检察院检察长提请该级人民代表大会常务委员会批准。

乡、民族乡、镇的人民代表大会主席、副主席，乡长、副乡长，镇长、副镇长，可以向本级人民代表大会提出辞职，由大会决定是否接受辞职。

第三十六条　县级以上的地方各级人民代表大会可以组织关于特定问题的调查委员会。

主席团或者十分之一以上代表书面联名，可以向本级人民代表大会提议组织关于特定问题的调查委员会，由主席团提请全体会议决定。

调查委员会由主任委员、副主任委员和委员组成，由主席团在代表中提名，提请全体会议通过。

调查委员会应当向本级人民代表大会提出调查报告。人民代表大会根据调查委员会的报告，可以作出相应的决议。人民代表大会可以授权它的常务委员会听取调查委员会的调查报告，常务委员会可以作出相应的决议，报人民代表大会下次会议备案。

(二) 县以上各级人大常委会

第一百零三条　〔地方人大常委会的组成、地位及产生〕县级以上的地方各级人民代表大会常务委员会由主任，副主任若干人和委员若干人组成，对本级人民代表大会负责并报告工作。

县级以上的地方各级人民代表大会选举并有权罢免本级人民代表大会常务委员会的组成人员。

县级以上的地方各级人民代表大会常务委员会的组成人员不得担任国家行政机关、监察机关、审判机关和检察机关的职务。

第一百零四条　〔地方人大常委会的职权〕县级以上的地方各级人民代表大会常务委员会讨论、决定本行政区域内各方面工作的重大事项；监督本级人民政府、监察委员会、人民法院和人民检察院的工作；撤销本级人民政府的不适当的决定和命令；撤销下一级人民代表大会的不适当的决议；依照法律规定的权限决定国家机关工作人员的任免；在本级人民代表大会闭会期间，罢免和补选上一级人民代表大会的个别代表。

《地方各级人民代表大会和地方各级人民政府组织法》

第四十七条第一、二、三款　省、自治区、直辖市、自治州、设区的市的人民代表大会常务委员会由本级人民代表大会在代表中选举主任、副主任若干人，秘书长，委员若干人组成。

县、自治县、不设区的市、市辖区的人民代表大会常务委员会由本级人民代表大会在代表中选举主任、副主任若干人和委员若干人组成。

常务委员会的组成人员不得担任国家行政机关、监察机关、审判机关和检察机关的职务；如果担任上述职务，必须向常务委员会辞去常务委员会的职务。

第五十二条　县级以上的地方各级人民代表大会常务委员会主任会议可以向本级人民代表大会常务委员会提出属于常务委员会职权范围内的议案，由常务委员会会议审议。

县级以上的地方各级人民政府、人民代表大会各专门委员会，可以向本级人民代表大会常务委员会提出属于常务委员会职权范围内的议案，由主任会议决定提请常务委员会会议审议，或者先交有关的专门委员会审议、提出报告，再提请常务委员会会议审议。

省、自治区、直辖市、自治州、设区的市的人民代表大会常务委员会组成人员五人以上联名,县级的人民代表大会常务委员会组成人员三人以上联名,可以向本级常务委员会提出属于常务委员会职权范围内的议案,由主任会议决定是否提请常务委员会会议审议,或者先交有关的专门委员会审议、提出报告,再决定是否提请常务委员会会议审议。

第五十三条 在常务委员会会议期间,省、自治区、直辖市、自治州、设区的市的人民代表大会常务委员会组成人员五人以上联名,县级的人民代表大会常务委员会组成人员三人以上联名,可以向常务委员会书面提出对本级人民政府及其工作部门、监察委员会、人民法院、人民检察院的质询案。质询案必须写明质询对象、质询的问题和内容。

质询案由主任会议决定交由受质询机关在常务委员会全体会议上或者有关的专门委员会会议上口头答复,或者由受质询机关书面答复。在专门委员会会议上答复的,提质询案的常务委员会组成人员有权列席会议,发表意见;主任会议认为必要的时候,可以将答复质询案的情况报告印发会议。

质询案以口头答复的,应当由受质询机关的负责人到会答复;质询案以书面答复的,应当由受质询机关的负责人签署,由主任会议印发会议或者印发提质询案的常务委员会组成人员。

第五十四条 省、自治区、直辖市、自治州、设区的市的人民代表大会常务委员会主任、副主任和秘书长组成主任会议;县、自治县、不设区的市、市辖区的人民代表大会常务委员会主任、副主任组成主任会议。

主任会议处理常务委员会的重要日常工作:

(一)决定常务委员会每次会议的会期,拟订会议议程草案,必要时提出调整会议议程的建议;

(二)对向常务委员会提出的议案和质询案,决定交由有关的专门委员会审议或者提请常务委员会全体会议审议;

(三)决定是否将议案和决定草案、决议草案提请常务委员会全体会议表决,对暂不交付表决的,提出下一步处理意见;

(四)通过常务委员会年度工作计划等;

(五)指导和协调专门委员会的日常工作;

(六)其他重要日常工作。

第五十八条 主任会议或者五分之一以上的常务委员会组成人员书面联名,可以向本级人民代表大会常务委员会提议组织关于特定问题的调查委员会,由全体会议决定。

调查委员会由主任委员、副主任委员和委员组成,由主任会议在常务委员会组成人员和其他代表中提名,提请全体会议通过。

调查委员会应当向本级人民代表大会常务委员会提出调查报告。常务委员会根据调查委员会的报告,可以作出相应的决议。

《各级人民代表大会常务委员会监督法》

第四十四条 〔撤职对象〕县级以上地方各级人民代表大会常务委员会在本级人民代表大会闭会期间,可以决定撤销本级人民政府个别副省长、自治区副主席、副市长、副州长、副县长、副区长的职务;可以撤销由它任命的本级人民政府其他组成人员和人民法院副院长、庭长、副庭长、审判委员会委员、审判员,人民检察院副检察长、检察委员会委员、检察员,中级人民法院院长,人民检察院分院检察长的职务。

第四十五条 〔撤职案的提出主体〕县级以上地方各级人民政府、人民法院和人民检察院,可以向本级人民代表大会常务委员会提出对本法第四十四条所列国家机关工作人员的撤职案。

县级以上地方各级人民代表大会常务委员会主任会议,可以向常务委员会提出对本法第四十四条所列国家机关工作人员的撤职案。

县级以上地方各级人民代表大会常务委员会五分之一以上的组成人员书面联名,可以向常务委员会提出对本法第四十四条所列国家机关工作人员的撤职案,由主任会议决定是否提请常务委员会会议审议;或者由主任会议提议,经全体会议决定,组织调查委员会,由以后的常务委员会会议根据调查委员会的报告审议决定。

(三)地方人民政府

第一百零五条 〔地方政府的性质、地位及负责制〕地方各级人民政府是地方各级国家权力机关的执行机关,是地方各级国家行政机关。

地方各级人民政府实行省长、市长、县长、区长、乡长、镇长负责制。

第一百零六条 〔地方政府的任期〕地方各级人民政府每届任期同本级人民代表大会每届任期相同。

第一百零七条 〔地方政府的职权〕县级以上地方各级人民政府依照法律规定的权限,管理本行政区域内的经济、教育、科学、文化、卫生、体育事业、城乡建设事业和财政、民政、公安、民族事务、司法行政、计划生育等行政工作,发布决定和命令,任免、培训、考核和奖惩行政工作人员。

乡、民族乡、镇的人民政府执行本级人民代表大会的决议和上级国家行政机关的决定和命令,管理本行政区域内的行政工作。

省、直辖市的人民政府决定乡、民族乡、镇的建置和区域划分。

第一百零九条 〔地方政府审计机关的地位和职权〕县级以上的地方各级人民政府设立审计机关。地方各级审计机关依照法律规定独立行使审计监督权,对本级人民政府和上一级审计机关负责。

《地方各级人民代表大会和地方各级人民政府组织法》

第七十九条 地方各级人民政府根据工作需要和优化协同高效以及精干的原则,设立必要的工作部门。

县级以上的地方各级人民政府设立审计机关。地方各级审计机关依照法律规定独立行使审计监督权,对本级人民政府和上一级审计机关负责。

省、自治区、直辖市的人民政府的厅、局、委员会等工作部门和自治州、县、自治县、市、市辖区的人民政府的局、科等工作部门的设立、增加、减少或者合并，按照规定程序报请批准，并报本级人民代表大会常务委员会备案。

第八十五条　省、自治区的人民政府在必要的时候，经国务院批准，可以设立若干派出机关。

县、自治县的人民政府在必要的时候，经省、自治区、直辖市的人民政府批准，可以设立若干区公所，作为它的派出机关。

市辖区、不设区的市的人民政府，经上一级人民政府批准，可以设立若干街道办事处，作为它的派出机关。

考点57　监察委员会

第一百二十三条　〔监察机关〕中华人民共和国各级监察委员会是国家的监察机关。

第一百二十四条　〔监察委员会〕中华人民共和国设立国家监察委员会和地方各级监察委员会。

监察委员会由下列人员组成：
主任，
副主任若干人，
委员若干人。

监察委员会主任每届任期同本级人民代表大会每届任期相同。国家监察委员会主任连续任职不得超过两届。

监察委员会的组织和职权由法律规定。

第一百二十五条　〔各级监察委员会间的关系〕中华人民共和国国家监察委员会是最高监察机关。

国家监察委员会领导地方各级监察委员会的工作，上级监察委员会领导下级监察委员会的工作。

第一百二十六条　〔对监察委员会的监督〕国家监察委员会对全国人民代表大会和全国人民代表大会常务委员会负责。地方各级监察委员会对产生它的国家权力机关和上一级监察委员会负责。

第一百二十七条　〔监察权的行使〕监察委员会依照法律规定独立行使监察权，不受行政机关、社会团体和个人的干涉。

监察机关办理职务违法和职务犯罪案件，应当与审判机关、检察机关、执法部门互相配合，互相制约。

《监察法》

第七条　中华人民共和国国家监察委员会是最高监察机关。

省、自治区、直辖市、自治州、县、自治县、市、市辖区设立监察委员会。

第八条　国家监察委员会由全国人民代表大会产生，负责全国监察工作。

国家监察委员会由主任、副主任若干人、委员若干人组成，主任由全国人民代表大会选举，副主任、委员由国家监察委员会主任提请全国人民代表大会常务委员会任免。

国家监察委员会主任每届任期同全国人民代表大会每届任期相同，连续任职不得超过两届。

国家监察委员会对全国人民代表大会及其常务委员会负责，并接受其监督。

第九条　地方各级监察委员会由本级人民代表大会产生，负责本行政区域内的监察工作。

地方各级监察委员会由主任、副主任若干人、委员若干人组成，主任由本级人民代表大会选举，副主任、委员由监察委员会主任提请本级人民代表大会常务委员会任免。

地方各级监察委员会主任每届任期同本级人民代表大会每届任期相同。

地方各级监察委员会对本级人民代表大会及其常务委员会和上一级监察委员会负责，并接受其监督。

专题十五　宪法的实施与监督

考点59　宪法实施、宪法解释与宪法监督

宪法监督

(1)规范性文件的改变和撤销

《立法法》

第一百零七条　法律、行政法规、地方性法规、自治条例和单行条例、规章有下列情形之一的，由有关机关依照本法第一百零八条规定的权限予以改变或者撤销：

(一)超越权限的；

(二)下位法违反上位法规定的；

(三)规章之间对同一事项的规定不一致，经裁决应当改变或者撤销一方的规定的；

(四)规章的规定被认为不适当，应当予以改变或者撤销的；

(五)违背法定程序的。

第一百零八条　改变或者撤销法律、行政法规、地方性法规、自治条例和单行条例、规章的权限是：

(一)全国人民代表大会有权改变或者撤销它的常务委员会制定的不适当的法律，有权撤销全国人民代表大会常务委员会批准的违背宪法和本法第八十五条第二款规定的自治条例和单行条例；

(二)全国人民代表大会常务委员会有权撤销同宪法和法律相抵触的行政法规，有权撤销同宪法、法律和行政法规相抵触的地方性法规，有权撤销省、自治区、直辖市的人民代表大会常务委员会批准的违背宪法和本法第八十五条第二款规定的自治条例和单行条例；

(三)国务院有权改变或者撤销不适当的部门规章和地方政府规章；

(四)省、自治区、直辖市的人民代表大会有权改变或者撤销它的常务委员会制定的和批准的不适当的地方性法规；

(五)地方人民代表大会常务委员会有权撤销本级人民政府制定的不适当的规章；

(六)省、自治区的人民政府有权改变或者撤销下一级人民政府制定的不适当的规章；

(七)授权机关有权撤销被授权机关制定的超越授权范围或者违背授权目的的法规，必要时可以撤销授权。

(2)备案审查
《立法法》
第一百零九条 行政法规、地方性法规、自治条例和单行条例、规章应当在公布后的三十日内依照下列规定报有关机关备案：

（一）行政法规报全国人民代表大会常务委员会备案；

（二）省、自治区、直辖市的人民代表大会及其常务委员会制定的地方性法规，报全国人民代表大会常务委员会和国务院备案；设区的市、自治州的人民代表大会及其常务委员会制定的地方性法规，由省、自治区的人民代表大会常务委员会报全国人民代表大会常务委员会和国务院备案；

（三）自治州、自治县的人民代表大会制定的自治条例和单行条例，由省、自治区、直辖市的人民代表大会常务委员会报全国人民代表大会常务委员会和国务院备案；自治条例、单行条例报送备案时，应当说明对法律、行政法规、地方性法规作出变通的情况；

（四）部门规章和地方政府规章报国务院备案；地方政府规章应当同时报本级人民代表大会常务委员会备案；设区的市、自治州的人民政府制定的规章应当同时报省、自治区的人民代表大会常务委员会和人民政府备案；

（五）根据授权制定的法规应当报授权决定规定的机关备案；经济特区法规、浦东新区法规、海南自由贸易港法规报送备案时，应当说明变通的情况。

第一百一十条 国务院、中央军事委员会、国家监察委员会、最高人民法院、最高人民检察院和各省、自治区、直辖市的人民代表大会常务委员会认为行政法规、地方性法规、自治条例和单行条例同宪法或者法律相抵触，或者存在合宪性、合法性问题的，可以向全国人民代表大会常务委员会书面提出进行审查的要求，由全国人民代表大会有关的专门委员会和常务委员会工作机构进行审查，提出意见。

前款规定以外的其他国家机关和社会团体、企业事业组织以及公民认为行政法规、地方性法规、自治条例和单行条例同宪法或者法律相抵触的，可以向全国人民代表大会常务委员会书面提出进行审查的建议，由常务委员会工作机构进行审查；必要时，送有关的专门委员会进行审查，提出意见。

第一百一十一条 全国人民代表大会专门委员会、常务委员会工作机构可以对报送备案的行政法规、地方性法规、自治条例和单行条例等进行主动审查，并可以根据需要进行专项审查。

国务院备案审查工作机构可以对报送备案的地方性法规、自治条例和单行条例，部门规章和省、自治区、直辖市的人民政府制定的规章进行主动审查，并可以根据需要进行专项审查。

第一百一十二条 全国人民代表大会专门委员会、常务委员会工作机构在审查中认为行政法规、地方性法规、自治条例和单行条例同宪法或者法律相抵触，或者存在合宪性、合法性问题的，可以向制定机关提出书面审查意见；也可以由宪法和法律委员会与有关的专门委员会、常务委员会工作机构召开联合审查会议，要求制定机关到会说明情况，再向制定机关提出书面审查意见。制定机关应当在两个月内研究提出是否修改或者废止的意见，并向全国人民代表大会宪法和法律委员会、有关的专门委员会或者常务委员会工作机构反馈。

全国人民代表大会宪法和法律委员会、有关的专门委员会、常务委员会工作机构根据前款规定，向制定机关提出审查意见，制定机关按照所提意见对行政法规、地方性法规、自治条例和单行条例进行修改或者废止的，审查终止。

全国人民代表大会宪法和法律委员会、有关的专门委员会、常务委员会工作机构经审查认为行政法规、地方性法规、自治条例和单行条例同宪法或者法律相抵触，或者存在合宪性、合法性问题需要修改或者废止，而制定机关不予修改或者废止的，应当向委员长会议提出予以撤销的议案、建议，由委员长会议决定提请常务委员会会议审议决定。

司法制度和法律职业道德［考点法条］

专题十六 中国特色社会主义司法制度

考点63 审判制度

（一）法官的条件和任免

《法官法》

第十二条 〔担任法官的条件〕担任法官必须具备下列条件：

（一）具有中华人民共和国国籍；

（二）拥护中华人民共和国宪法，拥护中国共产党领导和社会主义制度；

（三）具有良好的政治、业务素质和道德品行；

（四）具有正常履行职责的身体条件；

（五）具备普通高等学校法学类本科学历并获得学士及以上学位，或者普通高等学校非法学类本科及以上学历并获得法律硕士、法学硕士及以上学位，或者普通高等学校非法学类本科及以上学历，获得其他相应学位，并具有法律专业知识；

（六）从事法律工作满五年。其中获得法律硕士、法学硕士学位，或者获得法学博士学位的，从事法律工作的年限可以分别放宽至四年、三年；

（七）初任法官应当通过国家统一法律职业资格考试取得法律职业资格。

适用前款第五项规定的学历条件确有困难的地方，经最高人民法院审核确定，在一定期限内，可以将担任法官的学历条件放宽为高等学校本科毕业。

第十三条 〔任职禁止〕下列人员不得担任法官：

（一）因犯罪受过刑事处罚的；

（二）被开除公职的；

（三）被吊销律师、公证员执业证书或者被仲裁委员会除名的；

（四）有法律规定的其他情形的。

第十四条 〔初任法官的任选〕初任法官采用考试、考核的办法，按照德才兼备的标准，从具备法官条件的人员中择优提出人选。

人民法院的院长应当具有法学专业知识和法律职业经历。副院长、审判委员会委员应当从法官、检察官或者其他具备法官条件的人员中产生。

第十五条 〔公开选拔法官的范围和条件〕人民法院可以根据审判工作需要，从律师或者法学教学、研究人员等从事法律职业的人员中公开选拔法官。

除应当具备法官任职条件外，参加公开选拔的律师应当实际执业不少于五年，执业经验丰富，从业声誉良好，参加公开选拔的法学教学、研究人员应当具有中级以上职称，从事教学、研究工作五年以上，有突出研究能力和相应研究成果。

第十六条第一款 〔法官遴选委员会〕省、自治区、直辖市设立法官遴选委员会，负责初任法官人选专业能力的审核。

第十七条 〔法官的初任与逐级遴选〕初任法官一般到基层人民法院任职。上级人民法院法官一般逐级遴选；最高人民法院和高级人民法院法官可以从下两级人民法院遴选。参加上级人民法院遴选的法官应当在下级人民法院担任法官一定年限，并具有遴选职位相关工作经历。

第十八条 〔法官职务的任免权限和程序〕法官的任免，依照宪法和法律规定的任免权限和程序办理。

最高人民法院院长由全国人民代表大会选举和罢免，副院长、审判委员会委员、庭长、副庭长和审判员，由院长提请全国人民代表大会常务委员会任免。

最高人民法院巡回法庭庭长、副庭长，由院长提请全国人民代表大会常务委员会任免。

地方各级人民法院院长由本级人民代表大会选举和罢免，副院长、审判委员会委员、庭长、副庭长和审判员，由院长提请本级人民代表大会常务委员会任免。

在省、自治区内按地区设立的和在直辖市内设立的中级人民法院的院长，由省、自治区、直辖市人民代表大会常务委员会根据主任会议的提名决定任免，副院长、审判委员会委员、庭长、副庭长和审判员，由高级人民法院院长提请省、自治区、直辖市人民代表大会常务委员会任免。

新疆生产建设兵团各级人民法院、专门人民法院的院长、副院长、审判委员会委员、庭长、副庭长和审判员，依照全国人民代表大会常务委员会的有关规定任免。

第二十条 〔免除法官职务的情形〕法官有下列情形之一的，应当依法提请免除其法官职务：

（一）丧失中华人民共和国国籍的；

（二）调出所任职人民法院的；

（三）职务变动不需要保留法官职务的，或者本人申请免除法官职务经批准的；

（四）经考核不能胜任法官职务的；

（五）因健康原因长期不能履行职务的；

（六）退休的；

（七）辞职或者依法应当予以辞退的；

（八）因违纪违法不宜继续任职的。

（二）任职回避与执业限制

《法官法》

第二十三条 〔法官任职回避的范围〕法官之间有夫妻关系、直系血亲关系、三代以内旁系血亲以及近姻亲关系的，不得同时担任下列职务：

（一）同一人民法院的院长、副院长、审判委员会委员、庭长、副庭长；
（二）同一人民法院的院长、副院长和审判员；
（三）同一审判庭的庭长、副庭长、审判员；
（四）上下相邻两级人民法院的院长、副院长。

第二十四条 〔法官任职回避的情形〕法官的配偶、父母、子女有下列情形之一的，法官应当实行任职回避：
（一）担任该法官所任职人民法院辖区内律师事务所的合伙人或者设立人的；
（二）在该法官所任职人民法院辖区内以律师身份担任诉讼代理人、辩护人，或者为诉讼案件当事人提供其他有偿法律服务的。

第三十六条 〔执业限制〕法官从人民法院离任后两年内，不得以律师身份担任诉讼代理人或者辩护人。

法官从人民法院离任后，不得担任原任职法院办理案件的诉讼代理人或者辩护人，但是作为当事人的监护人或者近亲属代理诉讼或者进行辩护的除外。

法官被开除后，不得担任诉讼代理人或者辩护人，但是作为当事人的监护人或者近亲属代理诉讼或者进行辩护的除外。

（三）兼职禁止
《法官法》
第二十二条 〔法官不得兼任的职务〕法官不得兼任人民代表大会常务委员会的组成人员，不得兼任行政机关、监察机关、检察机关的职务，不得兼任企业或者其他营利性组织、事业单位的职务，不得兼任律师、仲裁员和公证员。

（四）奖励
《法官法》
第四十五条 〔应当奖励的条件〕法官有下列表现之一的，应当给予奖励：
（一）公正司法，成绩显著的；
（二）总结审判实践经验成果突出，对审判工作有指导作用的；
（三）在办理重大案件、处理突发事件和承担专项重要工作中，做出显著成绩和贡献的；
（四）对审判工作提出改革建议被采纳，效果显著的；
（五）提出司法建议被采纳或者开展法治宣传、指导调解组织调解各类纠纷，效果显著的；
（六）有其他功绩的。
法官的奖励按照有关规定办理。

（五）惩戒
《法官法》
第四十七条 〔暂停法官履行职务〕法官涉嫌违纪违法，已经被立案调查、侦查，不宜继续履行职责的，按照管理权限和规定的程序暂时停止其履行职务。

第四十八条 〔法官惩戒委员会〕最高人民法院和省、自治区、直辖市设立法官惩戒委员会，负责从专业角度审查认定法官是否存在本法第四十六条第四项、第五项规定的违反审判职责的行为，提出构成故意违反职责、存在重大过失、存在一般过失或者没有违反职责等审查意见。法官惩戒委员会提出审查意见后，人民法院依照有关规定作出是否予以惩戒的决定，并给予相应处理。

法官惩戒委员会由法官代表、其他从事法律职业的人员和有关方面代表组成，其中法官代表不少于半数。

最高人民法院法官惩戒委员会、省级法官惩戒委员会的日常工作，由相关人民法院的内设职能部门承担。

第四十九条 〔法官在惩戒审议中的权利〕法官惩戒委员会审议惩戒事项时，当事法官有权申请有关人员回避，有权进行陈述、举证、辩解。

考点 64 检察制度
（一）检察官的条件和任免
《检察官法》
第十二条 〔担任检察官的条件〕担任检察官必须具备下列条件：
（一）具有中华人民共和国国籍；
（二）拥护中华人民共和国宪法，拥护中国共产党领导和社会主义制度；
（三）具有良好的政治、业务素质和道德品行；
（四）具有正常履行职责的身体条件；
（五）具备普通高等学校法学类本科学历并获得学士及以上学位；或者普通高等学校非法学类本科及以上学历并获得法律硕士、法学硕士及以上学位；或者普通高等学校非法学类本科及以上学历，获得其他相应学位，并具有法律专业知识；
（六）从事法律工作满五年。其中获得法律硕士、法学硕士学位，或者获得法学博士学位的，从事法律工作的年限可以分别放宽至四年、三年；
（七）初任检察官应当通过国家统一法律职业资格考试取得法律职业资格。

适用前款第五项规定的学历条件确有困难的地方，经最高人民检察院审核确定，在一定期限内，可以将担任检察官的学历条件放宽为高等学校本科毕业。

第十三条 〔任职禁止〕下列人员不得担任检察官：
（一）因犯罪受过刑事处罚的；
（二）被开除公职的；
（三）被吊销律师、公证员执业证书或者仲裁委员会除名的；
（四）有法律规定的其他情形的。

第十四条 〔检察官的选任方式和范围〕初任检察官采用考试、考核的办法，按照德才兼备的标准，从具备检察官条件的人员中择优提出人选。

人民检察院的检察长应当具有法学专业知识和法律职业经历。副检察长、检察委员会委员应当从检察官、法官或者其他具备检察官条件的人员中产生。

第十八条 〔检察官的任免权限和程序〕检察官的任免，依照宪法和法律规定的任免权限和程序办理。

最高人民检察院检察长由全国人民代表大会选举和罢免，副检察长、检察委员会委员和检察员，由检察长提请全国人民代表大会常务委员会任免。

地方各级人民检察院检察长由本级人民代表大会选举和罢免,副检察长、检察委员会委员和检察员,由检察长提请本级人民代表大会常务委员会任免。

地方各级人民检察院检察长的任免,须报上一级人民检察院检察长提请本级人民代表大会常务委员会批准。

省、自治区、直辖市人民检察院分院检察长、副检察长、检察委员会委员和检察员,由省、自治区、直辖市人民检察院检察长提请本级人民代表大会常务委员会任免。

省级人民检察院和设区的市级人民检察院依法设立作为派出机构的人民检察院的检察长、副检察长、检察委员会委员和检察员,由派出的人民检察院检察长提请本级人民代表大会常务委员会任免。

新疆生产建设兵团各级人民检察院、专门人民检察院的检察长、副检察长、检察委员会委员和检察员,依照全国人民代表大会常务委员会的有关规定任免。

(二)任职回避与执业限制
《检察官法》
第二十四条 〔检察官任职回避的范围〕检察官之间有夫妻关系、直系血亲关系、三代以内旁系血亲以及近姻亲关系的,不得同时担任下列职务:
(一)同一人民检察院的检察长、副检察长、检察委员会委员;
(二)同一人民检察院的检察长、副检察长和检察员;
(三)同一业务部门的检察员;
(四)上下相邻两级人民检察院的检察长、副检察长。

第二十五条 〔任职回避的情形〕检察官的配偶、父母、子女有下列情形之一的,检察官应当实行任职回避:
(一)担任该检察官所任职人民检察院辖区内律师事务所的合伙人或者设立人的;
(二)在该检察官所任职人民检察院辖区内以律师身份担任诉讼代理人、辩护人,或者为诉讼案件当事人提供其他有偿法律服务的。

第三十七条 〔执业限制〕检察官从人民检察院离任后两年内,不得以律师身份担任诉讼代理人或者辩护人。

检察官从人民检察院离任后,不得担任原任职检察院办理案件的诉讼代理人或者辩护人,但是作为当事人的监护人或者近亲属代理诉讼或者进行辩护的除外。

检察官被开除后,不得担任诉讼代理人或者辩护人,但是作为当事人的监护人或者近亲属代理诉讼或者进行辩护的除外。

考点65 律师制度
(一)不予颁发律师执业证的情形
《律师法》
第七条 〔律师执业禁止条件〕申请人有下列情形之一的,不予颁发律师执业证书:
(一)无民事行为能力或者限制民事行为能力的;
(二)受过刑事处罚的,但过失犯罪的除外;
(三)被开除公职或者被吊销律师、公证员执业证书的。

(二)律师执业的管理
《律师法》
第十条 〔律师执业管理〕律师只能在一个律师事务所执业。律师变更执业机构的,应当申请换发律师执业证书。

律师执业不受地域限制。

第十一条 〔律师兼职禁止〕公务员不得兼任执业律师。

律师担任各级人民代表大会常务委员会组成人员的,任职期间不得从事诉讼代理或者辩护业务。

《律师执业行为规范(试行)》
第十三条 律师不得在同一案件中为双方当事人担任代理人,不得代理与本人或者其近亲属有利益冲突的法律事务。

《律师执业管理办法》
第二十七条 律师担任各级人民代表大会常务委员会组成人员的,任职期间不得从事诉讼代理或者辩护业务。

律师明知当事人已经委托两名诉讼代理人、辩护人的,不得再接受委托担任诉讼代理人、辩护人。

第二十八条 律师不得在同一案件中为双方当事人担任代理人,或者代理与本人及其近亲属有利益冲突的法律事务。律师接受犯罪嫌疑人、被告人委托后,不得接受同一案件或者未同案处理但实施的犯罪存在关联的其他犯罪嫌疑人、被告人的委托担任辩护人。

曾经担任法官、检察官的律师从人民法院、人民检察院离任后,二年内不得以律师身份担任诉讼代理人或者辩护人;不得担任原任职人民法院、人民检察院办理案件的诉讼代理人或者辩护人,但法律另有规定的除外。

律师不得担任所在律师事务所其他律师担任仲裁员的案件的代理人。曾经或者仍在担任仲裁员的律师,不得承办与本人担任仲裁员办理过的案件有利益冲突的法律事务。

(三)律师事务所
《律师法》
第十四条 〔律师事务所设立的一般条件〕律师事务所是律师的执业机构。设立律师事务所应当具备下列条件:
(一)有自己的名称、住所和章程;
(二)有符合本法规定的律师;
(三)设立人应当是具有一定的执业经历,且三年内未受过停止执业处罚的律师;
(四)有符合国务院司法行政部门规定数额的资产。

第十五条 〔合伙律师事务所设立的特殊条件〕设立合伙律师事务所,除应当符合本法第十四条规定的条件外,还应当有三名以上合伙人,设立人应当是具有三年以上执业经历的律师。

合伙律师事务所可以采用普通合伙或者特殊的普通合伙形式设立。合伙律师事务所的合伙人按照合伙形式对该律师事务所的债务依法承担责任。

第十六条 〔个人律师事务所设立的特殊条件〕设立个人律师事务所，除应当符合本法第十四条规定的条件外，设立人还应当是具有五年以上执业经历的律师。设立人对律师事务所的债务承担无限责任。

第十九条 〔律师事务所设立分所的条件和程序〕成立三年以上并具有二十名以上执业律师的合伙律师事务所，可以设立分所。设立分所，须经拟设立分所所在地的省、自治区、直辖市人民政府司法行政部门审核。申请设立分所的，依照本法第十八条规定的程序办理。

合伙律师事务所对其分所的债务承担责任。

第二十条 〔国资律师事务所〕国家出资设立的律师事务所，依法自主开展律师业务，以该律师事务所的全部资产对其债务承担责任。

第五十三条第一款 〔受罚律师担任合伙人的期限限制〕受到六个月以上停止执业处罚的律师，处罚期满未逾三年的，不得担任合伙人。

《律师事务所管理办法》

第十八条 律师事务所的设立许可，由设区的市级或者直辖市的区(县)司法行政机关受理设立申请并进行初审，报省、自治区、直辖市司法行政机关进行审核，作出是否准予设立的决定。

第二十五条 有下列情形之一的，由作出准予设立律师事务所决定的省、自治区、直辖市司法行政机关撤销原准予设立的决定，收回并注销律师事务所执业许可证：

（一）申请人以欺骗、贿赂等不正当手段取得准予设立决定的；

（二）对不符合法定条件的申请或者违反法定程序作出准予设立决定的。

第四十三条 律师事务所应当建立违规律师辞退和除名制度，对违法违规执业、违反本所章程及管理制度或者年度考核不称职的律师，可以将其辞退或者经合伙人会议通过将其除名，有关处理结果报所在地县级司法行政机关和律师协会备案。

第四十四条 律师事务所应当在法定业务范围内开展业务活动，不得以独资、与他人合资或者委托持股方式兴办企业，并委派律师担任企业法定代表人、总经理职务，不得从事与法律服务无关的其他经营性活动。

第四十五条 律师事务所应当与其他律师事务所公平竞争，不得以诋毁其他律师事务所、律师或者支付介绍费等不正当手段承揽业务。

第四十六条 律师承办业务，由律师事务所统一接受委托，与委托人签订书面委托合同。

律师事务所受理业务，应当进行利益冲突审查，不得违反规定受理与本所承办业务及其委托人有利益冲突的业务。

第四十七条 律师事务所应当按照有关规定统一收取服务费用并如实入账，建立健全收费管理制度，及时查处有关违规收费的举报和投诉，不得在实行政府指导价的业务领域违反规定标准收取费用，或者违反风险代理管理规定收取费用。

律师事务所应当按照规定建立健全财务管理制度，建立和实行合理的分配制度及激励机制。

律师事务所应当依法纳税。

第五十三条 律师违法执业或者因过错给当事人造成损失的，由其所在的律师事务所承担赔偿责任。律师事务所赔偿后，可以向有故意或者重大过失行为的律师追偿。

普通合伙律师事务所的合伙人对律师事务所的债务承担无限连带责任。特殊的普通合伙律师事务所一个合伙人或者数个合伙人在执业活动中因故意或者重大过失造成律师事务所债务的，应当承担无限责任或者无限连带责任，其他合伙人以其在律师事务所中的财产份额为限承担责任；合伙人在执业活动中非因故意或者重大过失造成的律师事务所债务，由全体合伙人承担无限连带责任。个人律师事务所的设立人对律师事务所的债务承担无限责任。国家出资设立的律师事务所以其全部资产对其债务承担责任。

(四)律师的权利

《律师法》

第三十三条 〔刑事侦查阶段受托律师权利〕律师担任辩护人的，有权持律师执业证书、律师事务所证明和委托书或者法律援助公函，依照刑事诉讼法的规定会见在押或者被监视居住的犯罪嫌疑人、被告人。辩护律师会见犯罪嫌疑人、被告人时不被监听。

第三十四条 〔刑事审查起诉阶段受托律师权利〕律师担任辩护人的，自人民检察院对案件审查起诉之日起，有权查阅、摘抄、复制本案的案卷材料。

第三十五条 〔律师的调查取证权〕受委托的律师根据案情的需要，可以申请人民检察院、人民法院收集、调取证据或者申请人民法院通知证人出庭作证。

律师自行调查取证的，凭律师执业证书和律师事务所证明，可以向有关单位或者个人调查与承办法律事务有关的情况。

第三十六条 〔律师的辩论(辩护)受保障权〕律师担任诉讼代理人或者辩护人的，其辩论或者辩护的权利依法受到保障。

第三十七条 〔律师执业的人身保障权〕律师在执业活动中的人身权利不受侵犯。

律师在法庭上发表的代理、辩护意见不受法律追究。但是，发表危害国家安全、恶意诽谤他人、严重扰乱法庭秩序的言论除外。

律师在参与诉讼活动中涉嫌犯罪的，侦查机关应当及时通知其所在的律师事务所或者所属的律师协会；被依法拘留、逮捕的，侦查机关应当依照刑事诉讼法的规定通知该律师的家属。

(五)律师的执业义务

《律师法》

第三十八条 〔律师的保密义务〕律师应当保守在执业活动中知悉的国家秘密、商业秘密，不得泄露当事人的隐私。

律师对在执业活动中知悉的委托人和其他人不愿泄露的有关情况和信息，应当予以保密。但是，委托人或者其他人准备或者正在实施危害国家安全、公共安全以及严重危害他人人身安全的犯罪事实和信息除外。

第三十九条 〔律师的禁止利益冲突代理义务〕律师不得在同一案件中为双方当事人担任代理人，不得代理与本人或者其近亲属有利益冲突的法律事务。

第四十条 〔律师执业禁止行为〕律师在执业活动中不得有下列行为：

（一）私自接受委托、收取费用，接受委托人的财物或者其他利益；

（二）利用提供法律服务的便利牟取当事人争议的权益；

（三）接受对方当事人的财物或者其他利益，与对方当事人或者第三人恶意串通，侵害委托人的权益；

（四）违反规定会见法官、检察官、仲裁员以及其他有关工作人员；

（五）向法官、检察官、仲裁员以及其他有关工作人员行贿，介绍贿赂或者指使、诱导当事人行贿，或者以其他不正当方式影响法官、检察官、仲裁员以及其他有关工作人员依法办理案件；

（六）故意提供虚假证据或者威胁、利诱他人提供虚假证据，妨碍对方当事人合法取得证据；

（七）煽动、教唆当事人采取扰乱公共秩序、危害公共安全等非法手段解决争议；

（八）扰乱法庭、仲裁庭秩序，干扰诉讼、仲裁活动的正常进行。

《律师执业管理办法》

第三十三条 律师承办业务，应当告知委托人该委托事项办理可能出现的法律风险，不得用明示或者暗示方式对办理结果向委托人作出不当承诺。

律师承办业务，应当及时向委托人通报委托事项办理进展情况；需要变更委托事项、权限的，应当征得委托人的同意和授权。

律师接受委托后，无正当理由的，不得拒绝辩护或者代理，但是，委托事项违法，委托人利用律师提供的服务从事违法活动或者委托人故意隐瞒与案件有关的重要事实的，律师有权拒绝辩护或者代理。

第三十四条 律师承办业务，应当维护当事人合法权益，不得利用提供法律服务的便利牟取当事人争议的权益或者不当利益。

第三十五条 律师承办业务，应当诚实守信，不得接受对方当事人的财物及其他利益，与对方当事人、第三人恶意串通，向对方当事人、第三人提供不利于委托人的信息、证据材料，侵害委托人的权益。

第三十六条 律师与法官、检察官、仲裁员以及其他有关工作人员接触交往，应当遵守法律及相关规定，不得违反规定会见法官、检察官、仲裁员以及其他有关工作人员，向其行贿、许诺提供利益、介绍贿赂，指使、诱导当事人行贿，或者向法官、检察官、仲裁员以及其他有关工作人员打探办案机关内部对案件的办理意见、承办其介绍的案件，利用与法官、检察官、仲裁员以及其他有关工作人员的特殊关系，影响依法办理案件。

第三十七条 律师承办业务，应当引导当事人通过合法的途径、方式解决争议，不得采取煽动、教唆和组织当事人或者其他人员到司法机关或者其他国家机关静坐、举牌、打横幅、喊口号、声援、围观等扰乱公共秩序、危害公共安全的非法手段，聚众滋事，制造影响，向有关部门施加压力。

第三十八条 律师应当依照法定程序履行职责，不得以下列不正当方式影响依法办理案件：

（一）未经当事人委托或者法律援助机构指派，以律师名义为当事人提供法律服务、介入案件，干扰依法办理案件；

（二）对本人或者其他律师正在办理的案件进行歪曲、有误导性的宣传和评论，恶意炒作案件；

（三）以串联结团、联署签名、发表公开信、组织网上聚集、声援等方式或者借个案研讨之名，制造舆论压力，攻击、诋毁司法机关和司法制度；

（四）违反规定披露、散布不公开审理案件的信息、材料，或者本人、其他律师在办案过程中获悉的有关案件重要信息、证据材料。

第三十九条 律师代理参与诉讼、仲裁或者行政处理活动，应当遵守法庭、仲裁庭纪律和监管场所规定、行政处理规则，不得有下列妨碍、干扰诉讼、仲裁或者行政处理活动正常进行的行为：

（一）会见在押犯罪嫌疑人、被告人时，违反有关规定，携带犯罪嫌疑人、被告人的近亲属或者其他利害关系人会见，将通讯工具提供给在押犯罪嫌疑人、被告人使用，或者传递物品、文件；

（二）无正当理由，拒不按照人民法院通知出庭参与诉讼，或者违反法庭规则，擅自退庭；

（三）聚众哄闹、冲击法庭，侮辱、诽谤、威胁、殴打司法工作人员或者诉讼参与人，否定国家认定的邪教组织的性质，或者有其他严重扰乱法庭秩序的行为；

（四）故意向司法机关、仲裁机构或者行政机关提供虚假证据或者威胁、利诱他人提供虚假证据，妨碍对方当事人合法取得证据；

（五）法律规定的妨碍、干扰诉讼、仲裁或者行政处理活动正常进行的其他行为。

第四十条 律师对案件公开发表言论，应当依法、客观、公正、审慎，不得发表、散布否定宪法确立的根本政治制度、基本原则和危害国家安全的言论，不得利用网络、媒体挑动对党和政府的不满，发起、参与危害国家安全的组织或者支持、参与、实施危害国家安全的活动，不得以歪曲事实真相、明显违背社会公序良俗等方式，发表恶意诽谤他人的言论，或者发表严重扰乱法庭秩序的言论。

第四十一条 律师应当按照有关规定接受业务，不得为争揽业务哄骗、唆使当事人提起诉讼，制造、扩大矛盾，影响社会稳定。

第四十二条 律师应当尊重同行，公平竞争，不得以诋毁其他律师事务所、律师，支付介绍费，向当事人明示或者暗示与办案机关、政府部门及其工作人员有特殊关系，或者在司法机关、监管场所周边违规设立办公场所、散发广告、举牌等不正当手段承揽业务。

第四十三条 律师应当保守在执业活动中知悉的国家秘密、商业秘密,不得泄露当事人和他人的个人隐私。

律师对在执业活动中知悉的委托人和其他人不愿泄露的有关情况和信息,应当予以保密。但是,委托人或者其他人准备或者正在实施危害国家安全、公共安全以及严重危害他人人身安全的犯罪事实和信息除外。

第四十四条 律师承办业务,应当按照规定由律师事务所向委托人统一收取律师费和有关办案费用,不得私自收费,不得接受委托人的财物或者其他利益。

第四十五条 律师应当按照国家规定履行法律援助义务,为受援人提供符合标准的法律服务,维护受援人的合法权益,不得拖延、懈怠履行或者擅自停止履行法律援助职责,或者未经律师事务所、法律援助机构同意,擅自将法律援助案件转交其他人员办理。

第四十六条 律师承办业务,应当妥善保管与承办事项有关的法律文书、证据材料、业务文件和工作记录。在法律事务办结后,按照有关规定立卷建档,上交律师事务所保管。

(六)对律师的处罚
《律师法》

第四十七条 〔律师的一般行政法律责任〕律师有下列行为之一的,由设区的市级或者直辖市的区人民政府司法行政部门给予警告,可以处五千元以下的罚款;有违法所得的,没收违法所得;情节严重的,给予停止执业三个月以下的处罚:

(一)同时在两个以上律师事务所执业的;
(二)以不正当手段承揽业务的;
(三)在同一案件中为双方当事人担任代理人,或者代理与本人及其近亲属有利益冲突的法律事务的;
(四)从人民法院、人民检察院离任后二年内担任诉讼代理人或者辩护人的;
(五)拒绝履行法律援助义务的。

第四十八条 〔律师的加重行政法律责任〕律师有下列行为之一的,由设区的市级或者直辖市的区人民政府司法行政部门给予警告,可以处一万元以下的罚款;有违法所得的,没收违法所得;情节严重的,给予停止执业三个月以上六个月以下的处罚:

(一)私自接受委托、收取费用,接受委托人财物或者其他利益的;
(二)接受委托后,无正当理由,拒绝辩护或者代理,不按时出庭参加诉讼或者仲裁的;
(三)利用提供法律服务的便利牟取当事人争议的权益的;
(四)泄露商业秘密或者个人隐私的。

第四十九条 〔律师的停业及刑事法律责任〕律师有下列行为之一的,由设区的市级或者直辖市的区人民政府司法行政部门给予停止执业六个月以上一年以下的处罚,可以处五万元以下的罚款;有违法所得的,没收违法所得;情节严重的,由省、自治区、直辖市人民政府司法行政部门吊销其律师执业证书;构成犯罪的,依法追究刑事责任:

(一)违反规定会见法官、检察官、仲裁员以及其他有关工作人员,或者以其他不正当方式影响依法办理案件的;
(二)向法官、检察官、仲裁员以及其他有关工作人员行贿,介绍贿赂或者指使、诱导当事人行贿的;
(三)向司法行政部门提供虚假材料或者有其他弄虚作假行为的;
(四)故意提供虚假证据或者威胁、利诱他人提供虚假证据,妨碍对方当事人合法取得证据的;
(五)接受对方当事人财物或者其他利益,与对方当事人或者第三人恶意串通,侵害委托人权益的;
(六)扰乱法庭、仲裁庭秩序,干扰诉讼、仲裁活动的正常进行的;
(七)煽动、教唆当事人采取扰乱公共秩序、危害公共安全等非法手段解决争议的;
(八)发表危害国家安全、恶意诽谤他人、严重扰乱法庭秩序的言论的;
(九)泄露国家秘密的。

律师因故意犯罪受到刑事处罚的,由省、自治区、直辖市人民政府司法行政部门吊销其律师执业证书。

第五十条 〔律师事务所的法律责任〕律师事务所有下列行为之一的,由设区的市级或者直辖市的区人民政府司法行政部门视其情节给予警告、停业整顿一个月以上六个月以下的处罚,可以处十万元以下的罚款;有违法所得的,没收违法所得;情节特别严重的,由省、自治区、直辖市人民政府司法行政部门吊销律师事务所执业证书:

(一)违反规定接受委托、收取费用的;
(二)违反法定程序办理变更名称、负责人、章程、合伙协议、住所、合伙人等重大事项的;
(三)从事法律服务以外的经营活动的;
(四)以诋毁其他律师事务所、律师或者支付介绍费等不正当手段承揽业务的;
(五)违反规定接受有利益冲突的案件的;
(六)拒绝履行法律援助义务的;
(七)向司法行政部门提供虚假材料或者有其他弄虚作假行为的;
(八)对本所律师疏于管理,造成严重后果的。

律师事务所因前款违法行为受到处罚的,对其负责人视情节轻重,给予警告或者处二万元以下的罚款。

第五十三条 〔受罚律师担任合伙人的期限限制〕受到六个月以上停止执业处罚的律师,处罚期满未逾三年的,不得担任合伙人。

被吊销律师执业证书的,不得担任辩护人、诉讼代理人,但系刑事诉讼、民事诉讼、行政诉讼当事人的监护人、近亲属的除外。

考点66 法律援助制度
(一)性质
《法律援助法》

第二条 本法所称法律援助,是国家建立的为经济困难公民和符合法定条件的其他当事人无偿提供法律咨询、代理、刑事辩护等法律服务的制度,是公共法律服务体系的组成部分。

(二)机构和人员
《法律援助法》
第十二条　县级以上人民政府司法行政部门应当设立法律援助机构。法律援助机构负责组织实施法律援助工作,受理、审查法律援助申请,指派律师、基层法律服务工作者、法律援助志愿者等法律援助人员提供法律援助,支付法律援助补贴。

第十四条　法律援助机构可以在人民法院、人民检察院和看守所等场所派驻值班律师,依法为没有辩护人的犯罪嫌疑人、被告人提供法律援助。

第十六条　律师事务所、基层法律服务所、律师、基层法律服务工作者负有依法提供法律援助的义务。

律师事务所、基层法律服务所应当支持和保障本所律师、基层法律服务工作者履行法律援助义务。

(三)实施程序
《法律援助法》
第三十八条　对诉讼事项的法律援助,由申请人向办案机关所在地的法律援助机构提出申请;对非诉讼事项的法律援助,由申请人向争议处理机关所在地或者事由发生地的法律援助机构提出申请。

第四十条　无民事行为能力人或者限制民事行为能力人需要法律援助的,可以由其法定代理人代为提出申请。法定代理人侵犯无民事行为能力人、限制民事行为能力人合法权益的,其他法定代理人或者近亲属可以代为提出法律援助申请。

被羁押的犯罪嫌疑人、被告人、服刑人员,以及强制隔离戒毒人员,可以由其法定代理人或者近亲属代为提出法律援助申请。

第四十一条　因经济困难申请法律援助的,申请人应当如实说明经济困难状况。

法律援助机构核查申请人的经济困难状况,可以通过信息共享查询,或者由申请人进行个人诚信承诺。

法律援助机构开展核查工作,有关部门、单位、村民委员会、居民委员会和个人应当予以配合。

第四十二条　法律援助申请人有材料证明属于下列人员之一的,免予核查经济困难状况:
(一)无固定生活来源的未成年人、老年人、残疾人等特定群体;
(二)社会救助、司法救助或者优抚对象;
(三)申请支付劳动报酬或者请求工伤事故人身损害赔偿的进城务工人员;
(四)法律、法规、规章规定的其他人员。

第四十四条　法律援助机构收到法律援助申请后,发现有下列情形之一的,可以决定先行提供法律援助:
(一)距法定时效或者期限届满不足七日,需要及时提起诉讼或者申请仲裁、行政复议;
(二)需要立即申请财产保全、证据保全或者先予执行;
(三)法律、法规、规章规定的其他情形。

法律援助机构先行提供法律援助的,受援人应当及时补办有关手续,补充有关材料。

第四十八条　有下列情形之一的,法律援助机构应当作出终止法律援助的决定:
(一)受援人以欺骗或者其他不正当手段获得法律援助;
(二)受援人故意隐瞒与案件有关的重要事实或者提供虚假证据;
(三)受援人利用法律援助从事违法活动;
(四)受援人的经济状况发生变化,不再符合法律援助条件;
(五)案件终止审理或者已经被撤销;
(六)受援人自行委托律师或者其他代理人;
(七)受援人有正当理由要求终止法律援助;
(八)法律法规规定的其他情形。

法律援助人员发现有前款规定情形的,应当及时向法律援助机构报告。

第四十九条　申请人、受援人对法律援助机构不予法律援助、终止法律援助的决定有异议的,可以向设立该法律援助机构的司法行政部门提出。

司法行政部门应当自收到异议之日起五日内进行审查,作出维持法律援助机构决定或者责令法律援助机构改正的决定。

申请人、受援人对司法行政部门维持法律援助机构决定不服的,可以依法申请行政复议或者提起行政诉讼。

(四)法律责任
《法律援助法》
第六十二条　律师事务所、基层法律服务所有下列情形之一的,由司法行政部门依法给予处罚:
(一)无正当理由拒绝接受法律援助机构指派;
(二)接受指派后,不及时安排本所律师、基层法律服务工作者办理法律援助事项或者拒绝为本所律师、基层法律服务工作者办理法律援助事项提供支持和保障;
(三)纵容或者放任本所律师、基层法律服务工作者怠于履行法律援助义务或者擅自终止提供法律援助;
(四)法律法规规定的其他情形。

第六十三条　律师、基层法律服务工作者有下列情形之一的,由司法行政部门依法给予处罚:
(一)无正当理由拒绝履行法律援助义务或者怠于履行法律援助义务;
(二)擅自终止提供法律援助;
(三)收取受援人财物;
(四)泄露法律援助过程中知悉的国家秘密、商业秘密和个人隐私;
(五)法律法规规定的其他情形。

考点67　公证制度

(一)公证机构的设立
《公证法》
第六条　〔公证机构的概念、性质〕公证机构是依法设立,不以营利为目的,依法独立行使公证职能、承担民事责任的证明机构。

第七条　〔公证机构的设立原则〕公证机构按照统筹规划、合理布局的原则,可以在县、不设区的市、设区的市、直辖市或者市辖区设立;在设区的市、直辖市可以设立一个或者若干个公证机构。公证机构不按行政区划层层设立。

第九条　〔公证机构的设立程序〕设立公证机构,由所在地的司法行政部门报省、自治区、直辖市人民政府司法行政部门按照规定程序批准后,颁发公证机构执业证书。

(二)公证事项

《公证法》

第十一条　〔公证事项的范围〕根据自然人、法人或者其他组织的申请,公证机构办理下列公证事项:

(一)合同;

(二)继承;

(三)委托、声明、赠与、遗嘱;

(四)财产分割;

(五)招标投标、拍卖;

(六)婚姻状况、亲属关系、收养关系;

(七)出生、生存、死亡、身份、经历、学历、学位、职务、职称、有无违法犯罪记录;

(八)公司章程;

(九)保全证据;

(十)文书上的签名、印鉴、日期,文书的副本、影印本与原本相符;

(十一)自然人、法人或者其他组织自愿申请办理的其他公证事项。

法律、行政法规规定应当公证的事项,有关自然人、法人或者其他组织应当向公证机构申请办理公证。

第十二条　〔公证事务的范围〕根据自然人、法人或者其他组织的申请,公证机构可以办理下列事务:

(一)法律、行政法规规定由公证机构登记的事务;

(二)提存;

(三)保管遗嘱、遗产或者其他与公证事项有关的财产、物品、文书;

(四)代写与公证事项有关的法律事务文书;

(五)提供公证法律咨询。

第十三条　〔公证机构的禁为行为〕公证机构不得有下列行为:

(一)为不真实、不合法的事项出具公证书;

(二)毁损、篡改公证文书或者公证档案;

(三)以诋毁其他公证机构、公证员或者支付回扣、佣金等不正当手段争揽公证业务;

(四)泄露在执业活动中知悉的国家秘密、商业秘密或者个人隐私;

(五)违反规定的收费标准收取公证费;

(六)法律、法规、国务院司法行政部门规定禁止的其他行为。

(三)公证员

《公证法》

第二十条　〔不得担任公证员的情形〕有下列情形之一的,不得担任公证员:

(一)无民事行为能力或者限制民事行为能力的;

(二)因故意犯罪或者职务过失犯罪受过刑事处罚的;

(三)被开除公职的;

(四)被吊销公证员、律师执业证书的。

第二十一条　〔任命公证员的程序〕担任公证员,应当由符合公证员条件的人员提出申请,经公证机构推荐,由所在地的司法行政部门报省、自治区、直辖市人民政府司法行政部门审核同意后,报请国务院司法行政部门任命,并由省、自治区、直辖市人民政府司法行政部门颁发公证员执业证书。

第二十三条　〔公证员的禁止性义务〕公证员不得有下列行为:

(一)同时在二个以上公证机构执业;

(二)从事有报酬的其他职业;

(三)为本人及近亲属办理公证或者办理与本人及近亲属有利害关系的公证;

(四)私自出具公证书;

(五)为不真实、不合法的事项出具公证书;

(六)侵占、挪用公证费或者侵占、盗窃公证专用物品;

(七)毁损、篡改公证文书或者公证档案;

(八)泄露在执业活动中知悉的国家秘密、商业秘密或者个人隐私;

(九)法律、法规、国务院司法行政部门规定禁止的其他行为。

(四)公证程序

《公证法》

第二十五条　〔公证管辖地〕自然人、法人或者其他组织申请办理公证,可以向住所地、经常居住地、行为地或者事实发生地的公证机构提出。

申请办理涉及不动产的公证,应当向不动产所在地的公证机构提出;申请办理涉及不动产的委托、声明、赠与、遗嘱的公证,可以适用前款规定。

第二十六条　〔委托办理公证及例外〕自然人、法人或者其他组织可以委托他人办理公证,但遗嘱、生存、收养关系等应当由本人办理公证的除外。

第三十一条　〔不予办理公证的情形〕有下列情形之一的,公证机构不予办理公证:

(一)无民事行为能力人或者限制民事行为能力人没有监护人代理申请办理公证的;

(二)当事人与申请公证的事项没有利害关系的;

(三)申请公证的事项属专业技术鉴定、评估事项的;

(四)当事人之间对申请公证的事项有争议的;

(五)当事人虚构、隐瞒事实,或者提供虚假证明材料的;

(六)当事人提供的证明材料不充分或者拒绝补充证明材料的;

(七)申请公证的事项不真实、不合法的;

(八)申请公证的事项违背社会公德的;

(九)当事人拒绝按照规定支付公证费的。

(五)公证效力
《公证法》
第三十六条 〔公证的效力〕经公证的民事法律行为、有法律意义的事实和文书,应当作为认定事实的根据,但有相反证据足以推翻该项公证的除外。

第三十七条 〔公证债权文书的效力〕对经公证的以给付为内容并载明债务人愿意接受强制执行承诺的债权文书,债务人不履行或者履行不适当的,债权人可以依法向有管辖权的人民法院申请执行。

前款规定的债权文书确有错误的,人民法院裁定不予执行,并将裁定书送达双方当事人和公证机构。

第三十九条 〔公证书错误的补救〕当事人、公证事项的利害关系人认为公证书有错误的,可以向出具该公证书的公证机构提出复查。公证书的内容违法或者与事实不符的,公证机构应当撤销该公证书并予以公告,该公证书自始无效;公证书有其他错误的,公证机构应当予以更正。

第四十条 〔公证书争议的处理〕当事人、公证事项的利害关系人对公证书的内容有争议的,可以就该争议向人民法院提起民事诉讼。

(六)法律责任
《公证法》
第四十二条第二、三款 〔加重责任〕因故意犯罪或者职务过失犯罪受刑事处罚的,应当吊销公证员执业证书。

被吊销公证员执业证书的,不得担任辩护人、诉讼代理人,但系刑事诉讼、民事诉讼、行政诉讼当事人的监护人、近亲属的除外。

第四十三条 〔民事责任〕公证机构及其公证员因过错给当事人、公证事项的利害关系人造成损失的,由公证机构承担相应的赔偿责任;公证机构赔偿后,可以向有故意或者重大过失的公证员追偿。

当事人、公证事项的利害关系人与公证机构因赔偿发生争议的,可以向人民法院提起民事诉讼。

专题十七 法官职业道德

考点68 法官职业道德
(一)核心与基本要求
《法官职业道德基本准则》
第二条 法官职业道德的核心是公正、廉洁、为民。基本要求是忠诚司法事业、保证司法公正、确保司法廉洁、坚持司法为民、维护司法形象。

(二)忠诚司法事业
《法官职业道德基本准则》
第五条 坚持和维护中国特色社会主义司法制度,认真贯彻落实依法治国基本方略,尊崇和信仰法律,模范遵守法律,严格执行法律,自觉维护法律的权威和尊严。

第六条 热爱司法事业,珍惜法官荣誉,坚持职业操守,恪守法官良知,牢固树立司法核心价值观,以维护社会公平正义为己任,认真履行法官职责。

第七条 维护国家利益,遵守政治纪律,保守国家秘密和审判工作秘密,不从事或参与有损国家利益和司法权威的活动,不发表有损国家利益和司法权威的言论。

(三)保证司法公正
《法官职业道德基本准则》
第八条 坚持和维护人民法院依法独立行使审判权的原则,客观公正审理案件,在审判活动中独立思考、自主判断,敢于坚持原则,不受任何行政机关、社会团体和个人的干涉,不受权势、人情等因素的影响。

第九条 坚持以事实为根据,以法律为准绳,努力查明案件事实,准确把握法律精神,正确适用法律,合理行使裁量权,避免主观臆断、超越职权、滥用职权,确保案件裁判结果公平公正。

第十条 牢固树立程序意识,坚持实体公正与程序公正并重,严格按照法定程序执法办案,充分保障当事人和其他诉讼参与人的诉讼权利,避免执法办案中的随意行为。

第十一条 严格遵守法定办案时限,提高审判执行效率,及时化解纠纷,注重节约司法资源,杜绝玩忽职守、拖延办案等行为。

第十二条 认真贯彻司法公开原则,尊重人民群众的知情权,自觉接受法律监督和社会监督,同时避免司法审判受到外界的不当影响。

第十三条 自觉遵守司法回避制度,审理案件保持中立公正的立场,平等对待当事人和其他诉讼参与人,不偏袒或歧视任何一方当事人,不私自单独会见当事人及其代理人、辩护人。

第十四条 尊重其他法官对审判职权的依法行使,除履行工作职责或者通过正当程序外,不过问、不干预、不评论其他法官正在审理的案件。

(四)确保司法廉洁
《法官职业道德基本准则》
第十五条 树立正确的权力观、地位观、利益观,坚持自重、自省、自警、自励,坚守廉洁底线,依法正确行使审判权、执行权,杜绝以权谋私、贪赃枉法行为。

第十六条 严格遵守廉洁司法规定,不接受案件当事人及相关人员的请客送礼,不利用职务便利或者法官身份谋取不正当利益,不违反规定与当事人或者其他诉讼参与人进行不正当交往,不在执法办案中徇私舞弊。

第十七条 不从事或者参与营利性的经营活动,不在企业及其他营利性组织中兼任法律顾问等职务,不就未决案件或者再审案件给当事人及其他诉讼参与人提供咨询意见。

第十八条 妥善处理个人和家庭事务,不利用法官身份寻求特殊利益。按规定如实报告个人有关事项,教育督促家庭成员不利用法官的职权、地位谋取不正当利益。

(五)坚持司法为民
《法官职业道德基本准则》
第十九条 牢固树立以人为本、司法为民的理念,强化群众观念,重视群众诉求,关注群众感受,自觉维护人民群众的合法权益。

第二十条　注重发挥司法的能动作用,积极寻求有利于案结事了的纠纷解决办法,努力实现法律效果与社会效果的统一。

第二十一条　认真执行司法便民规定,努力为当事人和其他诉讼参与人提供必要的诉讼便利,尽可能降低其诉讼成本。

第二十二条　尊重当事人和其他诉讼参与人的人格尊严,避免盛气凌人、"冷硬横推"等不良作风;尊重律师,依法保障律师参与诉讼活动的权利。

(六)维护司法形象
《法官职业道德基本准则》
第二十四条　坚持文明司法,遵守司法礼仪,在履行职责过程中行为规范、着装得体、语言文明、态度平和,保持良好的职业修养和司法作风。

第二十五条　加强自身修养,培育高尚道德操守和健康生活情趣,杜绝与法官职业形象不相称、与法官职业道德相违背的不良嗜好和行为,遵守社会公德和家庭美德,维护良好的个人声誉。

第二十六条　法官退休后应当遵守国家相关规定,不利用自己的原有身份和便利条件过问、干预执法办案,避免因个人不当言行对法官职业形象造成不良影响。

专题十八　检察官职业道德

考点69　检察官职业道德

(一)违反组织纪律
《检察人员纪律处分条例》
第六十二条　拒不执行组织的分配、调动、交流等决定的,给予警告、记过、记大过或者降级处分。

在特殊时期或者紧急状况下,拒不执行组织决定的,给予撤职或者开除处分。

第六十三条　离任、辞职或者被辞退时,拒不办理公务交接手续或者拒不接受审计的,给予警告、记过或者记大过处分;情节较重的,给予降级或者撤职处分;情节严重的,给予开除处分。

第六十四条　不按照有关规定或者工作要求,向组织请示报告重大问题、重要事项的,给予警告、记过或者记大过处分;情节严重的,给予降级或者撤职处分。

不按要求报告或者不如实报告个人去向,情节较重的,给予警告、记过或者记大过处分。

第六十六条　领导干部违反有关规定组织、参加自发成立的老乡会、校友会、战友会等,情节严重的,给予警告、记过、记大过或者降级处分。

(二)违反办案纪律
《检察人员纪律处分条例》
第七十七条　泄露案件秘密,或者为案件当事人及其近亲属、辩护人、诉讼代理人、利害关系人等打探案情、通风报信的,给予记过或者记大过处分;造成严重后果或者恶劣影响的,给予降级、撤职或者开除处分。

第七十八条　擅自处置案件线索、随意初查或者在初查中对被调查对象采取限制人身自由强制性措施的,给予记过或者记大过处分;情节较重的,给予降级或者撤职处分;情节严重的,给予开除处分。

第八十七条　违反有关规定阻碍律师依法行使会见权、阅卷权、申请收集调取证据等执业权利,情节较重的,给予警告、记过或者记大过处分;情节严重的,给予降级或者撤职处分。

第八十八条　违反有关规定应当回避而故意不回避,或者拒不服从回避决定,或者对符合回避条件的申请故意不作出回避决定的,给予警告、记过或者记大过处分;情节严重的,给予降级或者撤职处分。

第八十九条　私自会见案件当事人及其近亲属、辩护人、诉讼代理人、利害关系人、中介组织,或者接受上述人员提供的礼品、礼金、消费卡等财物,以及宴请、娱乐、健身、旅游等活动的,给予记过或者记大过处分;情节较重的,给予降级或者撤职处分;情节严重的,给予开除处分。

第九十八条　利用检察权或者借办案之机,借用、占用案件当事人、辩护人、诉讼代理人、利害关系人或者发案单位、证人等的住房、交通工具或者其他财物,或者谋取其他个人利益的,给予警告、记过或者记大过处分;情节较重的,给予降级或者撤职处分;情节严重的,给予开除处分。

利用职权或者职务上的影响,借用、占用企事业单位、社会团体或者个人的住房、交通工具或者其他财物,给予警告、记过或者记大过处分;情节严重的,给予降级或者撤职处分。

(三)违反廉洁纪律
《检察人员纪律处分条例》
第一百零一条　利用职权或者职务上的影响为他人谋取利益,本人的配偶、子女及其配偶等亲属和其他特定关系人收受对方财物,情节较重的,给予警告、记过或者记大过处分;情节严重的,给予降级、撤职或者开除处分。

第一百零三条　纵容、默许配偶、子女及其配偶等亲属和身边工作人员利用本人职权或者职务上的影响谋取私利,情节较轻的,给予警告、记过或者记大过处分;情节较重的,给予降级或者撤职处分;情节严重的,给予开除处分。

检察人员的配偶、子女及其配偶未从事实际工作而获取薪酬或者虽从事实际工作但领取明显超出同职级标准薪酬,检察人员知情未予纠正的,依照前款规定处理。

第一百零四条　收受可能影响公正执行公务的礼品、礼金、消费卡等,情节较轻的,给予警告、记过或者记大过处分;情节较重的,给予降级或者撤职处分;情节严重的,给予开除处分。

收受其他明显超出正常礼尚往来的礼品、礼金、消费卡等的,依照前款规定处理。

第一百零七条　接受可能影响公正执行公务的宴请或者旅游、健身、娱乐等活动安排,情节较重的,给予警告、记过或者记大过处分;情节严重的,给予降级或者撤职处分。

第一百零九条　违反有关规定从事营利活动，有下列行为之一，情节较轻的，给予警告、记过或者记大过处分；情节较重的，给予降级或者撤职处分；情节严重的，给予开除处分：

（一）经商办企业的；
（二）拥有非上市公司（企业）的股份或者证券的；
（三）买卖股票或者进行其他证券投资的；
（四）兼任律师、法律顾问、仲裁员等职务，以及从事其他有偿中介活动的；
（五）在国（境）外注册公司或者投资入股的；
（六）其他违反有关规定从事营利活动的。

利用职权或者职务上的影响，为本人配偶、子女及其配偶等亲属和其他特定关系人的经营活动谋取利益的，依照前款规定处理。

违反有关规定在经济实体、社会团体等单位中兼职，或者经批准兼职但获取薪酬、奖金、津贴等额外利益的，依照前款规定处理。

(四)违反群众纪律
《检察人员纪律处分条例》

第一百二十五条　在检察工作中违反有关规定向群众收取、摊派费用的，给予警告、记过或者记大过处分；情节严重的，给予降级、撤职或者开除处分。

第一百二十六条　在从事涉及群众事务的工作中，刁难群众、吃拿卡要的，给予警告、记过或者记大过处分；情节严重的，给予降级、撤职或者开除处分。

第一百二十七条　对群众合法诉求消极应付、推诿扯皮，损害检察机关形象，情节较重的，给予警告、记过或者记大过处分；情节严重的，给予降级或者撤职处分。

第一百二十八条　对待群众态度恶劣、简单粗暴，造成不良影响，情节较重的，给予警告、记过或者记大过处分；情节严重的，给予降级或者撤职处分。

(五)违反工作纪律
《检察人员纪律处分条例》

第一百三十七条　违反有关规定干预和插手市场经济活动，有下列行为之一，造成不良影响的，给予警告、记过或者记大过处分；情节较重的，给予降级或者撤职处分；情节严重的，给予开除处分：

（一）干预和插手建设工程项目承发包、土地使用权出让、政府采购、房地产开发与经营、矿产资源开发利用、中介机构服务等活动的；
（二）干预和插手国有企业重组改制、兼并、破产、产权交易、清产核资、资产评估、资产转让、重大项目投资以及其他重大经营活动等事项的；
（三）干预和插手经济纠纷的；
（四）干预和插手集体资金、资产和资源的使用、分配、承包、租赁等事项的；
（五）其他违反有关规定干预和插手市场经济活动的。

第一百四十七条　违反有关规定，有下列行为之一的，给予警告、记过或者记大过处分；情节严重的，给予降级、撤职处分：

（一）工作时间或者工作日中午饮酒，经批评教育仍不改正的；
（二）承担司法办案任务时饮酒的；
（三）携带枪支、弹药、档案、案卷、案件材料、秘密文件或者其他涉密载体饮酒的；
（四）佩戴检察标识或者着司法警察制服在公共场所饮酒的；
（五）饮酒后驾驶机动车辆的。

第一百四十九条　违反有关规定对正在办理的案件公开发表个人意见或者进行评论，造成不良影响的，给予警告、记过或者记大过处分，情节严重的，给予降级或者撤职处分。

(六)违反生活纪律
《检察人员纪律处分条例》

第一百五十一条　生活奢靡、贪图享乐、追求低级趣味，造成不良影响的，给予警告、记过或者记大过处分；情节严重的，给予降级或者撤职处分。

第一百五十三条　违背社会公序良俗，在公共场所有不当行为，造成不良影响的，给予警告、记过或者记大过处分；情节较重的，给予降级或者撤职处分；情节严重的，给予开除处分。

专题十九　律师职业道德

考点70　律师职业道德

(一)业务推广
《律师执业行为规范(试行)》

第二十八条　律师个人广告的内容，应当限于律师的姓名、肖像、年龄、性别、学历、学位、专业、律师执业许可日期、所任职律师事务所名称、在所任职律师事务所的执业期限、收费标准、联系方法；依法能够向社会提供的法律服务业务范围；执业业绩。

第二十九条　律师事务所广告的内容应当限于律师事务所名称、住所、电话号码、传真号码、邮政编码、电子信箱、网址；所属律师协会；所内执业律师及依法能够向社会提供的法律服务业务范围简介；执业业绩。

第三十条　律师和律师事务所不得以有悖律师使命、有损律师形象的方式制作广告，不得采用一般商业广告的艺术夸张手段制作广告。

第三十二条　律师和律师事务所不得进行歪曲事实和法律，或者可能使公众对律师产生不合理期望的宣传。

第三十三条　律师和律师事务所可以宣传所从事的某一专业法律服务领域，但不得自我声明或者暗示其被公认或者证明为某一专业领域的权威或专家。

第三十四条　律师和律师事务所不得进行律师之间或者律师事务所之间的比较宣传。

(二)委托代理
《律师执业行为规范(试行)》

第四十一条　律师接受委托后，应当在委托人委托的权限内开展执业活动，不得超越委托权限。

第四十四条　律师根据委托人提供的事实和证据，

依据法律规定进行分析,向委托人提出分析性意见。

第四十五条 律师的辩护、代理意见未被采纳,不属于虚假承诺。

第四十七条 律师和律师事务所不得违法与委托人就争议的权益产生经济上的联系,不得与委托人约定将争议标的物出售给自己;不得委托他人为自己或为自己的近亲属收购、租赁委托人与他人发生争议的标的物。

第四十八条 律师事务所可以依法与当事人或委托人签订以回收款项或标的物为前提按照一定比例收取货币或实物作为律师费用的协议。

第五十一条 有下列情形之一的,律师及律师事务所不得与当事人建立或维持委托关系:

(一)律师在同一案件中为双方当事人担任代理人,或代理与本人或者其近亲属有利益冲突的法律事务的;

(二)律师办理诉讼或者非诉讼业务,其近亲属是对方当事人的法定代理人或者代理人的;

(三)曾经亲自处理或者审理过某一事项或者案件的行政机关工作人员、审判人员、检察人员、仲裁员,成为律师后又办理该事项或者案件的;

(四)同一律师事务所的不同律师同时担任同一刑事案件的被害人的代理人和犯罪嫌疑人、被告人的辩护人,但在该县区域内只有一家律师事务所且事先征得当事人同意的除外;

(五)在民事诉讼、行政诉讼、仲裁案件中,同一律师事务所的不同律师同时担任争议双方当事人的代理人,或者本所或其工作人员为一方当事人,本所其他律师担任对方当事人的代理人的;

(六)在非诉业务中,除各方当事人共同委托外,同一律师事务所的律师同时担任彼此有利害关系的各方当事人的代理人的;

(七)在委托关系终止后,同一律师事务所或同一律师在同一案件后续审理或者处理中又接受对方当事人委托的;

(八)其他与本条第(一)至第(七)项情形相似,且依据律师执业经验和行业常识能够判断为应当主动回避且不得办理的利益冲突情形。

第五十二条 有下列情形之一的,律师应当告知委托人并主动提出回避,但委托人同意其代理或者继续承办的除外:

(一)接受民事诉讼、仲裁案件一方当事人的委托,而同所的其他律师是该案件中对方当事人的近亲属的;

(二)担任刑事案件犯罪嫌疑人、被告人的辩护人,而同所的其他律师是该案件被害人的近亲属的;

(三)同一律师事务所接受正在代理的诉讼案件或者非诉讼业务当事人的对方当事人所委托的其他法律业务的;

(四)律师事务所与委托人存在法律服务关系,在某一诉讼或仲裁案件中该委托人未要求该律师事务所律师担任代理人,而该律师事务所律师担任该委托人当事人的代理人的;

(五)在委托关系终止后一年内,律师又就同一法律事务接受与原委托人有利害关系的对方当事人的委托的;

(六)其他与本条第(一)至第(五)项情况相似,且依据律师执业经验和行业常识能够判断的其他情形。

律师和律师事务所发现存在上述情形的,应当告知委托人利益冲突的事实和可能产生的后果,由委托人决定是否建立或维持委托关系。委托人决定建立或维持委托关系的,应当签署知情同意书,表明当事人已经知悉存在利益冲突的基本事实和可能产生的法律后果,以及当事人明确同意与律师事务所及律师建立或维持委托关系。

第五十六条 未经委托人同意,律师事务所不得将委托人委托的法律事务转委托其他律师事务所办理。但在紧急情况下,为维护委托人的利益可以转委托,但应当及时告知委托人。

(三)参与诉讼

《律师执业行为规范(试行)》

第六十八条 律师在执业过程中,因对事实真假、证据真伪及法律适用是否正确而与诉讼相对方意见不一致的,或者为了向案件承办人提交新证据的,与案件承办人接触和交换意见应当在司法机关内指定场所。

第六十九条 律师在办案过程中,不得与所承办案件有关的司法、仲裁人员私下接触。

第七十一条 律师担任辩护人、代理人参加法庭、仲裁庭审理,应当按照规定穿着律师出庭服装,佩戴律师出庭徽章,注重律师职业形象。

(四)同行关系

《律师执业行为规范(试行)》

第七十五条 律师或律师事务所不得在公众场合及媒体上发表恶意贬低、诋毁、损害同行声誉的言论。

第七十八条 律师和律师事务所不得采用不正当手段进行业务竞争,损害其他律师及律师事务所的声誉或者其他合法权益。

第七十九条 有下列情形之一的,属于律师执业不正当竞争行为:

(一)诋毁、诽谤其他律师或者律师事务所信誉、声誉;

(二)无正当理由,以低于同地区同行业收费标准为条件争揽业务,或者采用承诺给予客户、中介、推荐人回扣、馈赠金钱、财物或者其他利益等方式争揽业务;

(三)故意在委托人与其代理律师之间制造纠纷;

(四)向委托人明示或者暗示自己或者其所属的律师事务所与司法机关、政府机关、社会团体及其工作人员具有特殊关系;

(五)就法律服务结果或者诉讼结果作出虚假承诺;

(六)明示或者暗示可以帮助委托人达到不正当目的,或者以不正当的方式、手段达到委托人的目的。

第八十条 律师和律师事务所在与行政机关、行业管理部门以及企业的接触中,不得采用下列不正当手段与同行进行业务竞争:

理论法 [考点法条]

（一）通过与某机关、某部门、某行业对某一类的法律服务事务进行垄断的方式争揽业务；

（二）限定委托人接受其指定的律师或者律师事务所提供法律服务，限制其他律师或律师事务所正当的业务竞争。

第八十三条 律师或律师事务所相互之间不得采用下列手段排挤竞争对手的公平竞争：

（一）串通抬高或者压低收费；

（二）为争揽业务，不正当获取其他律师和律师事务所收费报价或者其他提供法律服务的条件；

（三）泄露收费报价或者其他提供法律服务的条件等暂未公开的信息，损害相关律师事务所的合法权益。

第八十四条 律师和律师事务所不得擅自或者非法使用社会专有名称或者知名度较高的名称以及代表其名称的标志、图形文字、代号以混淆误导委托人。

本规范所称的社会特有名称和知名度较高的名称是指：

（一）有关政党、司法机关、行政机关、行业协会名称；

（二）具有较高社会知名度的高等法学院校或者科研机构的名称；

（三）为社会公众共知、具有较高知名度的非律师公众人物名称；

（四）知名律师以及律师事务所名称。

答案速查

1.C	2.ACD	3.C		127.C	128.B	129.ABD
4.C	5.D	6.D		130.C	131.B	132.ABD
7.ABC	8.B	9.C		133.D	134.ABD	135.A
10.ABC	11.C	12.D		136.ABC	137.C	138.AB
13.A	14.B	15.A		139.BD	140.ABC	141.AC
16.D	17.BCD	18.A		142.D	143.BCD	144.AC
19.CD	20.C	21.AC		145.D	146.C	147.B
22.BCD	23.BD	24.D		148.AC	149.ABC	150.C
25.C	26.(1)BCD;(2)A;(3)AC			151.C	152.D	153.C
27.C	28.B	29.C		154.B	155.ABD	156.BC
30.A	31.AD	32.D		157.A	158.ABD	159.BCD
33.AC	34.ABC	35.A		160.AD	161.C	162.BCD
36.ABD	37.A	38.C		163.B	164.AB	165.D
39.B	40.AC	41.BCD		166.B	167.ACD	168.ABD
42.ABD	43.B	44.ABC		169.ABCD	170.B	171.BD
45.C	46.B	47.BD		172.B	173.ABCD	174.B
48.BD	49.A	50.C		175.ABD	176.ABD	177.A
51.B	52.AC	53.C		178.D	179.ABC	180.D
54.B	55.C	56.AB		181.A	182.C	183.C
57.ACD	58.BC	59.ABCD		184.ACD	185.B	186.ABD
60.BC	61.A	62.(1)A;(2)ABC		187.B	188.C	189.BCD
63.C	64.BC	65.ABCD		190.C	191.B	192.C
66.AC(原答案为ABC)		67.ABC		193.C	194.ABD	195.A
68.ABD	69.ABC	70.AD		196.ABD	197.D	198.B
71.D	72.A	73.D		199.ACD	200.C	201.ABD
74.BC	75.D	76.B		202.ACD	203.B	204.ACD
77.AD	78.B	79.BD		205.B	206.B	207.D
80.C	81.ABC	82.A		208.D	209.A	210.D
83.B	84.B	85.C		211.ABCD	212.D	213.C
86.AC	87.B	88.ABC		214.A	215.C	216.ABD
89.BD	90.C	91.D		217.BCD	218.D	219.C
92.D	93.AB	94.ABC		220.A	221.C	222.B
95.AD	96.BD	97.ABCD		223.ABC	224.B	225.CD
98.B	99.CD	100.ABCD		226.C	227.B	228.D
101.BD	102.ACD(原答案为AD)			229.ABCD	230.ABCD	231.B
103.D	104.C	105.B		232.AC	233.B	234.BCD
106.ABC	107.C	108.C		235.C	236.B	237.D
109.C	110.ABC	111.ABC		238.B	239.D	240.B
112.CD	113.C	114.ABCD		241.ACD	242.ACD	243.ABC
115.D	116.AD	117.A		244.D	245.B	246.BCD
118.ACD	119.ABD	120.ACD		247.BC	248.B	249.A
121.BC	122.ABC	123.BD		250.BCD	251.D	252.C
124.AD	125.B	126.AC		253.D(原答案为CD)	254.C	255.D

理论法 [答案速查]

256.D	257.ACD	258.ABD	367.ACD	368.ABCD	369.C
259.D	260.C	261.D	370.AB	371.ACD	372.ABC
262.C	263.BD	264.D	373.C	374.BC	375.AD
265.B	266.C	267.B	376.C	377.ABCD	378.AC
268.CD	269.C	270.ABC	379.BC	380.A	381.D
271.B	272.BCD	273.B	382.BC	383.BCD	384.ABCD
274.BD	275.AD	276.A	385.AB	386.ACD	387.B
277.D	278.ABD	279.D	388.C	389.B	390.ABD
280.B	281.ABC	282.A	391.A	392.D	393.ACD
283.ACD	284.BD	285.AB	394.A	395.ABD	396.D
286.D	287.B		397.D	398.ABCD	399.B
288.AB(原答案为ABCD)		289.D	400.ABC	401.A	402.D
290.ACD	291.A	292.D	403.C	404.B	405.ABD
293.AC	294.D	295.ACD	406.BCD	407.ABCD	408.B
296.BD	297.(1)ABD;(2)D		409.D	410.A	411.C
298.ABCD	299.AB	300.B	412.ABD	413.ABD	414.B
301.D	302.C	303.D	415.D	416.ACD	417.ABC
304.AB	305.AD	306.BD	418.A	419.D	420.ABD
307.ABCD	308.AD	309.ABCD	421.C	422.ABCD	423.C
310.C	311.B	312.A	424.D	425.ABD	426.D
313.ACD	314.A	315.ABD	427.B	428.B	429.AB
316.D	317.BCD	318.D	430.C	431.D	432.AC
319.B	320.ABCD	321.A	433.C	434.BD	435.CD
322.D	323.BD	324.C	436.C	437.B	438.C
325.C	326.C	327.ABCD	439.C	440.ACD	441.D
328.ABD	329.BCD	330.ABD	442.C	443.C	444.C
331.C	332.BCD	333.B	445.B	446.C	447.AD
334.BD	335.AC	336.ACD	448.D	449.ACD	450.AD
337.B	338.D	339.CD	451.CD	452.AD	453.C
340.D	341.AB	342.C	454.ABC	455.CD	456.B
343.ABC	344.BC	345.ABCD	457.ACD	458.D	459.ABD
346.ABCD	347.C	348.BD	460.CD	461.ABCD	462.B
349.AC	350.D	351.D	463.BC	464.D	465.A
352.AD	353.C	354.AC	466.B	467.C	468.D
355.ABC	356.C	357.ABC	469.C	470.D	471.D
358.BC	359.AB	360.B	472.AD	473.D	474.ACD
361.D	362.ABC	363.BCD	475.C	476.A	477.BCD
364.BD	365.ABC	366.BC	478.ACD		